BIG
THINKING

빅 싱킹

BIG
빅 싱킹
THINKING

인류의 거의 모든 것

| 이진수 지음 |

당신을 우주로 초대합니다

나는 유식하지 못한 탓에 과감하다. 동양적인지 서양적인지, 이성적인지 비이성적인지, 인문학인지 자연과학인지, 우월한지 열등한지, 토착민인지 이방인인지를 구분하는 일을 중요하다고 생각하지 않는다. 그것을 고정적인 것으로 보지도 않는다. 무릇 모든 것들은 연결되어 있으며 서로 주고받으며 늘 변한다. 따라서 벽은 아예 존재하지도 않는다. 인류만이 벽을 만들고자 한다. 위아래로 벽을 만들어 계급을 따지고 좌우로 벽을 세워 피아를 구분했다. 누군가는 이를 통해 이득을 챙긴다. 그러나 벽을 만드는 일은 공기를 가두려는 일과 같다. 가당치도 않다. 별과 존재들부터 무한한 호의를 받은 인류가 벽을 쌓는 일은 참으로 몰염치하다. 모든 벽은 허물어질 것이다.

『빅 히스토리』(데이비드 크리스천·밥 베인)를 읽고 꿈틀대던 내 마음은 『거의 모든 것의 역사』를 접하고는 요동쳤다. 그렇게 나의 일탈은 시작되었다. 그쯤에서 우주를 발견했고, 그 우주와 관계를 맺고 있는 지구, 존재, 생명, 인류로 눈길을 돌렸다. 마치 들불이 번지듯 내 마음은 이곳저곳으로 번져나갔다. 정해진 방향이나 종착지가 있는 것도 아니었다. 그저 호기심과 궁금증이라는 배를 타고 망망대해 같은 지식과 직관의 바다를 헤쳐나갔다.

우리의 일상은 거칠다. 우리는 일, 교류, 돈, 권력 이외의 것을 생각할 겨를이 없다. 먹고 살기 힘든데 어찌 다른 것을 생각한단 말인가. 공감하지 못할 일은 아니다. 그러나 한 번뿐인 인생을 먹고 사는 것에만 매달려 살면 허무하지 않은가. 나이가 들수록 다들 인생이 너무 짧다고 아쉬워한다. 소풍 같은 인생에 잠시라도 짬을 내 질문 하나 던져볼 수 있지 않을까?

'나는 어디서 와서 어디로 가나?'

어렵게 느껴지지만 우리가 한 번은 꼭 던져봐야 하는 질문이다. 물론 이 질문에 대해 여러 대답이 가능하다. 그 중 가장 확실한 대답은 '나는 별에서 와서 별로 돌아간다.'이다. 우리는 이렇게 중요한 사실을 잊고 산다. 우리의 머릿속을 꽉 채우고 있는 일, 교환, 돈, 권력은 우리가 별에서 온 존재라는 점을 생각하면 결코 크지 않다. 우리는 진작 우리끼리의 치고받기에서 벗어나 우주로 나아갔어야 했다. 우주적 존재인 우리가 우주를 이해하고 사랑하는 일은 너무도 당연하다.

이 글은 난삽하고 괴이한 글이다. 본 적도 들은 적도 없는 글이다. 도서관의 서가 어느 곳에 꽂아둬야 할지 모를 글이다. 단박에 비주류로 낙인받을 만한 글이다. 그러나 분명 누군가는 진작 썼어야 했던 글이다. 시각과 지식 그리고 사색을 두루 갖춘 자가 진지하고도 경쾌하게 써야 하는 글이다. 하지만 이 글은 말하고자 하는 범위와 깊이에 비해 매우 빈약하다. 앞뒤가 뒤죽박죽이고 흐름도 막무가내다. 그래서 누군가가 제대로 써야 하는 글이다. 이 글은 그 누구를 위한 초대장인 셈이다.

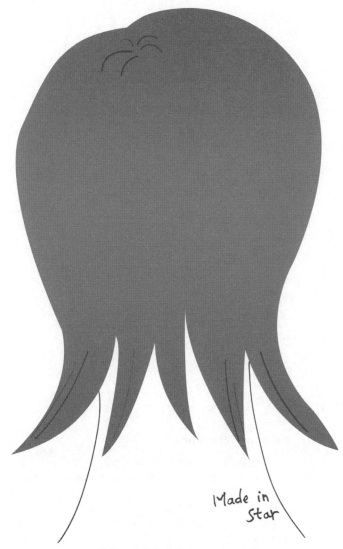

Made in
Star

"나는 별에서 와서 별로 돌아간다."

글을 쓰는 이유

7

차례

CHAPTER Ⅲ 문제적 인류

"손바닥으로
태양은 조금 가릴 수 있을지 모르지만
우주는 조금도 가릴 수 없다."

CHAPTER I

난쟁이 인류

1. 별 볼 일 없는 존재

인류는 우주 앞에서 난쟁이다. 몸만 작은 것이 아니라 마음까지도 작다. 인류는 우주에 대해 알면서도 모른 체하거나 모르면서도 알려고 하지 않는다.

우리는 밤하늘을 볼 때면 가슴이 뛰는 것을 느낀다.[1] 그곳에는 비밀이 숨어있다. 별은 단지 아득히 저 먼 곳에서 반짝이는 물체가 아니다. 그 빛 아래서 사랑을 고백하는 연인들의 낭만적 배경으로만 머무르지 않는다. 그 이상의 무엇이다. 그러나 우리는 별을 '별 것 아닌 것'으로 여기고 '별 볼 일 없이' 살아간다.

인류는 별과 우주의 전폭적인 호의 덕분에 탄생했다. 이것은 믿음의 문제가 아니라 사실의 문제다. 빅뱅에 의해 우주가 만들어진 직후 아주 작은 차이에 의해 중력이 생겼고, 이 중력에 의해 흩어졌던 것들이 뭉쳐 별이 생겼다. 그 별이 죽거나 폭발하면서 원래 있었던 헬륨과 수소 외에 탄소, 질소, 철, 우라늄 같은 원소를 만들어냈다. 그런 원소들이 질서 있게 모여서 사람, 고래, 안개꽃, 돌멩이 등을 만들었다.[2]

이처럼 인류는 뼛속까지 우주적 존재다. 따라서 인류만 따로 떼어놓고 생각하는 것은 속 좁은 일이다. 지나치게 과감하거나 무모하다. 인류를 말하려면 별과 우주부터 생각해야 한다. 더불어 인류의 조상격인 지구상의 존재들에 대해서도 이야기해야 한다. 우리가 부모에게 그러하듯, 우리에게 원소 하나하나를 건네준 별과 존재들에게 고마워하지 못할 이유가 없다.

인종과 민족이 달라도 우리는 아래윗니처럼 협력하기 위해 태어났기에 인류애를 가져야 한다는 생각은[3] 훌륭하지만 위대하지는 않다. 우주적 존재인 우리가 인류애나 동포애보다 먼저 가져야 할 것이 있기 때문이다. 바로 '지구애'와 '우주애'이다. 인류애만을 내세우는 것은 137억 년의 우주 역사 중에서 30만 년만 보겠다는 일과 같다. 하물며 인종, 민족이나 친족에 매달리는 일이야 굳이 말할 필요도 없다. 마찬가지로 한 민족과 국가의 역사보다는 생명과 우주의 역사에 우선 관심을 둬야 한다.

그럼에도 인류는 우주를 남 보듯 한다. 그것이 지나치게 크다거나 현실과 상관이 없다는 핑계를 댄다. 옹색할뿐더러 앞뒤가 맞지 않다. 우주의 비밀을 몰랐던 예전의 사람들에게나 가능할 법한 변명이다. 손바닥으로 태양은 조금 가릴 수 있을지 모르지만 우주는 조금도 가릴 수 없다. 손바닥도, 그 주인도 모두 우주의 일부이기 때문이다.

별과 우주를 모르고서는 그 어떤 영웅도 진정한 영웅이 아니다.[4] 제 아무리 인류를 구원하기 위해 모든 것을 다 바친 자라도 다른 존재들을 아울러 생각하지 못했다면 그리 훌륭하지 않다. 고귀하고 온유하며 관대한 헥토르[5]도, 그를 쓰러뜨린 아킬레우스도, 온갖 역경을 뚫고 20년 만에 집에 돌아온 오디세우스도, 연개소문이나 황진이뿐만 아니라, 카이사르나 칭기즈칸이라도 우주의 의미를 몰랐다면 미숙한 존재에 불과하다. 비록 알려지지 않았더라도 별을 경탄해마지않고 자연과 더불어 살다 간 어느 농부야말로 진정한 영웅일지 모른다.

과학 기술을 발전시킨 인류는 우주 탐험을 코앞에 두고 있다. 우주는 차원이 다른 세계다. 지구는 그저 '1,000억 개(은하의 수) × 1,000억 개(은하마다의 별 수)' 중 하나다. 그것마저 확실하지 않다. "인류는 코스모스라는 찬란한 아침 하늘에 떠다니는 한 점 티끌에 불과하다."[6] 게다가 우주에는 또 다른 생명체가 존재할 개연성이 매우 높다.[7] 우주 탐험으로 인류는 걷잡을 수 없는 정신적 충격에 빠질 수도 있다. 그동안 인류가 금쪽같이 여겼던 신, 국가, 사상, 인종은 깡그리 소각되거나 고작해야 분리수거될지도 모른다.

빅 싱킹

"인류는 뼛속까지 우주적 존재다."

우주나 지구의 입장에서 본 인류는 한 마디로 암적인 존재다. 이 말은 결코 과하지 않다. 인류는 다른 존재로부터 받은 호의는 잊은 채 자기밖에 모르는 배신자다. 게다가 쉴 새 없이 앞만 보고 달리는 폭주족이다. 진즉에 수많은 생명을 멸종시켰으며 시간이 갈수록 그 일에 재미를 붙이고 있는 학살자다. 지구를 거의 회복 불가능한 수준까지 망쳐놓았고 이제 이웃 행성에까지 손을 뻗으려 한다. 도대체 인류가 그동안 다른 존재들에게 득이 되는 일을 한 적이 있던가. 눈 씻고 찾아봐도 없다. 그동안 인류가 한 일이라고는 자신들만의 천국을 가꿔온 것뿐이다. 집도, 도로도, 발전소도, 책도, 음식도, 차량도, 스마트기기도 모두 멀쩡히 잘 있는 다른 존재들을 쫓아내거나 희생시키고 만든 것이다. 생태 다리도 만들고, 쓰레기도 줍고, 멸종되어가는 생물도 보호해오지 않았느냐고 반문한다면 어이없는 일이다.

인류[8]가 난쟁이가 된 것은 이성에 대한 과신과 작은 생각 때문이다. 인류는 존재들을 이성을 가진 것과 그렇지 못한 것으로 나누고 이성을 가진 유일한 종으로 등극했다.[9] 그런데 이는 인류 출생의 비밀을 감안하면 지나치게 작은 정의다. 지독한 자기애다. 물질인가 생명인가, 인류인가 아닌가, 친족인가 아닌가, 국민인가 아닌가, 같은 종교인가 아닌가 하는 이분법적 사고 탓에 우리의 시야는 형편없이 작아져있다.

인류는 이성적 존재이기 이전에 우주적 존재다. 우주적 존재는 이성을 가볍게 뛰어넘어 무조건적 호의를 베푼다. 무엇보다 뭇 존재들과 조화를 이루며 생명의 약동에 기여하는 존재다.

따라서 인류의 정의도, 신의 의미도, 국가의 정체도, 역사의 개념도, 존엄의 기준도 통째로 다시 쓰여야 한다. 이것이야말로 '난쟁이 인류'와 이별하고 '우주적 인류'와 만나는 길이다.

2. 속도에 미쳐 크기를 잃다

오늘날 시간은 최고의 지배자가 되었다. 산업 사회는 우리의 모든 행동이 시간적으로 정확하게 제약되기를 요구한다. 우리가 자유로울 때조차도 사실은 시간 감옥에서 잠시 가석방된 것에 불과하다.[10]

농업혁명이나 산업혁명이나 인터넷은 한 마디로 속도의 획기적인 증가다. 오래전 사람 사이의 교환이 시작되면서 속도는 날개를 달기 시작했다. 하나를 만들던 사람이 두 개를 만들면 추가 이득을 얻었다. 정교한 석기 도구를 만든 네안데르탈인은 더 많은 열매와 뿌리를 채취했고, 1만 년 전 가축을 부리게 된 사람은 곡식의 소출을 크게 늘렸다. 약 250년 전 새로운 방적기를 발명한 사람들은 무서운 속도로 시간당

빅 싱킹

생산량을 올렸다.

6 · 25전쟁 직후 최빈국이었던 한국은 수출 늘리기에 총력전을 펼쳤다. 1964년 1억 달러였던 수출을 1970년에 10억 달러, 1977년에 100억 달러, 1995년에는 1,000억 달러로 키워 '한강의 기적'을 만들었다. 속도 경쟁에서 눈부시게 성공한 사례다. 한국 사회에서 '새 것'은 조밀한 환경, 체면을 중시하는 문화와 환상의 단짝이 되어 들불처럼 순식간에 사방으로 번진다. 스마트폰, 텔레비전, 냉장고, 반도체 같은 공산품의 개발 속도는 물론 토목, 건축, 고객 만족, 음식 배달, 패션이나 음식의 유행 속도도 가히 상상을 초월한다. 심심치 않게 등장하는 천만 관객은[11] 광기의 냄새마저 풍긴다.

원시 사회의 사람들은 동식물은 물론 산과 바다에도 영혼이 있으며 스스로 자연의 일부라고 여겼다.[12] 그러나 속도로 이득을 맛보면서 자연에 간섭하기 시작했다. 사람들은 숲을 불태워 농토를 만들고 야생동물을 길들여 가축을 만들었다. 고생물의 잔해로 연료를 만들고 더 빨리 가기 위해 들판에든, 바다에든, 하늘에든 마구 길을 냈다.

불행하게도 사람들은 '속도' 경쟁에 집착하게 되면서 '크기'를 잃어갔다. 속도를 얻기 위해서는 앞만 봐야 했다. 사람들은 더 이상 뒤나 옆이나 위를 보지 않았다. 굳이 자연이나 하늘에 눈길을 주지 않아도 속도를 올리는 데에 문제가 없었다. 사람들은 결국 큰 생각을 폐기한 채 눈앞의 일들에만 매달리게 되었다.

인류는 긴밀히 맺어진 소집단 속에서 진화한 탓에 내밀한 이야기에는 깊은 관심을 보이는 반면, 수천만 혹은 수억 명 단위로 전개되는 사건에 대해서는 흥미를 갖지 않는다. 사람들은 10년 후의 기후변화보다는 당장 다음날 오는 비를 더 걱정한다. 수십 년에 걸쳐 일어나는 커다란 변화보다 동시에 몇 명이 살해된 사건을 더 중요하게 여기는 등 규모에 대한 감각을 상실했다.[13]

국가나 종교는 크기에 집착한다. 영토나 인구의 크기, 성장률의 크기, 교회나 사찰의 크기, 신도의 수 등이 그것이다. 그러나 이는 생각의 크기가 아니라 물질의 크기일 뿐이다. 국가나 종교는 물질의 크기를 늘리기 위해 노심초사했으며 전쟁마저 불사했다. 인구나 신도가 더 많아야 더 많은 권력과 이득을 챙길 수 있기 때문이다. 국민이나 신도가 원하는 것은 평화롭고 여유 있는 삶인데도 말이다.

그런데 속도를 올리는 게임은 끝이 없다. 속도 게임에 배려란 없다. 속도 게임은 약간의 승자와 다수의 패자를 만들어낸다. 그나마 시간이 흐를수록 승자의 수는 줄어들고 있다.[14]

빅 싱킹

3. 작은 것으로의 후퇴

"더 나중에도, 이날 이후 이어진 열세 번의 밤 동안에도, 본능적으로 그들은 '작은 것들'에 집착했다. '큰 것들'은 안에 도사리고 있지도 않았다. 자신들에게는 갈 곳이 없다는 것을 알고 있었다. 아무것도 가진 것이 없었다. 그래서 그들은 작은 것들에 집착했다."[15]

작고 연약한 존재의 삶을 강렬하게 그려낸 『작은 것들의 신』에서 가촉민 암무와 불가촉천민 벨루타는 넘을 수 없는 선을 넘는다. 그들의 사랑은 지나치게 위태롭다. 그저 다음날 다시 만나는 것만이 최대의 목적이다. 그들이 작은 것에 집착할 수밖에 없었던 이유는 큰 것이 이미 기득권층에 의해 장악되었기 때문이다. 사회변혁을 앞장서 주창하는 자조차도 이미 '큰 것 나눠먹기'에 발을 들였다. 하지만 암무와 벨루타의 사랑은 사회에 정면으로 충돌한다. 그들이 집착하는 것은 작지만 그들이 깨고 싶어하는 것은 작지 않다.

눈앞의 이익은 카라멜 마키아또처럼 달콤하다. 달콤함을 놔두고 굳이 힘든 길을 가지 않는다. 인류가 사는 방식이 그렇다. 그 결과 생명은 멸종되고, 자원은 고갈되고, 환경은 훼손되어가고 있다. 이처럼 크게 보지 않고 눈앞의 이익에만 집착하는 것이 바로 스몰 싱킹(Small Thinking)이다.

우리가 흔히 접하는 정책이나 결정은 대부분 스몰 싱킹에 속한다. 공교육의 활성화는 학원의 운영시간 규제로 이뤄지지 않으며 대학 입시제도도 학벌 사회를 손대지 않고서는 근본적인 해결이 어렵다. 입시제도가 수차례 개선되었지만 사교육은 여전히 과도하고, 학벌을 중시하는 사회 풍토는 바뀌지 않았다. 입시제도만 복잡해졌다. 수천 개의 대학 전형이 이를 보여준다. 때문에 한국의 대학 입시는 엔트로피 법칙의 전형적인 사례가 되었다.

가정의 분리수거만으로 환경을 지킬 수는 없다. 또한 저녁 문화를 바꾸기 전에는 잔을 반만 채워 폭탄주를 만든다고 해도 큰 의미가 없다. 사람들은 술을 마시고 담배를 피움으로써 즉시의 위안을 얻고자 하지만 결국 건강을 해칠 것이 확실하다. 사람들이 담배를 끊고 술을 줄이면 당장 관련 분야의 일자리가 줄 것이다. 하지만 시간이 흘러 사람들이 스포츠를 즐기고 연극이나 뮤지컬, 전시회를 찾게 되면 그 방

"눈앞의 이익은 카라멜 마키아또처럼 달콤하다.
달콤함을 놔두고 굳이 힘든 길을 가지 않는다."

면에서의 일자리는 서서히 늘 것이다.

마야, 로마, 크메르 문명은 증가하는 복잡성의 문제를 진정한 대책 없이 다음 세대로 넘겨 붕괴의 길을 재촉했다.[16] 우리는 흔히 문제가 일어나면 스몰 싱킹으로 처방하고 최선을 다해 대처했다고 자부한다. 설사 그것이 어느 정도의 효과를 내더라도 단편적 처방은 길게 보면 문제를 악화시키기 십상이다.

천 년 넘게 싸워온 이슬람 문명과 기독교 문명은 여전히 스몰 싱킹에서 벗어나지 못하고 있다. 갈등의 근본적 해결을 위해서는 서양 사회와 중동 사회가 종교를 인식함에 있어서 어떻게 다른가부터 이해할 필요가 있다. 서양 사회가 근대 이후 신본주의에서 인본주의로 전환한데 반해 이슬람에서 종교는 삶 자체이다. 양측은 편견과 오해, 공포와 절망을 극복하고 상호 이해를 높이고 마음의 벽을 허무는 일부터 시작해야 한다.[17] 이것이 빅 싱킹의 해결 방식이다.

공중 폭격이나 드론 암살은 스몰 싱킹에 불과하다. 더 많은 무기의 투입은 더 큰 증오를 가져올 뿐이다. 무기를 제조하고 판매하는 업체의 매출과 영업이익이 증가하면 증오와 보복도 증가할 것이다. 미국은 중동의 석유에 집착할 것이 아니라 긴 안목으로 화석연료의 사용을 줄이고 대체에너지를 개발하는 것이 낫다.[18]

순혈주의는 대표적인 스몰 싱킹이다. 순혈주의의 치명적인 해악에도 이를 물리치기는커녕 그 끝자락이라도 잡으려고 아등바등한다.

2030년쯤이면 인구가 줄어들 것이라는 전망에도 우리는 인구가 왜 늘어야 하는가에 대한 고민도 없이 내국인의 출산율을 올리는 데에만 골몰하고 있다. 외국인에 대한 과감한 문호 개방이라는 유력한 대안에는 관심도 없다. 동화를 전제로 한 외국인 정책[19]은 물론 결혼 이주 여성에게만 초점을 두거나 고급인력만 받아들이겠다는 정책은 작게만 보인다. 악화가 양화를 구축하듯 스몰 싱킹이 빅 싱킹을 구축한다.

우리는 스몰 싱킹에 익숙하다. 스몰 싱킹은 생각해내기도, 실행하기도 쉽다. 그 효과를 확인하기도 용이하다. 반면에 빅 싱킹은 생각해내기도, 실행도 어려운 데다 시간이 오래 걸려 결과를 확인하기도 어렵다. 스몰 싱킹은 그로 인해 바로 이익을 보는 사람들이 생기는 데 반해 빅 싱킹은 그렇지 않다. 그래서 빅 싱킹은 인기가 없다. 무기를 생산하고 판매하는 기업의 경우 미국 정부가 미사일이나 드론을 더 사면 바로 이익을 보겠지만 더 이상 구입하지 않는다면 당장 어려움에 처할 것이다. 기업은 어려움을 수용하기보다는 온갖 로비로 정부를 압박할 가능성이 높다.

수요와 공급의 즉각적이고 끊임없는 확대를 기초로 하는 자본주의 경제시스템은 스몰 싱킹과 잘 맞아떨어진다. 수요와 공급은 언제나 확대되어야 한다. 그를 통해 이윤 또한 증가해야 한다. 감소는 재앙이며 무능함을 입증할 뿐이다. 매 회계연도마다 그 전년도보다 나은 실적을 보여줘야 하는 시스템 속에서 빅 싱킹은 한가로운 이야기로 치부된다. 빅 싱킹은 점점 멀어져만 간다.

4. 빅 싱킹의 시작

"……하지만 나를 위해 한 가지만 약속해주렴. 고개를 높이 들고 주먹을 내려놓은 거다. 누가 뭐래도 화내지 않도록 해라. 어디 한번 머리로써 싸우도록 해봐……."[20]

이제 우리는 아예 고개를 처박고 산다. 스마트폰 하나면 모든 것이 가능하다고 맹신한 채 몇 개월이 멀다하고 출시되는 최신 휴대폰의 유혹에 넘어가 어디로 가는지도 모르고 좇아간다. 스마트폰은 현대판 세이렌이다. 뱃사람들이 세이렌 자매의 목소리에 취해 파멸을 맞았듯 현대인도 스마트폰의 유혹에 넘어가고 있다. 여기에서 벗어나기 위해서는 오디세우스가 자신의 손발을 밧줄로 묶게 한 것처럼[21] 그것의 위험을 냉철하게 깨우치고 절제력을 발휘해야 한다.

　자기 울타리에 갇힌 인류에게 빅 싱킹 이외에는 출구가 없다. 인류가 오로지 자신을 위해 세계를 너무 복잡하게 만들어버리는 바람에[22] 과감하고 통 큰 접근 외에는 대책이 없다. 복잡한 문제를 작게 나눠 하나씩 따지는 방식으로는 해결에 이를 수 없다.

　빅 싱킹은 우리가 우주적 존재라는 인식에서 시작한다. 우주적 존재 인식이란 인류는 결코 우주의 중심이 아니며 아주 미미한 일부에 불과하지만 별, 태양, 달, 다른 생명과 존재들로부터 커다란 호의를 받아 출현한 생명체로서 아량, 관용, 호의 등을 우주적 규모로 실현할 수 있는 가능성의 존재라는 점을 깨우치는 일이다.

　기원전 2세기경 시인 테렌티우스는 "나는 인간이기 때문에 인간에 관한 일은 무엇이거나 나와 관계가 없다고는 생각하지 않는다(Homo sum：humani nihil a me alienum puto)."라고 했다. 그로부터 휴머니즘은 서양 정신 속에서 깊이 뿌리를 내렸다. 인간 동지의 감정은 중세 천 년에 걸친 신중심(theocentric)의 사상 밑에서 질식 상태에 있다가 르네상스의 도래와 함께 되살아난다.[23] 그러나 그의 생각은 사랑을 인류에 한정했다는 점에서 여전히 작다. 그는 이렇게 말했어야 했다. "나는 우주에서 왔기에 우주에 관한 일은 무엇이거나 나와 관계가 없지 않다."라고.

"우주적 존재 인식이란 인류는 결코 우주의 중심이 아니며
아주 미미한 일부에 불과하지만
별, 태양, 달, 다른 생명과 존재들로부터
커다란 호의를 받아 출현한 생명체로서
아량, 관용, 호의 등을 우주적 규모로 실현할 수 있는
가능성의 존재라는 점을 깨우치는 일이다."

빅싱킹

'빅 싱킹(Big Thinking)'[24]은 '통 큰 생각'이다. 이는 우주의 탄생 시점으로 돌아가 인류와 관련을 맺어온 것들을 헤아리는 역사적 사고다.[25] 단순히 인류의 차원을 넘어서 우주적 차원에서 생각하며, 모든 생명은 물론 생명이 없는 존재까지도 함께 고려하는 통섭의 생각이나 태도다. 현재의 모순과 편견의 바다를 헤엄쳐 새로운 세계로의 탐색을 지향하되 절대적 존재에로의 귀결을 경계한다.

빅 싱킹은 우주에서 은하계를 분리하고, 은하계에서 다시 태양계를 분리하며, 태양계를 지구와 기타 행성으로 나누고, 지구를 인류와 그 외의 것들로 나누며, 그리고 인류를 인종, 종교, 국가에 따라 나누는 분리 지향적 사고가 아니다. 오히려 인종, 문명, 국가에 상관없이 인류를 하나로 보고 인류와 다른 존재들을 연결하며 우주와 지구의 맥락 속에서 인류의 의미를 찾는 통합 지향적 생각이다.[26] 이렇게 되면 인류가 모든 것을 쏟아붓는 문명, 국가, 종교, 이념의 건설과 그 사이의 갈등은 하나의 종 안에서 벌어지는 사소한 일로 전락한다.

지구는 인류에 의해 만들어진 것도 인류를 위해 존재하는 것도 아니다. 또한 인류가 생명 진화의 종착역도 아니다. 빅뱅 이후 오랜 시간에 걸쳐 지구라는 행성이 만들어졌으며 그 지구 위에 기적적으로 생명이 출현하게 되고[27] 그 생명이 누적적인 진화의 과정을 거듭한 결과 인류가 등장하게 된 것이다. 인류는 이처럼 어느 날 갑자기 출현한 것이 아니라 생명의 연속선상에서 등장한 그저 하나의 종이다. 단지 빼어난 집단학습능력 덕분에 '지구 생물권에서 가장 우월한 학습자'로 지구상

에서 지배적인 종이 되었다.[28]

  그러나 이 사실이 인류의 존속을 보장하는 것은 아니다. 한때 지구
의 지배적인 종이었던 공룡이 소행성 충돌에 의해 멸종될 것을 누가
상상이나 했을까. 위험은 외부에서만 오는 것은 아니다. 인류 스스로
자멸할 수도 있다. 모든 생물종은 멸종한다고 생각해야 하며 (고등생물
은 평균 400만 년 정도 존속한다.)[29] 인류는 길게는 55억 년 동안 존재하게 될
지구가 마치 자신의 영구적 소유물인 양 대한다. 급기야 지구가 오염
되어가자 다른 행성에 식민지를 건설하고자 한다.

  빅 싱킹은 초유의 것도 초월의 것도 아니다. 본래부터 우리 안에 숨
쉬고 있지만 우리의 작은 생각 때문에 억눌려 있을 뿐이다. 우리가 우
리 자신을 덮고 있는 것들을 걷어내면 그 모습을 드러낼 본연의 것이
다. 그동안 우리가 의지해온 모든 종교나 이념을 뛰어넘어 진정한 가
치를 지향한다. 그리하여 우주로부터 커다란 호의를 입은 인류가 이것
을 다시 우주에게로 돌려주는 되갚음이다.

통이 크다

우리가 '통이 크다'라고 할 때 그릇이 크다, 마음 씀씀이가 크다, 생각이 크다는 말과 거의 같은 뜻으로 사용한다. 통이 크다는 것은 자신의 입장을 돌보지 않고 상대의 처지를 크게 배려하는 것이다. 대담하다, 대범하다, 담대하다는 말도 비슷하게 사용된다. 일상생활 속에서 통 큰 기부, 통 큰 선물, 통 큰 거래라는 말이 심심치 않게 쓰인다.

이와 반대로 옹졸한 생각을 옥생각이라고 한다. 여기에서 '옹졸하다'는 속 좁다, 잘다, 편협하다, 좁다, 약삭빠르다 등과 같은 의미다. 자신의 입장만을 고집하거나 큰 맥락을 이해하지 못하는 것을 말한다. 자신만의 것, 눈앞의 것, 작은 것, 친족만의 것, 국가만의 것, 종교만의 것, 인류만의 것에 집착하는 것은 모두 옥생각이다.

끊임없이 자기중심에 빠져드는 인류의 못 말리는 성향을 고려할 때 통 큰 생각은 참으로 의미심장하다. 자기중심주의는 빠져나오려고 발버둥 칠수록 빠져드는 파리지옥(Venus Flytrap)이다. 또는 너무 강력해 빠져나올 수 없는 거대한 블랙홀이다. 이런 이유로 거의 모든 사람들은 죽어서야 자기중심에서 벗어난다.

자기중심으로부터의 초월은 초인[30]이나 빅맨[31]의 영역일 수 있다. 하지만 우리는 인류가 어떻게 존재하게 되었는지, 다른 존재들로부터 얼마나 큰 호의를 받았는지를 이해함으로써 자기중심에서 잠시라도 빠져 나오려고 시도할 수는 있다. 평생 장님으로 산 사람과 잠시라도 눈을 떠본 사람은 꽤나 다를 것이다. 잠시 본 세상이라도 얼마나 아름다운지 잊지 못할 것이기 때문이다. 그리고 이러한 시도로 통 크게 생각하는 정신과 자세는 밈(meme)[32]으로 굳어져 인류의 우주적 자산이 될 수 있다.

> **밈**
>
> 모방을 통해 습득·저장·복제되는 문화요소. 영국 생물학자 리처드 도킨스가 『이기적 유전자』에서 '모방'이라는 뜻을 가진 그리스어 mimeme와 '유전자' gene을 합쳐 만들었다. 유전자는 아니지만 마치 유전자처럼 문화를 전달하는 기능을 하는 중간 매개물로서 정보의 단위·양식·유형·요소 등을 일컫는다. 예를 들면 언어·의복·관습·예술·건축 등의 모든 문화현상은 모방에 의해 습득·저장·복제되며 진화한다.

"'별에서 온 그대'는
문학적인 표현이기 이전에
과학적인 표현이다."

CHAPTER Ⅱ

우주적 인류

1. 우주, 모든 생명의 어머니

(1) 생명의 탄생과 역사

우주가 80살 노인이면 생명은 20살 청년이고 인류는 태어난 지 열흘밖에 안된 갓난아이다. 지금으로부터 45억 년 전, 우주에 지구라는 별이 탄생했다. 지구는 태양계의 아주 작은 행성에 불과한데 그 태양계조차 우주의 크기에 비하면 보잘 것 없다. 지구는 생각보다 훨씬 작다. 원시행성계 원반의 99.9%가 태양을 만들고 겨우 남은 0.1%만이 행성을 만들었는데, 그나마 그것의 90%가 기체행성을 만들고 나머지 10%만이 지구를 포함한 암석행성을 만들었다.[33] 지구는 태양계의 1/10,000에도 미치지 못한다.

빅 싱킹

생명체는 지구가 만들어진 때로부터 10억 년 후쯤인 35억 년 전에 탄생했다. 해양을 구성하고 있던 원시 수프에 태양의 자외선 같은 에너지의 영향을 받아 유기분자가 만들어지고 그중 자기복제를 하는 놀랄만한 분자(유전자)가 우연히 등장했다.[34] 심해배출구에서 원핵생물로 시작한 생명체는 25억 년 전에는 진핵생물로, 10억 년 전에는 다세포 유기체로 진화했다. 이후 4.75억 년 전 생명체는 바다에서 육지로 상륙을 감행했다.[35]

원시 수프

생명기원이론 중 가장 유력한 이론의 하나. 지구상에 생명을 발생시켰다는 유기물의 혼합용액으로 '원생액'이라고도 한다. '살아 있는 모든 것으로 수프를 만들 수 있다면 모든 생명체는 수프에서 시작되지 않았을까?' 미국의 화학자 스탠리 밀러는 초기 지구에 있었을 것이라고 추정되는, 생명 물질 분자들을 포함하는 따뜻한 수프 '원시 수프'를 만들어냈다.

생명의 역사에서 생명이 바다에서 육지로 올라온 것만큼 중대한 사건은 없다. 바다에서 살던 생명의 입장에서 육지는 덥고 건조하며 자외선이 강한 데다가 산소도 직접 흡입해야 하는 끔찍한 환경이었다. 높은 산소농도 덕분에 육상으로 올라온 동물들은 몸집이 커졌으며, 곤충은 동물의 공격을 피하기 위해 나는 방법을 배웠다.[36]

수없는 작은 변이들이 거듭되면서 생명은 진화의 길을 걸어왔다. 현재와 같은 다양성은 이러한 진화의 결과이다. 약 3,000만 종에 이를 것으로 추정되는 지구상의 생물은 그 어느 것 하나도 수십억 년의 생명의 역사와 유전적 정보를 간직하지 않은 것이 없다. 아주 작은 곤충 한 마리도 생명의 박물관이며 유전자의 보물창고다. 그중 하나인 인류는 지금으로부터 얼마 되지 않는 약 600만 년 전쯤 침팬지와 함께 갈라져 나왔다. 그리고 겨우 30만 년 전 현생인류인 호모사피엔스라는 종이 출현했다.

인류가 흔히 말하는 몇백 년이나 몇천 년은 지구의 입장에서 보면 한 순간이다. 그 한 순간의 시간에 인류는 엄청난 일과 끔찍한 일을 동시에 벌였다. 인류는 욕심이 많고 조급하다. 인류가 지구상에서 사라질지도 모르지만 앞으로 50억 년 이상 지속될 핵융합이 끝나 태양이 사라지지 않는 한 생명의 역사는 이어질 것이다. 만일 인류가 사라지면 그 후에 등장할 생명이 인류를 다음과 같이 기록할지도 모를 일이다.

'두 발로 걸을 줄 알았던 인류는 어느 종보다 똑똑했다. 호기심이 많아 뭐든 배우고자 했고 새로운 것을 발명할 줄 알았다. 오랜 수렵·채취 생활 끝에 본격적으로 농사를 짓기 시작한 지 겨우 1만 년만에 커다란 문명을 이룩했다. 그러나 그들은 이기적이었다. 지구와 우주로부터 온갖 혜택을 받았음에도 불구하고 더 많은 것을 원했다. 그 탓에 생명은 멸종되었고, 자원은 고갈되었으며, 환경은 훼손되었다. 인류는 더 많이 차지하기 위해 끊임없이 서로 싸웠다. 그런데 그들이 전쟁의 이유로 내세운 해방, 평화, 구원 등은 하나같이 실체가 없는 것들이었다. 더욱 안타까운 것은 그들은 우주적 존재이면서도 좁은 생각에서 벗어나지 못했다는 사실이다. 우주에 뿌리를 두고 있는 그들은 우주를 이해하려고 하지 않고 속도, 권력, 자원 등 눈앞의 것들에만 매달렸다. 인류가 전쟁을 그만두고 자신들의 역량을 우주 탐험에 쏟았다면 그들은 불행한 최후를 맞지 않았을 것이다. 우주에는 모든 자원과 지

혜가 있으므로.'

(2) 0.1%가 만든 진화

"종양을 제거하는 수술을 하는 동안 그의 시상하부가 약간 손상을 입었는데, 그 결과 사랑스러웠던 여덟 살짜리 꼬마가 열두 살의 괴물이 되고 말았다. 매슈는 먹는 걸 멈추지 못했고, 폭력적인 발작을 일으켰다. …… 그는 1밀리미터의 손상 때문에 괴물이 되었다."[37]

우주와 생명의 거대한 질서는 우리의 예상과는 달리 아주 작은 차이에서 시작되었다. 우리는 우주나 지구의 역사나 크기를 상상할 때 웅대한 법칙이 작용했을 것이라고 짐작하기 쉽다. 그러나 아주 미세한 차이가 운명을 가르고 역사를 만들었다.

수십억 도의 매우 조밀한 상태에서 빅뱅이 일어났다. 빅뱅 후 우주가 점차 식어가는 과정에서 매우 균일한 상태에 아주 작은 차이가 발생했다. 차이는 수천 분의 1도 정도였다. 그 차이로 인하여 중력이 생겨났다. 흩어져있던 것들이 뭉치기 시작했으며 크기가 커질수록 당기는 힘도 더 커졌다. 빅뱅 이후 2억 년이 지나자 별이 만들어지고 은하가 형성되었다.[38]

찰스 다윈은 자연선택이 날마다 시간마다 그리고 전 세계에서 아무리 사소한 것이라도 모든 변이를 자세히 검토한다고 말했다. '자연선

"우주에 뿌리를 두고 있는 그들은
우주를 이해하려고 하지 않고 속도, 권력, 자원 등
눈앞의 것들에만 매달렸다."

빅 싱킹

택' 또는 '적자생존'에서 유익한 개체적 차이와 변이는 보존되고, 유해한 것은 버려진다. 자연 상태에서는 구조와 체질의 극히 경미한 차이도 생존경쟁에서 유리하게 작용함으로써 보존될 수 있다.[39] 단 하나의 계획에서 비롯한 생명은 35억 년에 걸친 적응과 변이의 결과다. 아주 미미한 변화도 오랜 기간 쌓이다 보면 회오리바람이 폐차장을 휩쓸고 간 후에 완전히 조립된 점보기가 남아있는 것과 같은 일도[40] 생기는 것이다.

유전자 복제 과정에서 돌연변이가 발생하는데 이 돌연변이 중 일부는 자연의 선택을 받아 후대로 이어지면서 생물의 진화를 가져온다. 엉뚱한 복제나 오류가 생기는 것은 생명 진화를 위해서 필수적이다. 복제 과정에서 오류가 생기고 그것이 확대되면서 선조는 같으나 형태를 달리한 몇 개의 변종 개체군이 출현한다.[41] 그런데 돌연변이가 일어날 확률은 1/1,000,000 정도다.

인류의 유전자는 99.9%가 같다. 단지 0.1%만 다를 뿐이다. 이 작은 차이가 사람들의 차이를 결정한다. 현생인류는 놀라울 정도로 유전적 다양성이 없다. 55마리의 침팬지 집단의 다양성보다 작다. 현생인류는 최근 아주 작은 집단에서부터 유래되었기 때문에 충분한 다양성을 확보할 시간과 규모가 부족했다.[42]

사람의 몸에는 1경(10의 16승)의 세포가 있는데 박테리아는 이보다 10배 정도가 많다. 박테리아는 수십억 년을 스스로 살아왔으며 우리는 그것 없이 살 수 없다. 참으로 경이로운 일이다. 박테리아는 인류가 멸종해도 살아남을, 절대 정복할 수 없는 슈퍼생물체다. 그런데 박테리아 등 미생물 중 인간에 독성을 갖는 것은 1,000종 중 하나 정도다.[43] 그것이 중세 유럽 인구의 1/3을, 아메리카 인디언의 대부분을 쓸어버렸다.

우주와 인류의 운명은 우리의 예상과는 달리 아주 작은 차이에 의해 결정되었다. 특히 별의 탄생과 생명의 진화 과정에서 극히 작은 차이가 오랜 기간에 걸쳐 쌓이면서 엄청난 차이를 가져왔다는 사실에 놀라지 않을 수 없다. 그런데 우리는 평소 그 정도의 차이는 무시한다. 북극의 빙하나 바다 속 물고기가 계속해서 줄어들고 있어도 우리는 무심할 뿐이다. 우리는 또한 지구 평균기온이 이미 산업혁명 이전과 비교해 섭씨 1도가 올라간 상태로, 21세기 말 기준 억제 목표까지는 1도밖에 남지 않았지만 크게 걱정하지 않는다.

(3) 완벽한 기적의 세팅

골디락스

뜨겁지도 차갑지도 않은 적당한 상태. 영국의 전래동화 『골디락스와 곰 세 마리』에서 유래되었다. 황금빛 머리카락(Goldilocks) 소녀는 죽이 식는 동안 산책을 나간 곰 가족의 집을 방문한다. 소녀는 세 그릇의 죽을 조금씩 맛보고는 가장 적당히 식은 죽을 싹 비운다. 이로부터 '골디락스'는 '이상적인 상황'을 가리키는 용어가 되었다.

생명의 탄생은 그야말로 기적이다. 소위 골디락스[44] 조건이 갖춰져야 가능하다. 골디락스 조건은 너무 가깝지도 멀지도 않고, 너무 뜨겁지도 차갑지도 않으며, 또 너무 크지도 작지도 않은 적당한 상태를 말한다. 태양의 개수, 지구의 태양으로부터의 거리와 은하계에서의 태양계까지의 거리, 달과 목성의 크기, 대기, 지구의 자기장, 판구조, 중력, 전자기력, 핵력과 약력 등이 충족되어야 한다.

우선 태양이 하나라는 사실을 들 수 있다. 별의 절반은 쌍성계에 속하는데, 만일 태양이 둘이었다면 지구 공전궤도가 불안정해 기후변화가 극심했을 것이고 생명이 생겨나기 어려웠을 것이다. 태양이 하나인 덕분에 공전의 타원이 얼마나 찌그러졌는지를 나타내는 이심률로 보면 지구의 그것은 거의 0에 가깝다.

다음으로 지구의 태양으로부터의 거리를 들 수 있다. 짧지도 길지도 않을 만큼 적당히 떨어져있다. 현재의 거리보다 더 짧았다면 영상 470도나 되는 금성처럼 뜨거울 것이고, 더 떨어졌다면 영하 90도인 화성처럼 추울 것이다.[45] 또 은하수 중심에서 태양계까지의 거리도 너무 밭지도 멀지도 않다.

달의 크기도 중요하다. 달은 지구 지름의 1/4에 해당할 만큼 위성치고는 큰 편이다. 달은 상당한 인력으로 지구를 끌어당겨 지구의 자전축이 안정적으로 유지될 수 있게 해준다. 달은 우리의 곁을 지키면서 우리의 생존을 묵묵히 도와주지만 아무런 내색도 않는다. 뿐만 아니라 사람들이 자신 아래서 낭만을 즐기고 소원을 빌 수 있도록 분위기까지 잡아준다.

또 기체행성인 목성이 지구보다 매우 크다는 점을 꼽을 수 있다. 이렇게 큰 목성이 자신의 중력으로 수많은 소행성들이나 운석들을 붙잡아주고 있어 지구는 엄청난 파괴력을 가진 그것들로부터 비교적 안전하다.[46] 달이 평상시를 책임지는 상비군이라면 목성은 비상시를 대비한 폭발물 제거반이다.

그리고 지구를 둘러싼 대기, 지구의 핵으로부터 나오는 자기장과 태양계 유일의 판구조 같은 지구의 구성요소들도 생명 탄생의 조건으로 들 수 있다. 대기가 없다면 우주에서 쏟아지는 우주선 때문에 지구상에 생명체가 존재하기 어려웠을 것이다. 우주 공간의 방사능은 지구의 그것보다 80배나 많다. 대기는 또한 온실효과, 감속효과도 발생시켜 인류의 생존을 지원한다. 철, 니켈과 같은 금속으로 이뤄진 지구의 중심부로부터 나오는 자기장은 태양광선을 약화시켜 지구의 생물을 지켜주는 파수꾼이다. 또한 판구조나 빙하기로 인한 지각이나 지층의 변동 같은 적당한 압력과 도전을 들 수 있는데 이들은 인류에게 시련을 안김으로써 오히려 적응의 지혜를 키워주었다.[47]

마지막으로 우주 공간에 작용하는 네 가지 힘을 꼽을 수 있다. 천체를 구성하는 거시적 차원의 중력, 양전하와 음전하로 전기를 만드는 전자기력, 원자를 결합시키거나 붕괴시키는 미시적 차원의 핵력이나 약력의 존재도 빼놓을 수 없다. 이러한 힘들은 서로 밀고 당기면서 지구와 생명이 균형을 잡을 수 있게 돕는다.

하지만 이러한 기적의 세팅 속에도 작은 틈새가 있다. 달은 지구로부터 매년 3.8센티미터씩 멀어지고 있는데 지구로부터 멀어질수록 목성의 중력이 강해질 것이므로 달은 지구로부터 더 빨리 멀어질 것이다. 15억 년쯤 지나면 달의 인력이 지구에 미치지 못해 자전축이 크게 변동하면서 더 이상 지구를 안정시켜주지 못할 것이다. 달이 사라지면 그 은은한 빛 아래서 소원을 빌 수 없어서가 문제가 아니라 아예 소원 자체를 가질 수 없게 될까봐 문제다.

지구 자기장의 세기가 약해지고 있다. 지난 한 세기 동안 약 6% 감소했다. 자기장이 없으면 우주선이 우리 몸속으로 쏟아져 들어와 유전자를 망가뜨릴 수 있다.[48] 우주선과 운석으로부터 우리를 보호해주는 대기가 얼마 되지 않는다. 우주비행사들은 대기가 매우 적고 연약한 것에 놀란다. 지구를 계란으로 치면 대기는 계란껍질 정도에 불과할 만큼 지구 표면에 살짝 덮여있다. 그런 대기가 인류에 의해 망가지고 있는 중이다.

소행성이 호시탐탐 지구를 노리고 있다. 목성이 중력으로 그것들을 잡아주고는 있지만 완벽하지는 않다. 소행성은 화성과 목성 사이에서 느슨하게 띠를 이루며 공전하고 있는 암석덩어리들로 지구궤도를 가로지르는 소행성은 수백만 개에 이른다. 그중 우리의 문명 전부를 폐허로 만들 수 있는 소행성만 하더라도 대략 2,000개는 될 것으로 본다.[49] 5,000년에 한 번 꼴로 큰 운석이 지구를 덮쳤다는 연구도 있다. 운석이 대기권에 진입하면 1초 이내에 충돌하는데, 총알보다 훨씬 빠르고, 태양 표면의 온도보다 높다. 지진과 해일이 순식간에 엄청난 생명을 앗아갈 수 있고, 재가 햇빛을 차단해 몇 년간 컴컴한 하늘이 지속될 수도 있다.

그 외에도 언제 폭발할지 모르는 태양 흑점이나 대규모 화산은 인류가 공들여 건설한 각종 시스템을 한 순간에 고물 덩어리로 만들 수 있다. 이 경우에 비하면 화산재 때문에 며칠 동안 일부 지역의 비행기가 못 뜨는 예는 사소하다.

그러나 이러한 모든 것들보다 더 위험한 것이 있다. 바로 인류 자신이다. 인류는 자신들을 전멸시키고도 남을 대량살상무기를 안고 산다. 사람들은 그것이 어디에 있는지는 모르지만 그것이 터지면 온전할 수 없다는 것은 안다. 게다가 자신들의 멈출지 모르는 욕망을 충족시키기 위해 지구상의 자원이라는 자원은 몽땅 써대고 있다. 그럼에도 불구하고 걱정하기는커녕 어떻게든 해결될 것이라고 믿는 습관적 낙관주의에 빠져있다.

(4) 지구적 네트워크 형성

우리의 상식과는 달리 지구 차원의 네트워크를 처음으로 만든 것은 인류가 아니라 고래였다.

'바다의 지적 지배자' 고래는 6,500만 년 전에 지구적 규모의 통신망

"이러한 모든 것들보다 더 위험한 것이 있다. 바로 인류 자신이다.
인류는 자신들을 전멸시키고도 남을 대량살상무기를 안고 산다."

을 만들었다. 피아노가 내는 가장 낮은 옥타브의 소리에 해당하는 20 헤르츠로 넓디넓은 심해에서 15,000킬로미터나 떨어져있는 동료에게 소리를 전달할 수 있었다. 고래는 노래를 잘 부르는데 보통은 15분, 길게는 1시간 정도 부른다. 혹등고래의 노래에 담긴 정보량은 『일리아드』나 『오디세이아』를 쓸 만한 분량에 이른다. 오늘날 긴수염고래의 최대 교신거리는 수백 킬로미터로 줄어들었는데 고래들 간의 교신을 단절시켜놓은 것은 바로 인류다.[50]

인류가 동양과 서양을 잇는 장거리 네트워크를 만든 것은 고작해야 기원전 1세기 전후였다. 중국 한나라는 여러 번의 시도 끝에 실크로드를 완성했다. 실크로드는 중국 중원에서 시작해 타클라마칸 사막, 파미르고원, 중앙아시아 초원을 지나 지중해에 이르는 약 6,400킬로미터의 동서무역로였다. 이 길을 통해 중국의 비단, 도자기, 화약 기술, 제지 기술 등이 서역으로 건너갔으며 불교와 간다라 미술이 중국으로 전파되었다.

8세기부터 중동은 지리적 이점을 활용해 중국의 도자기, 비단, 종이와 인도의 향신료, 유럽의 모직물, 면직물과 아프리카의 상아, 황금, 소금을 서로 교환하는 중개무역을 담당했다. 국제무역과 함께 이슬람교도 주변 대륙으로 빠르게 전파되었다.

한편 칭기즈칸은 13세기 초 특유의 전투력으로 아시아, 유럽, 중동에 걸친 대제국을 건설했다. 군대로 직접 점령한 경우로는 역사상 최대의 규모였다. 칭기즈칸의 군대는 기동력이 뛰어났다. 전원이 기마 병으로 구성되었으며 불을 피우지 않고 말린 고기와 우유를 물에 섞어 먹으면서 열흘을 버틸 수 있었다. 또 군량이 떨어지면 말의 혈관을 열어 피를 조금 마신 후 혈관을 다시 꿰매놓았다.[51] 그들은 탄수화물이나 무거운 장비에 의존한 탓으로 기동력이 떨어진 유럽이나 중국 왕조들의 군대들을 쉽게 제압했다.

15세기 유럽의 국가들이 아프리카와 아메리카로 항해를 시작했다. 유럽 제국은 1571년 레판토 해전에서 처음으로 오스만 제국을 격파한 후 교역에 적극 나서면서 향료, 보석 등을 확보하고자 하였다. 당시 동쪽에는 중국이, 남쪽에는 이슬람이 버티고 있었다. 그들보다 강하지 못했던 유럽 제국들에게 바다는 불가피한 선택이었다.[52] 이로써 유라시아에서 아프리카와 아메리카까지 사실상 거의 모든 세계가 하나의 네트워크로 연결되었다.

예를 들면 영국은 아프리카에 총, 유리구슬, 면직물을 팔아 노예를 사고, 노예를 다시 아메리카에 팔아 번 돈으로 설탕, 면화를 매입하여 유럽에 파는 삼각무역을 벌였다. 이러한 대륙 사이의 무역으로 흔히 말하는 '근대세계 체제'가 성립되었다. 열대지역의 식민지로 적어도 1천만 명에 이르는 아프리카 사람들이 노예로 팔려갔다.[53] 근대세계 체제의 성립으로 대륙 사이의 교환과 거래는 급물살을 탄다. 옥수수, 토마토, 감자, 고구마 같은 아메리카 작물은 유라시아로, 아시아 작물인 설탕과 아프리카 작물인 커피는 유럽으로, 천연두 같은 유럽 질병은

아메리카로 전파되었다.[54]

영국에서 시작된 산업혁명은 지구 네트워크 형성을 촉진했다. 강력한 엔진을 장착한 선박, 자동차, 비행기는 대륙 내에서는 물론 대륙 사이의 거리를 크게 좁혔다. 20세기 말에 등장한 인터넷은 세계적인 정보 네트워크를 형성했다. 인류는 하나의 네트워크로 연결됨으로써 거리에 구애받지 않고 정보를 공유하고 거래를 성사시키게 되었다. 특히 PC의 발명, 인터넷과 월드와이드웹(www)의 출현, 소프트웨어와 전송 프로토콜 등의 개발 같은 조용한 혁명으로 세계에는 유례없이 많은 사람들이 세계 경제에 참여할 수 있는 장이 마련되었다. 한 마디로 세상은 점점 평평해지고 있다.[55]

그러나 그만큼 취약해지는 측면도 있다. 공포와 테러에의 노출, 전염병의 확산, 지식이나 기술의 나쁜 활용 등으로 한 지역 또는 한 국가의 위험은 곧바로 세계로 전파될 우려가 커졌다. 또한 네트워크의 급속한 확대로 지역공동체의 고유한 풍습이나 생태계가 훼손되고[56] 지역의 담시, 민화, 신화, 구술문학 같은 인류의 인문학적 자산이 사라지고 있다.[57]

"인터넷에는 정보가 너무 많아서 자정작용이 일어날 수가 없어. 오히려 그 반대되는 현상이 일어나지. 끼리끼리 뭉치는 거 말이야. …… 그렇게 인터넷을 오래할수록 점점 더 보고 싶은 것만 보고 믿고 싶은 것만 믿게 돼. 확증 편향이라는 거야. TV보다 훨씬 나쁘지. TV는 적어도 기계적인 균형이라도 갖추려 하지."[58]

네트워크의 확대는 에곤 실레의 〈이중자화상〉[59]과 같다. 마당을 넓힐 수 있는가 하면 울타리도 높일 수 있다. 고래의 네트워크가 평화와 조화가 공존하는 것이라면 인류의 네트워크는 희망과 절망이 교차하는 것이다. 인류가 해리포터처럼 네트워크라는 마법의 빗자루를 타고 내 친족, 내 국가, 내 종교의 울타리를 넘어서 인류는 물론 지구 전체를 위해 날아오를 수 있을지는 두고 볼 일이다.

| 에곤 실레, 〈이중자화상〉

(5) 고요 속 광란의 진실

믿고 싶지 않지만 우리가 보거나 느끼는 것은 세상의 극히 일부분에 불과하다. 게다가 그것조차 진실이 아닐 수 있다. 우리는 이를 받아들여야 한다. 이해가 커지면 오만과 편견은 줄어든다.

우리의 삶은 르네 마그리트의 〈피레네산맥 위의 성곽〉처럼 아슬아슬하다. 위험은 성곽 밑에 음흉하게 진을 치고 있는 바다의 수준을 뛰어넘는다. 언제 지구를 덮쳐올지 모르는 수천 개의 치명적인 운석, 직접 보면 안타까울 정도로 연약한 대기, 느닷없이 폭발할지도 모르는 태양 흑점, 도둑처럼 늘 빈틈을 노리는 화산과 지진, 갈수록 힘이 빠지는 지구 중심부의 자기장, 게다가 어딘가에 숨겨져있는 히로시마 핵폭탄의 수천 배 위력을 가진 수천 개의 핵탄두까지 우리가 처한 상황은 쩍쩍 갈라진 얼음판 위를 걷는 꼴이다.

우리 지구는 70억 명이 넘는 승객을 태우고 초속 29.8킬로미터로 달리면서 초속 465미터로 회전하는 우주선과 같다. 그런데 그 우주선은 초속 220킬로미터로 달리는 태양이라는 모선 옆에 붙어 같이 달려가고 있다. 모선은 지구 우주선보다 109배 크고 33만 배 무겁다. 그러나 우리는 태양이나 지구가 움직이는 속도를 느끼거나 그 소리를 들을 수 없다. 오히려 그럴 수 있다면 끔찍한 일이 될 것이다. 태양이나 지구의 속도나 궤도가 조금이라도 바뀌는 날이면 상상할 수 없는 재앙에 직면할 것이다. 태양이나 지구가 지금과 똑같이 움직여야 존재할 수 있다는 점에서 외줄타기와 다를 바가 없다.

태양의 질량보다 수천 배에서 수백만 배 되는 블랙홀이 어디선가 나타나 우리 태양계를 집어삼킨다면, 어느 날 갑자기 슈퍼 외계생명체가 나타나 지구를 순식간에 쑥대밭으로 만든다면, 태양계에 알 수 없는 변화가 생겨 자고 일어났더니 밤낮이 바뀌고 밤에는 영하 100도, 낮에는 영상 100도가 된다면, 우주가 갑자기 팽창을 멈추고 수축하기 시작한다면……. 사람은 당장 눈앞의 일들에 대해서는 끊임없이 걱정하면서도 아슬아슬한 지구나 태양의 운명에 대해서는 걱정하는 법이 없다.

아프리카에서 호모에렉투스가 출현한 이후 현생인류가 등장했던 지난 250만 년 동안 적어도 열일곱 차례의 극심한 빙하기가 있었다. 히말라야산맥이 봉기하면서 공기흐름이 차단되고 파나마 지협이 형성되어 태평양과 대서양 사이의 난류가 차단되었기 때문이다. 최근 지구의 기후는 안정하고 평온했던 것이 아니라 온화한 기간과 혹독한 추위 사이를 격렬하게 비틀거리며 오가고 있다.[60] 사람들은 자신들이 사는 몇십 년의 시간의 흐름만 보기 때문에 느끼지 못하지만, 크게 보면 기후는 전혀 안정적이지 않다.

양자역학에서 밝혀낸 원자의 모습은 한마디로 광란의 소용돌이다. 우리가 딱딱하다고 느끼는 돌이나 나무도 알고 보면 텅 비어있다. 운동장을 원자로 치면 원자핵은 운동장 가운데 있는 파리 한 마리 정도다. 이것을 믿고 벽을 향해 돌진한 이도 있었다.[61] 또 한 전자의 스핀을 알아내면 몇 광년이나 떨어져있는 다른 전자의 스핀도 즉각적으로 알아낼 수 있다. 우리의 몸의 원자들과 우주 저편에 있는 원자들은 우주적으로 얽혀있는 관계로 어느 한쪽에 일이 일어나면 다른 쪽에 그 영향이 즉각 전달된다.[62]

인류는 오로지 가시광선만을 볼 수 있다. 적외선, 자외선, X선, 감마선 등은 아예 보지 못한다. 인류의 망막은 붉은색과 초록색과 푸른색만 감지하며, 노란색이나 갈색, 주황색 등은 만들어낸 것이다. 인류의 시계에는 시신경이 연결되지 않은 부위가 있어서 실제로 우리 눈에 보이는 것은 검은 점이 곳곳에 찍힌 이상한 풍경이다. 이것을 두뇌가 수정하여 매끄러운 풍경으로 만들어낸다. 다시 말해 우리 눈에 보이는 영상은 '뽀샵' 처리가 된 것이다.[63] 이처럼 인류는 세상의 일부만 볼 수 있고 그것마저 불완전한 것임에도 이를 거의 전적으로 믿는다.

우리가 보는 행위는 대상에 반사된 빛이 우리의 눈에 도달하는 것으로 빛이 어떤 물체에 반사되면 그 물체는 빛에 얻어맞으면서 조금이라도 뒤로 밀린다. 우리가 보는 시계나 책도 매 순간 빛에 얻어맞으면서 밀리고 있다. 그러나 우리는 그 미미한 변동을 전혀 느끼지 못한다.[64]

또한 우리의 뇌는 어떠한가? 한 지붕 두 가족이다. 육체를 지배하기 위해 좌뇌와 우뇌가 치열하게 다툰다.[65] 좌뇌와 우뇌를 분리해서 미래에 무엇이 되고 싶으냐고 물으면 좌뇌는 '의사', 우뇌는 '화가' 하는 식으로 서로 다른 답을 내놓는다. 우리는 우리의 뇌가 좌뇌와 우뇌로 나뉘어 하나의 뇌처럼 통합적이고 체계적으로 작동한다고 생각한다. 그러나 실제는 전혀 그렇지 않다. 마치 목표와 생각이 상이한 두 개의 독립된 군대가 영토를 확보하기 위하여 끊임없이 전쟁을 벌이고 있는 형국이다.

이처럼 세상은 미친 듯이 소용돌이치고 있다. 단순하게 보이지만 더없이 오묘하다. 우리는 태양의 400만 배나 되는 거대한 질량의 블랙홀 가까이서 아슬아슬한 줄타기를 하고 있는 별(S2)만큼이나 위태롭다. 그러나 우리는 세상을 고요하거나 안정적인 것으로 본다. 이는 광란의 금요일 밤에 나른한 일요일 정오를 떠올리는 일과 같다. 아담 스미스의 '보이지 않는 손'이나 파레토의 '파레토 최적'이라는 개념으로 세상을 설명하려는 시도는 적절하지 않다. 오히려 헤라클레이토스의 표현대로 지속되는 것은 오직 변화뿐이다.[66]

컴퓨터와 인터넷의 보급으로 종이 문서 사용량이 줄 것이라는 예상과는 달리 오히려 종이 문서 사용량이 늘어났을 만큼 눈으로 봐야 믿는 인류의 습성은 뿌리 깊다. 소위 '동굴인간 원리'는 사냥의 증거에 집착했던 습성에서 비롯한다.[67] 우리에게 시간과 공간은 분리되어있을 뿐만 아니라 다른 사람의 한 시간은 나의 한 시간과 정확히 일치하며, 사과는 늘 땅으로 떨어지고 책상은 고요하며 딱딱할 뿐이다.

(6) 한 줌 흙의 소우주

한 줌의 흙조차 경이의 대상이다. 그 안에는 생명이 없는 다른 모든 행성의 표면 전체보다 질서가 잡혀있고 구조가 풍부하며 특이한 자연사를 가진 세계가 들어서 있다. 이는 부식동물과 포식동물이 서식하는 거대한 소우주다. 곤충과 몸집이 더 큰 다른 동물들 수백 마리, 균류 100만 마리, 세균 100억 마리의 보금자리다.[68] 인류가 거기에 독극물을 뿌리지 않는 한 단 한 줌의 흙 속에도 오묘한 생명의 세계가 자리를 잡는다. 생명은 그들의 세계를 윤택하게 할망정 파괴하는 일은 없다. 무질서는 인류의 개입으로 시작된다.

완전히 죽은 것처럼 보이는 식물이 다시 살아나는 것은 인류가 한 번도 경험하지 못한 기적이다. 이는 칼을 삼키는 묘기와 비슷하다. 인류의 화학반응과는 달리 식물의 생화학반응은 폭넓은 온도에서 작동한다. 식물은 겨울마다 수만 개의 칼을 삼키되 그중 어느 하나도 여린 심장에 닿지 않게 만드는 기적을 연출한다.

식물은 첫 결빙 몇 주 전부터 월동 준비를 한다. DNA를 비롯한 연약한 조직을 세포 가운데로 옮긴 다음 완충제로 감싼다. 세포는 지방질로 바뀌며 저온에서도 굳지 않도록 화합 결합을 바꾼다. 또 내부에 당을 발라 어는 점을 낮춘다. 서리가 내려 세포를 둘러싼 물이 얼면 세포 내부는 설탕 바르기 덕에 오히려 온도가 올라간다. 추위는 얼음 결정을 점점 커지게 만들어 식물 세포의 섬세한 내부구조를 찢고 부순다. 추위가 혹독해지면 세포에서 물이 빠져나가면서 내부의 당 농도가

빅 싱킹

"한 줌의 흙조차 경이의 대상이다.
그 안에는 생명이 없는 다른 모든 행성의 표면 전체보다 질서가 잡혀있고
구조가 풍부하며 특이한 자연사를 가진 세계가 들어서 있다."

높아지고 세포는 시럽 덩어리처럼 쪼그라져 어는 점을 더 낮춘다. 겨울 내내 파고 들어오는 얼음 속에서 세포는 끝끝내 버틴다.[69]

이스트 대신 천연의 균으로 빵을 만들기 위해서는 균의 소리를 들어야 한다. 그런데 신기하게도 만드는 사람의 기분이 균에 전달된다. 기분이 불안정할 때는 효모나 반죽의 발효가 거칠어지고 반대로 편안하면 발효도 차분해진다. 만드는 이가 균과 상호작용을 한다. 작은 빵 뒤에 발효라는 이름의 대우주가 펼쳐져있다.[70]

중간계에 살고 있는 인류는 거대세계와 미시세계를 보지 못한다. 우주는 너무나 거대하여 우리가 알고 있는 것이라고는 태양계와 근처에 존재하는 몇 행성들뿐이다. 또한 우리는 수시로 감기에 걸리면서도 그것의 원인인 바이러스를 알아챌 수가 없을 뿐만 아니라, 우리 몸속에 존재하는 1경의 세포 중 단 하나도 느낄 수가 없다. 아인슈타인이 주장한 휘어진 시공간은 물론 하이젠베르크가 주장한 원자가 연출하는 광란의 몸짓 또한 본 적이 없다.

그런데 중간계는 별개로 존재하지 않는다. 우주를 중간계, 거대세계, 미시세계로 구분하는 것은 인류의 오래된 나누기 습성에서 비롯한다. 인류는 이성을 갖고 있기에 이렇게 체계적으로 분류하고 각각의 성격을 규정할 수 있다고 여긴다. 물론 중간계서 보이는 대로 믿고 행동해도 큰 문제가 없긴 하다. 그러나 그런 습성은 본래 하나로 존재하며 그 안에서 긴밀하게 연결되어 변동하는 것을 망각한 채 자신의 것들에만 빠져들 위험을 높인다.

그런데 바로 그 지점에 무언가가 있다. 인류가 보는 세상은 바로 인류만의 고유한 것처럼 박쥐나 세균이 마주하는 세상은 그들만의 고유한 것이다. 생명들은 저마다의 세상을 갖고 있는 셈이며 인류가 보는 세상은 그중 하나일 뿐이다. 우리가 박쥐에게 왜 보지 못하냐고 나무라는 일은 박쥐가 우리에게 왜 초음파를 듣지 못하냐고 따지는 일과 같다. 우리가 세상을 보는 방식이 매우 불완전하다는 사실을 아는 것은 다른 존재를 이해하는 출발점이다.

(7) 우주에 대한 무지

우주적 존재인 인류가 우주에 대해 알고 있는 것은 겨우 4%뿐이다.[71] 사람을 기준으로 하면 서너 살 먹은 아이 수준일 것이다. 우주의 24%를 차지하는 암흑물질, 72%를 차지하는 암흑에너지, 채 1%가 안되는 블랙홀 등에 대해서 아직 제대로 밝혀낸 것이 없다.[72] 이는 기술적인 한계 탓이기도 하지만 더 근본적으로 눈앞의 것에만 관심을 둔탓이다. 인류가 지구상의 자원을 전쟁 수행과 욕망 충족에 과도하게 사용하지 않았더라면 우주에 대해 장님 코끼리 만지는 수준을 벗어날수 있었을 것이다.

유럽 학자들의 동양의 종교와 형이상학에 대한 무지가 고의적인 것처럼[73] 오늘날 인류의 우주에 대한 무지도 고의적이다. 반면 인류의 정치, 경제, 사회, 스포츠, 연예, 건강, 재테크에 대한 지식은 흘러넘친다. 사람들은 인터넷을 통해 그런 지식과 정보를 참을 수 없다는 듯이 유통시킨다. 사람들에게 자질구레하고 자극적인 온라인의 정보나 뉴스는 휘핑크림과 시럽으로 가득한 달콤한 커피와 같다. 사람들이 그 달콤함에 중독되어가는 사이 우주를 담는 큰 생각은 아득하게 멀어져 간다.

사람들은 우주에 대해 많이 알지도 못할뿐더러 제대로 알지도 못한다. 대표적인 경우가 대기다. 대기는 무척 고마운 존재이다. 현재와 같은 대기가 만들어지기까지는 오랜 세월이 걸렸다. 남조류가 20억 년 동안 광합성을 통해 만들어낸 산소는 대기의 구성을 결정적으로 변화시켰다. 이산화탄소가 줄어들고 산소가 전체 대기의 20%를 차지하게 되었다. 대기는 지구의 중력이 달아나지 못하도록 붙잡은 기체덩어리다. 또 온실효과, 우주선 방어, 감속효과로 인류의 생존에 필요한 조건을 만들어주었다.[74]

한때 냉전 분위기에 힘입어 미국과 소련이 우주 탐험을 놓고 경쟁을 벌인 적이 있었다. 그런데 우주비행사들은 공감한 것이 있다. 바로 대기권이 생각보다 훨씬 얇다는 것이다.[75] 국적이 다른 그들이 같은 생각을 갖게 된 것은 지구를 떠나 우주 공간으로 갈 수 있었기 때문이다. 관점의 변화가 생각을 바꾼다. 땅을 밟고 사는 인류는 대기가 어떤 일이 있어도 그 자리에 있을 것으로 본다. 대기를 특별히 고마운 존재라고 생각하지 않는다. 하지만 우주 공간으로 가서 지구를 바라보면 너

빅 싱킹

무도 연약한 대기에 생각이 달라진다.

최근 일부 야심찬 기업가들이 우주 탐험을 추진하고 있어 주목받고 있다.[76] 신기술이 처음 등장했을 때는 주로 부자와 권력자들이 혜택을 보지만 시간이 지나면 대량생산과 기술개선 등으로 가격이 내려가 보통사람들도 혜택을 본다. 지금까지 어떤 기술도 부자들의 전유물이 된 사례가 없다.[77] 물론 이 주장에 대해 반론이 가능하다. 부자와 권력자들은 늘 한 발 앞설 것이기 때문에 돈이나 권력을 가진 자들과 그렇지 못한 자들 사이의 격차는 좁혀지기 어렵다. 어쨌든 우주 공간으로 여행하는 사람들이 늘면 대기의 연약함과 그 가치에 공감하는 사람들도 늘 것임은 확실하다.

노자는 "지부지상 부지부병(知不知上 不知知病)"이라고 했다.[78] '모른다'는 것을 아는 것은 최상이고, 모르는 것을 아는 체하는 것은 병이라는 뜻이다. 공자도 "아는 것은 안다고 하고, 알지 못하는 것은 알지 못한다고 하라. 그것이 곧 아는 것이다."(『논어』)라고 했다. 소크라테스가 '너 자신을 알라'한 것도 같은 맥락이다. 그들 모두 우선 모른다는 것부터 인정하라고 말하고 있다.

2. 별, 인류의 공동운명체

(1) 별과 주름살

사람들은 아침마다 거울에 비친 자신의 얼굴을 본다. 그 중에는 최근 들어 부쩍 늘어난 것 같은 주름살을 보면서 한숨을 쉬는 사람들이 있다. 그런데 주름살을 피할 수는 없다. 중력이 없는 우주 공간에 살면 몰라도 지구에 발을 딛고 사는 한은 나이가 먹을수록 주름살은 늘게 되어있다. 나이가 먹는다는 것은 그만큼 중력에 노출되는 시간이 길다는 것을 의미한다. 보톡스로 이를 감추더라도 완벽할 수는 없다. 보톡스로 주름살을 감춘 얼굴은 고무 인형처럼 어색하기만 하다.

"지구에 발을 딛고 사는 한은 나이가 먹을수록
주름살은 늘게 되어있다."

우리는 도시에서는 하늘을 볼 일이 거의 없지만 시골로 가면 맑은 하늘로 자꾸 눈이 간다. 특히 셀 수 없을 만큼 많은 별들이 촘촘히 박혀있는 밤하늘은 신기하고도 아름답다. 그 때 우리는 잠깐이나마 광대한 우주의 존재를 느낀다. 주름살을 볼 때와는 전혀 다른 기분이다. 『코스모스』의 저자 칼 세이건이 말한 것처럼 등골이 오싹해지고 목소리가 떨리지는 않더라도 어떤 미묘한 기분에 빠져드는 것은 부정하기 어렵다. 공기가 맑은 곳일수록 태양에 가까운 곳일수록 하늘과 별은 아름답다.

그런데 이 둘은 통하는 데가 있다. 주름살과 별은 모두 중력 작용에 의해 생긴 것들이기 때문이다. 몇십 년 동안 중력을 받다보니 피부가 처진 것이 주름살이고, 빅뱅 이후 온도가 식어가는 과정에서 '아주 작은 차이'가 발생하면서 중력이 작용해 생긴 것이 별이다. 전혀 관련이 없어 보이는 이 둘은 중력의 자식으로 형제지간쯤 되는 사이다. 그런 면에서 뉴턴은 위대한 과학자다. 중력 하나로 그 모든 것의 비밀을 밝혀냈으니 말이다.

생명이 바다에서 육지로, 네 발에서 두 발로, 육지에서 하늘로, 대기 밖의 우주 공간으로 그 영토를 확대해온 역사는 사실 중력과의 대결이었다. 중력이 존재하지 않는 우주 공간에서는 피가 머리로 쏠려 뇌졸중의 위험이 커지며, 굽었던 척추가 펴지면서 키가 커지고, 요통이나 어깨 결림이 없다. 액체는 표면으로 번져 옷을 벗지 않고도 머리를 감을 수 있으며, 얼굴로 피가 역류하여 얼굴이 토마토처럼 빨갛게 되는

'문페이스(moon-face)' 현상이 나타난다.[79]

중력은 알고 보면 사랑의 마술사다. 우주 발생 초기의 카오스적 혼란 상태는 중력, 전자기력 같은 법칙에 의해 질서를 갖게 되었다.[80] 별들은 중력을 매개로 이웃을 만든다. 중력에 의해 생긴 태양은 자신의 중력으로 지구를 이웃으로 삼고 그 지구는 다시 자신의 중력으로 달을 이웃으로 삼는다. 이에 달은 지구의 자전축이 흔들리지 않게 붙잡아주는 것으로 지구에 보답한다. 중력은 우리의 얼굴에 주름살을 만들지만 우주 공간으로 떨어져 나가지 않도록 우리를 꼭 안아준다.

(2) 중력에 대한 모든 도전

생명의 역사는 중력에 대한 저항의 기록으로 빼곡히 차있다. 지구의 모든 생명은 중력의 법칙 아래 놓여있다. 그러나 생명은 중력에 복종하는 법이 없다. 언제나 하늘을 향해 치오른다. 10,000미터 이상 높이 나는 루펠독수리(Ruppell's vulture), 6일 동안 뭍이나 바다에 앉지 않고 한번에 3,200킬로미터를 나는 알바트로스, 350미터까지 자라는 레드우드 등은 등장인물의 일부다.

중력을 거슬러 하늘로 치올라가는 일은 모두의 꿈이었다.

이카루스의 아버지 다이달로스는 크레타를 탈출하기 위해 새의 날개에서 깃털을 모아 실로 엮고 여기에 밀랍을 발라 날개를 만든다. 그는 이카루스에게 너무 높이 날면 태양의 열에 의해 밀랍이 녹고 너무 낮게 날면 바다에 날개가 젖으니 중간 높이로만 날라고 주의를 준다. 그러나 이카루스는 너무 높게 날아올라 태양의 열에 밀랍이 녹아내리는 바람에 바다에 떨어지고 만다. 그는 자신도 모르게 중력을 거슬러 올라가는 환희에 빠져버린 것이다.

| 페테르 루벤스, 〈이카루스의 추락〉

날개가 없는 인류는 인공적인 날개와 그에 의지하는 양력을 이용하여 하늘 날아오르기에 도전했다. 비행기에 대한 원리를 처음으로 생각해낸 사람은 레오나르도 다빈치로, 그는 무게를 이기고 하늘을 날 수 있을 것으로 믿었다. 하지만 하늘을 나는 데 필요한 동력을 얻기까지는 시간이 걸렸다. 드디어 1903년 라이트형제는 최초로 동력 비행기를 발명하기에 이르렀다.

『갈매기의 꿈』의 주인공 조나단 리빙스턴은 무엇보다도 하늘을 나는 것이 좋다. 조나단에게 중요한 것은 먹이가 아니라 비행이다. 다른 갈매기들은 먹이를 잡을 수 있을 만큼만 나는 연습을 할 뿐이다. 조나단은 혼자서 종일 수백 번씩 저공활공을 연습을 한다. 물론 그의 부모는 그의 모습에 실망을 감추지 못한다. 결국 그의 부족에 의해 추방당한 조나단은 좌절하기는커녕 수많은 연마 끝에 수평비행의 최고 속도인 시속 440킬로미터에 도달한다. 하지만 그는 거기서 멈추지 않는다.[81]

예술가들도 중력을 벗어나고자 한다. 여기서 중력은 사람을 구속하거나 타락시키는 현실의 세계를 의미한다. 샤갈은 중력을 이겨내는 마음을 화폭에 담았다. 샤갈은 〈산책〉에서 무중력 상태로 떠오르는 연인 벨라를 겨우 한 손으로 잡고 있으며, 〈도시 위로〉에서는 아예 둘이 함께 하늘로 둥실 떠오르며 중력을 가뿐이 이겨낸다. 보들레르는 자신의 생각이 병적인 악취가 풍기는 현실의 세계로부터 멀리 날아올라 하늘의 대기 속에서 더러움을 씻고 맑은 우주 공간에 가득한 밝은 불을 마시기를 바랐다.[82]

새들은 일찌감치 중력을 이겨내는 방법을 터득해 인류의 부러움을 샀다. 나무도 풀도 옆으로 기는 편안한 길 대신에 위로 치솟는 험난한 길을 택한다. 나무와 풀은 하늘을 향해 자라는 중에서도 이파리도 키우고 열매와 꽃도 맺는다. 낭만적으로 보이는 그 성장은 사실은 중력을 뚫고 치오르는 지난한 몸짓이다. 주사 몇 방으로 중력의 흔적인 주름살을 펴는 손쉬운 길은 없다.

> **엔트로피**
>
> 사용 가능한 에너지의 양이 일정하다고 할 때, 사용할 수 없는 상태로 전환된 에너지의 총량. '무질서도'라고도 한다. 열역학 제 2법칙에 의하면 엔트로피는 항상 증가하거나 일정하며 절대로 감소하지 않는다. 즉, 무용의 상태로 전환된 에너지는 다시 사용 가능한 상태로 돌아갈 수 없다.

이처럼 지구상 생명에게 중력으로부터의 탈출은 포기할 수 없는 꿈이며 생존의 이유이기도 하다. 천체나 물체가 중력에 순응한다면 생명은 거기에 순응하면서도 저항한다. 생명이 벌이는 도전에는 끝이 없다. 중력이나 엔트로피 법칙에도 불구하고 생명은 거칠게 약동한다.

(3) 우주가 빚은 작품

우리는 그동안 영혼의 고상함에 점수를 주었다. 반면 대지와 하늘 사이에서 매순간마다 생생하게 살아 숨 쉬는 육체를 소홀히 해왔다. 정신은 고상하고 우월한 것이나 육체는 저급하고 수치스러운 것이었다.

그러나 정신이 제 아무리 독자적이라 해도 육체 없이는 존립할 수 없다. 역사적으로 육체는 절대적 존재나 형이상학이 강조될수록 초라

해졌고 거기에서 벗어날수록 가치를 인정받았다. 육체에 주목한 그리스 로마는 화려한 문명을 꽃피웠다. 한동안 억눌렸던 육체는 근대 이후 부활의 기지개를 켰다. 현대에 들어서 육체는 형이상학의 핍박에서는 벗어났으나 우주와 자연으로부터 분리되어 소비와 향락의 대상으로 변질되고 있다.

우리는 단순히 육체는 저급하지 않으며 영혼만큼 중요하다는 주장에서 그칠 수 없다. 그 이상의 것이 있다. 몸은 우주의 위대한 작품이다. 다른 존재들과 끊임없이 주고받는 몸이 우리가 우주의 존재임을 매순간 확인시켜주고 있다. 우리의 몸은 그 자체가 우주다. 우주에서 와서 우주로 돌아간다. 이런 깨우침은 죽음에 대한 두려움마저 누그러뜨린다. 빌려왔으니 다시 빌려준들, 무로 시작했으니 다시 무로 돌아간들 못 견딜 일은 아니다. 원래부터 내 것은 없었으니 말이다.

별이 사라지면서 우주 공간에 흩뿌려진 각종 원소들이 우리 몸을 구성하다가 우리가 죽으면 다른 생명이나 존재들로 이어진다는 사실 앞에서 우리가 깨우치는 것은 몸의 덧없음이 아니라 몸의 우주적 차원이다. 영혼에 비해 절대 열등하지 않은 그것은 유전자의 단순한 운반체가 아니며, 욕망에만 종사하는 천박한 구성물은 더더욱 아니다. 우리가 철저하게 우주적 존재임을 입증해주는 우주의 빛나는 작품이다. 그것은 밤하늘만큼 오묘하며 오로라처럼 신비롭고 아침 태양처럼 황홀하다.

(4) 쉼 없는 교류

인류는 온전히 우주에서 왔다. 별이 죽거나 폭발하면서 생긴 탄소, 질소, 철 같은 원소들이 분자를 이루고 또 이것들이 정교하게 결합하면서 인류의 몸을 이룬다. 사람이 죽고 나서 몇십 년이 지나면 남는 것은 원소뿐이다. '흙에서 와서 흙으로 돌아간다'는 말보다는 '원소로 와서 원소로 돌아간다'는 말이 더 정확하다. 그래서 '별에서 온 그대'는 문학적인 표현이기 이전에 과학적인 표현이다.

'신체발부수지부모(身體髮膚受之父母)'라는 표현은 틀린 말은 아니지만 그렇다고 맞는 말도 아니다. 우리의 몸을 짧은 시각에서 볼 때에만 성립된다. 부모 이전에 생명이, 생명 이전에 별이 있었다. 부모 또한 별에서 왔기에 같은 말이 적용된다. 사람들이 단지 부모수태(父母受胎)의 이치만 알고 천지포태(天地胞胎)의 이치와 기운을 알지 못하는 것은 천인합일(天人合一)의 이치를 체득하지 못했기 때문이다.[83] 우리는 부모를 존경하라는 가르침을 받는다. 하지만 우리가 태어난 역사를 안다면 존경할 것은 부모만이 아니다.

인류의 시원에 미치려면 얼마나 거슬러 올라가야 할까? 당장 호모 사피엔스가 등장한 20만 년 전이나 인류가 등장한 600만 년 전까지를 떠올리겠지만 이는 시작에 불과하다. 모든 생명은 35억 년 전 심해배출구에서 등장한 아주 원시적인 생명체로부터 시작되었기 때문이다. 그렇지만 거기가 끝이 아니다. 생명은 기적의 세팅이라 불리는 지구가

"부모 이전에 생명이. 생명 이전에 별이 있었다."

있어서 가능했다. 그런데 45억 년의 지구는 137억 년 전 빅뱅으로 시작된 우주 속에서 생겨났다. 이처럼 크게 보면 인류는 137억 년이라는 우주의 역사 속에서 태어났음을 알 수 있다.

지금도 우주로부터 수많은 원소들이 지구로 쏟아져 내리고 있다. 매년 지구에는 약 3만 톤의 우주먼지가 날아와 쌓인다.[84] 인류는 이들 중 필요한 것을 받아들여 자신의 몸을 만든다. 우리의 몸속에 있는 원자들은 이미 몇 개의 별을 거쳐서 왔을 것이고 수십억에 이르는 생물들이나 물질들의 일부였을 것이다. 어쩌면 우리 몸은 구석기 시대의 사냥꾼이나 중세의 성직자의 몸속에 있던 원소들이나, 자작나무나 토끼풀을 이루던 원소들이나, 무당벌레나 사슴을 구성하던 원소들로 이뤄졌을지도 모를 일이다.

우리의 몸은 살아있는 동안에도 끊임없이 주고받는다. 내 것과 네 것의 경계가 따로 없다. 간세포와 마찬가지로 뇌세포도 대략 한 달 만에 완전히 새로운 것으로 바뀐다. 실제로 몸의 어느 조각도 9년 이상된 것은 없다. 세포 수준에서 보면 우리는 모두 어린아이다.[85] 알고 보면 우리는 주고받기의 명수다. 우리의 몸은 한시도 고정되어있지 않다. 내가 가진 것을 주고 남이 가진 것을 받는다. 주고받는 데에 벽이 없다. 누구에게 주는지 누구로부터 받는지 따지지 않는다. 주고받기를 거부하는 것은 죽음을 의미한다. 우리는 매 순간 우주적 존재임을 스스로 증명하고 있다.

한동안 몸을 핍박하던 인류는 최근 들어 자기 몸에 대한 애착을 늘리고 있다. 몸에 좋다는 것이면 무엇이든 가리지 않는다. 닭이나 돼지, 소는 물론 뱀도, 곰도, 고래도, 상어도 그렇게 희생양이 된다. 그뿐 아니라 인류는 멋지게 보이려고 돈을 들여서라도 몸을 가꾼다. 중력을 고의로 늘린 역기를 들어 올리고 부족한 잠에도 새벽같이 일어나 운동장을 돈다. 예뻐 보이려고 얼굴에 돈과 시간을 쏟아붓는다. 하루의 예외도 없다. 심지어 망치와 톱과 칼을 갖고 얼굴을 뜯어고친다.

그러나 사람의 몸은 진정으로 사람의 것이 아니며 잠시 맡게 된 것뿐이다. 우리는 우주의 위탁자인 동시에 수탁자이다. "물질은 이곳에서 저곳으로 흐르며 순간적으로 모여서 당신이 된다. 따라서 당신이 무엇이든, 당신을 구성하는 재료들은 당신이 아니다."[86] 인류라는 존재는 장구한 우주의 역사 속에서 탄생하였으며, 한시도 쉬지 않고 생명이든 아니든 다른 존재들과 주고받고, 영원히 내 것이라고 할 수 있는 것은 단 하나도 없다.

불교에서 사람은 사라지지 않는다. 다른 생명으로 거듭난다. 몸에 관한 한 전적으로 맞는 말이다. 만일 영혼까지 그렇다면 윤회사상은 사실일 것이다. 몸이 다른 물질이나 생명으로 이어진다는 사실은 천국 아니면 지옥으로 간다는 서양의 믿음과 다르다. 그런 서양에서 원소의 존재와 원리를 알아낸 것은 아이러니하다. 그러한 과학적 사실에도 불구하고 인류는 몸이 자신의 소유라는 착각에서 벗어나지 못한다. 마치 지구가 자신의 소유라는 착각에서 벗어나지 못하는 것처럼.

(5) 별에서 온 낭만

별은 인류에게 특별하다. 원초적 고향 같은 것이다. 그렇다고 절대적이거나 초월적인 존재가 아니다. 밤하늘 아련한 별빛에 가슴이 두근거리고 뻐근한 것은 우리가 단순히 낭만적 존재이기 때문만이 아니라 별에서 온 생명이기 때문일지 모른다.

별은 어머니의 자궁으로 들어가 훌륭한 인물로 태어나기도 한다. 자장의 아버지가 자식 낳기를 축원하기를, "만약 사내자식을 낳는다면 희사하여 불교계의 대표적 인물을 만들겠다."고 했더니 어머니의 꿈에 별이 떨어져 품속으로 들어왔다. 원효의 어머니도 별이 떨어져 품속으로 들어오는 꿈을 꾸고 태기를 느꼈다.[87] 그리스 로마 신화에도 비슷한 장면이 있다. 딸이 낳은 손자에 의해 살해당할 것이라는 신탁을 들은 아르고스의 왕은 딸을 청동으로 만든 탑에 가둔다. 하지만 황금의 비로 변신한 제우스는 다나에를 임신시킨다.

별을 보면 미묘한 느낌에 사로잡힌다고 한 칼 세이건은 자신의 아이가 태어나자 '아득히 머나먼 우주에서 홀로 고독한 여행을 해서 온 우주의 사자'를 경의를 담아 맞아주고 싶다고 말했다.[88] 그는 아이가 태어나면 부모를 먼저 앞세우는 보통 사람들과 달랐다. 우주적 관점에서 생각할 줄 알았다. 갓난아기는 그저 한 부모의 아이가 아니라 우주의 물질과 정기를 받고 태어난 우주의 사자인 것이다.

빅 싱킹

단테는『신곡』의 지옥, 연옥, 천국 각 편을 모두 별 이야기로 끝맺는다. 별은 나그네 인생을 살고 있는 그에게 종국적인 목적지 같은 곳이다.[89] 타국을 떠돌면서 태양은 어느 곳에나 비춘다고 스스로 위안을 삼은 그였기에 별도 어느 곳에서나 빛난다고 생각했을 것이며 나그네 인생의 아픔을 별과 함께 달랬을 것이다.

베드윈족은 중동 및 북아프리카 사막에 거주하며 유목생활을 하는 아랍민족이다. 명예를 중시해 괄시를 받으면 피의 보복을 단행했던 그들은 정착민들을 경멸했다. 낮에는 사람 및 동물의 발자국으로 방향을 알아내고 밤에는 별의 운행을 보고 방향을 감지하는 데 탁월했다.[90]

아담 엘스하이머는 〈이집트로의 피신〉(1609)에서 별자리와 은하수는 물론 달 표면을 정확하게 표현하였으며 1,200여 개나 되는 별들을 그렸다. 조토 디본디네는 〈동방박사의 경배〉(1304~6)에서 베들레헴의 별 대신 핼리혜성을 그렸다. 김환기는 〈우주〉(1971)에서 항성 주위를 도

| 아담 엘스하이머, 〈이집트로의 피신〉

| 조토 디본디네, 〈동방박사의 경배〉

는 행성을 표현하듯 여러 겹의 둥그런 원과 수많은 점들을 그리고 있다. 그는 완벽하게 조화로운 우주를 발견하고자 했으며 자연과 합일되어 살아가려는 동양인의 정서를 함축적으로 표현했다.[91]

「별 헤는 밤」으로 유명한 시인 윤동주는 별을 하나씩 헤아리며 소학교 친구들, 가난한 이웃사람들, 비둘기, 강아지, 토끼 같은 우리 주변의 존재들과 프랑시스 잠, 릴케 같은 시인들의 이름을 불렀다. 그리고 어머니도 불렀다. 그는 이국땅에 있으면서도 별에게 자신의 그리워하는 마음을 북간도에 있는 어머니에게 전해달라고 말하고 있는 듯하다.

고흐는 목 밑까지 출렁거리는 별빛의 흐름을 느끼며 별이 나의 심장처럼 퍼덕거린다고 했다. 천문학에 관심이 많았던 그는 〈아를의 별이 빛나는 밤〉(1888)에서 북두칠성을 물론 다른 별자리도 정확하게 그렸는데 마치 별들이 살아서 꿈틀거리는 것 같다. 고흐는 비록 인류가 별에서 왔다는 것을 몰랐겠지만 별과 자신이 다르지 않다는 것을 느끼지 않았을까. 그림은 그의 별에 대한 헌사가 아니었을까. 윤동주가 어머니, 친구, 이웃, 강아지 등에 대한 자신의 애타는 마음을 별 하나하나에 담았다면 고흐는 사람들로부터 인정받지 못한 좌절감을 살아 숨 쉬는 별들로 그려냈다.

기원전 3000년 메소포타미아의 양치기가 밤하늘을 올려보다가 처음으로 별과 별을 연결하면서 별자리 이야기가 시작되었다.[92] 이야기를 좋아하는 인류는 지구 위에서 못다 한 이야기를 별의 나라에서 펼

| 빈센트 반 고흐, 〈아를의 별이 빛나는 밤〉

친다. 기쁨과 슬픔, 노여움과 억울함, 사랑과 이별, 희망과 좌절을 재료로 별에 관한 이야기를 엮어간다. 그래서 별에는 애절한 사연이 많다.

그리스 로마 신화에는 큰곰자리와 작은곰자리에 관한 이야기가 나온다. 제우스는 달의 처녀신 아르테미스의 시녀인 칼리스토(Calisto)에게 반한다. 제우스는 기어코 아르테미스로 변해 칼리스토를 임신시킨다. 칼리스토의 배가 불러오자 처녀신인 아르테미스는 격노하여 칼리스토를 추방한다. 칼리스토가 아들을 낳은 것을 알게 된 헤라는 칼리스토를 곰으로 만들어버린다.

세월이 흘러 아들 아르카스(Arcas)는 사냥꾼으로 성장한다. 어느 날 숲 속에서 아르카스는 자신의 어머니인 줄도 모르고 곰을 향해 활을 겨눈다. 그 순간 제우스는 아르카스를 작은 곰으로 만들어 어미곰과 함께 하늘로 올려 보낸다. 칼리스토와 아르카스는 각각 큰곰자리와 작은곰자리가 된다. 화가 풀리지 않은 헤라는 바다의 신에게 부탁해 두 별자리가 바다 속에서 쉬지 못하게 만든다. 두 별자리는 1년 내내 쉬지 못하고 북쪽 하늘을 돈다.

동양에도 별에 관한 설화가 있다. 소를 끌어 농사를 짓는 견우와 베를 짜 옷을 짓는 직녀는 서로 사랑하지만 은하에 다리가 없어 만나지 못한다. 이 사정을 알고 해마다 음력 칠월 칠석이 되면 까마귀와 까치가 하늘로 올라가 몸을 잇대어 다리를 놓아준다. 이 호의는 인상적이

빅 싱킹

| 헨드리크 골치우스, 〈Arcas Preparing to Kill his Mother, Changed into a Bear〉

다. 이 다리를 오작교라고 하는데, 칠석날 까마귀와 까치를 볼 수 없는 이유는 오작교를 놓느라 하늘로 가버렸기 때문이다. 저녁에 비가 내리면 기쁨의 눈물이고 이튿날 새벽에 비가 내리면 이별의 눈물이다.

　이 이야기들은 사람이 지어낸 것이다. 그런데 별 자체가 갖고 있는 이야기가 있을 것이다. 모든 존재들이 자신의 이야기를 갖고 있듯이 모든 별들도 자신만의 사연을 갖고 있을 것이다. 이제 인류는 자신들이 만든 별자리 이야기만 말할 것이 아니라 별들 자신이 간직하고 있는 이야기를 들어줄 때다. 그러기 위해서는 그들에게 가까이 가야 한다. 물리적 거리를 좁히기가 힘에 부친다면 생각의 거리부터 먼저 좁히면 된다.

(6) 노자와 비틀즈를 잇다

"예. 햇빛이 가리지 않게 조금만 비켜서주시오."

디오게네스가 자신을 찾아와 권력을 주겠다는 알렉산드로스 대왕에게 한 말이다. 그는 한 벌의 옷, 한 개의 지팡이와 자루를 매고 통속에서 살았다. 루소보다 약 2,000년 앞서 반문명의 사상을 몸소 실천했다. 알렉산드로스는 자신을 그렇게 멸시할 수 있는 디오게네스의 당당함에 깊은 감명을 받아, "정말이지, 내가 만일 알렉산드로스가 아니라면 디오게네스가 되고 싶소."라고 말했다.[93] 그의 삶은 루소가 말한 자연 상태의 인류의 모습에 가까웠다.[94] 우주의 존재를 생각할 때 알렉산드로스 대왕이 움켜진 권력은 거품과 같은 것일 뿐이다. 그에 반해 디오게네스가 말한 '햇빛'이야말로 위대하다. 지구상의 모든 생명체에게 에너지를 주는 것이 다름 아닌 햇빛이다. 금세 사라지는 권력은 모든 생명의 자양분인 햇빛에 비할 바 못된다. 그의 말은 자연과 우주의 위대함을 드러낸 촌철살인이다.

"나라는 망해도 산과 강은 남아있네 성안에 봄이 오니 초목이 마구 자라네(國破山河在 城春草木深)"

　당나라 시인 두보는 「춘망(春望)」에서 이와 같이 말했다. 나라는 로마
든 오스만이든 몽골이든 잉카든 제아무리 크다 한들 언제든지 사라질
수 있는 존재이다. 반면에 산과 강은 나라의 부침과 상관없이 그들의
모습을 유지한다. 물론 산과 강도 변하지 않는 것은 아니지만 국가와
는 비교할 수 없을 정도로 지속성을 갖는다. 사람이 간섭하지 않는 한
그 고유한 성질을 잃지 않는다. 두보는 이 점을 말하고 있다. 디오게네
스와 두보는 권력이나 나라의 허망함을 꿰뚫어 보았다. 디오게네스가
말한 햇빛은 알렉산드로스 대왕이 주려고 한 권력보다, 두보가 말한
산과 강은 나라보다 본질적이며 지속적이다.

　공자는 순천(順天)을 말한다. '순천자는 존하고 역천자는 망하니라.'
(『명심보감』 「천명」) 순천자란 우주의 질서를 깨닫고 그에 순응하는 자를
말하고 역천자는 우주의 질서에 역행하고 자신의 이익만을 좇는 자를
말한다. 공자의 말은 하늘, 곧 우주와 자연의 이치에 따라 생각하고 행
동하라는 것이다.

　노자는 '배천(配天)'95이라고 한다. 배천은 우주 또는 하늘의 법칙과
짝을 이루는 것으로 예부터 내려오는 지극한 원리라고 했다. 배천은
순천보다 한 발 더 나간 생각이다. 하늘을 저만치 떨어져있는 엄격한
존재라기보다는 벗처럼 함께 지낼 수 있는 친숙한 존재로 본다. 순천
이 하늘을 머리 위에 둔다면 배천은 하늘을 가슴 옆에 둔다. 노자가 말

한 배천은 서양 사회가 플라톤 이후 떠받쳐온 절대적 존재의 모습과는 대조적이다.

나 하늘로 돌아가리라
아름다운 이 세상 소풍 끝내는 날,
가서, 아름다웠더라고 말하리라.......

시인 천상병은 귀천(歸天)을 읊조린다. 사람들은 우리가 이 세상에서 살다가 죽어 하늘로 간다고 생각하지만 천상병은 우리는 하늘에서 왔다가 잠깐 소풍 같은 삶을 끝내고는 다시 하늘로 돌아간다고 본다. 인류가 별에서 왔다는 것을 감안하면 그의 생각은 그럴 듯하다. 소풍은 짧지만 그만큼 가슴 설레는 것도 드물다. 소풍 가는 날에는 비가 내려도 어머니로부터 용돈을 못 받아도 얼굴에서 웃음이 떠나지 않는다. 시인은 아마도 우리에게 소풍처럼 짧아도 동심처럼 마냥 즐겁고 욕심 없는 삶을 권하고 있는 것 같다.

우주의 질서는 한 마디로 모든 것이 서로 연결되어 끊임없이 상호 작용하는 동적인 것이다. 인류든 아니든 또 생명이든 아니든 모습이 서로 다르든 존재들은 같은 뿌리에 잇대 있다. 어쩌면 인류의 역사는 유아독존의 착각에서 벗어나 다른 존재들, 즉 생명, 지구, 태양, 은하, 우주와 더불어 존재한다는 사실을 점차 깨우쳐가는 과정이다.
비틀즈는 〈Let it be〉에서 내가 어려움에 처해있을 때 성모 마리아가 지혜의 말로 그냥 내버려두라고 한다고 노래 부른다. 여기서 그냥 내

버려두라는 말은 방치하라는 것이 아니라 아집과 탐욕을 버리고 순리에 맡기라는 뜻에 가깝다. 이 말은 노자의 배천이나 천상병의 소풍 같은 삶과 다르지 않다. 자연의 일부로서 더불어 존재하며 자신의 이익을 위해 일을 꾸미지 않는 것을 뜻한다. 그런 면에서 비틀즈와 노자는 2천 5백 년의 차이에도 불구하고 서로 통하는 구석이 있다. 2천 5백 년은 인류에게 길지 몰라도 우주의 흐름으로 보면 한 순간이다.

(7) 두 가지 문명

네안데르탈인은 호모사피엔스보다 더 큰 뇌와 강인한 몸을 가졌다. 시베리아의 겨울만큼 혹독한 날씨에서 10만 년을 살아남았다. 아프리카를 벗어나 유라시아대륙으로 진출할 만큼 진취적이었다. 하지만 그들은 약 3만 년 전에서 2만 5천 년 전 사이에 유럽 남동부 어디에선가 사라져버렸다. 집단 간에 접촉이 없이 단순한 가족 집단 속에서 주로 살았던 네안데르탈인은 고립된 채 살았으므로 생태적 위기에 취약했다.[96] 마치 남아메리카 인디언이 소수의 스페인 군대에 허망하게 무너진 일을 떠올리게 한다.[97]

'독불장군'처럼 살아간 네안데르탈인과는 달리, 호모사피엔스는 상호접촉을 통해 더 많은 정보와 자원을 공유할 줄 알았다. 폐쇄의 길과 개방의 길 중 어느 길을 선택했느냐가 둘의 운명을 갈랐다. 네안데르탈인보다 더 작은 뇌와 더 약한 몸을 가진 호모사피엔스는 접촉과 개방으로 지혜와 자원을 늘림으로써 살아남는 데 성공했다.

호모사피엔스는 지나치게 자기중심적이다. 구인(네안데르탈인)은 필요 이상으로 동물을 죽이지 않았으나 신인(호모사피엔스)은 강한 욕망인자의 소유자로 동물의 대량멸종을 초래했다.[98] 자기중심적인 데다가 끝없는 욕망을 가진 신인은 다른 인류와 존재들을 정복해나갔다.

인류의 문명은 크게 두 개로 나눌 수 있다. 가축 문명과 숲 문명이 그것이다.[99] 가축 문명은 보리농사를 위주로 하고 노동의 생산성을 중시하며 문자와 금속을 만들었다. 고대의 4대 문명이 여기에 속한다. 반면 숲 문명은 쌀농사 중심이며 토지의 생산성을 중요하게 여기고 문자나 금속무기를 갖고 있지 않다. 장강·잉카·조몬 문명이 여기에 해당한다. 가축 문명이 노골적 에고의 힘 문명이라면 숲 문명은 만족을 아는 조용한 문명이다.[100]

가축민은 여러 곳을 돌아다닌 덕에 숲의 사람보다 강한 저항력을 가졌다. 육식으로 단백질 섭취가 많아 체력적으로도 강했다. 가축 문명이 숲 문명을 정복한 것은 비극의 시작이다. 숲의 사람들이 숲과의 공존을 도모한 데 반해, 가축민은 머무는 곳마다 최대한 수탈하는 바람에 산림 등의 훼손이 심했다. 늘 새로운 곳을 찾아 나섰다. 가축민의 대항해나 식민지 건설은 새로운 자원을 수탈하기 위한 수단이었다. 대항해가 이뤄지고 식민지가 확대되면서 지구의 환경 문제도 시작되었다.[101]

염소, 양, 돼지 등에게서 고기, 우유, 가죽, 노동력을 착취하는 일은 약 1만 1천 년 전 근동에서 시작되었다. 고대 메소포타미아, 인도, 중

"가축 문명이 숲 문명을 정복한 것은 비극의 시작이다."

국, 이집트에서 문명이 발생할 즈음 동물을 포획하고 이용하는 일이 당연시되었다. 이들 문명에서 나온 유대 기독교 전통의 종교들은 세상은 인류를 위해 창조되었다는 주장을 신성시했다. 존재의 거대한 사슬을 주장한 플라톤, 동물은 인류를 위해 존재한다는 아리스토텔레스, 동물을 죽여도 문제가 없다는 토마스 아퀴나스, 동물은 고통을 느낄 수 없다는 데카르트의 생각이 결합되어 동물의 노예화와 사육화가 고착되었다. 이것은 인류에게도 확대되어 다른 인류에 대한 억압과 학살이 용인되었으며 결국 나치의 유대인 학살로 이어졌다.[102]

전 세계에서 상어의 공격을 받아 죽는 사람은 매년 5~15명인 데 반해, 어부들이 죽이는 상어의 수는 매년 3,000~4,000만 마리에 이른다. 사람들은 상어가 몇천만 마리가 죽든 사람 한 명보다 못하다고 보는 것 같다. 그리고 상어에게 '공포의 킬러'라는 누명을 씌운다. 하지만 '공포의 킬러'는 상어가 아니라 인간이다.[103]

인류는 영장류 중 가장 육식을 탐한다. 서구인들의 지나친 육류 편식 습관은 차치하고 비교적 채식주의자에 속하는 현대의 수렵·채취인들을 기준으로 삼더라도 비비나 침팬지보다 고기를 더 먹는다. 원시인은 사냥으로 잡은 고기를 섹스와 교환했다. 난교가 흔한 부족일수록 남성들은 육류 사냥에 집중했다. 남성들은 쉽게 잡을 수 있는 작은 짐승보다 잡기 힘든 큰 짐승을 쫓아다녔는데, 이는 이웃사람들에게 호의를 베풀어 미래를 대비하고 섹스 횟수를 늘리기 위한 것이었다.[104]

고기의 소비는 부의 상징이 되었다. 가축 문명에서 비롯한 인간의 육식 습성은 더 강해지고 있다. 한때 농사에 이용되어 생산력 향상의 일등공신이었던 가축은 이제 인간의 육식 욕망을 충족시키는 희생물이 되었다. 미국의 경우 소를 포함한 가축이 소비하는 곡물은 전 국민이 소비하는 곡식의 2배이며, 그것은 10억 인구가 배불리 먹을 수 있는 양이다. 지구 대륙의 1/4이 소를 비롯한 가축의 방목지로 사용되고 있다.[105]

사람들의 이런 집요한 욕망을 충족시키기 위해 소, 돼지, 닭 등이 끔찍한 방식으로 길러지고 있다. 사람들은 더 많은 고기를 얻기 위해 모든 수단과 방법을 동원한다. 비좁은 공간에 몰아넣고 성장촉진제를 주사한다. 전염병이라도 돌면 이들을 통째로 매장해버린다. 수많은 소, 돼지, 닭이 배출하는 폐기물은 어마어마한 규모이며 소가 트림으로 배출하는 메탄은 대기 온실효과의 주범이다. 가축 문명이 유럽의 삼림을 파괴하고 아프리카, 아메리카, 아시아의 자원을 훼손시킨 데 이어 이번에는 대기를 망가뜨리고 있다.

가축 문명이 동물중심 경제라면 숲 문명은 식물중심 경제에 가깝다. 동물중심 경제는 남성 지배적인 데 반해, 식물중심 경제는 훨씬 더 여성의 역할이 크다. 동물중심 경제는 남신, 부계제 그리고 사회적 피라미드의 최상위에 남성이 포진하는 위계적 특성을 보이는 데 반해, 식물중심 경제는 여신과 모계제를 특성으로 음식채집에 긴요한 역할을 하는 여성이 남성과 동등한 위치를 차지한다.[106]

또 소위 생물권 문화와 생태계 문화 또한 가축 문명, 숲 문명과 각각 어울린다. 생물권 문화는 초기 문명이 발생하고 중앙집권 국가가 형성되면서 시작된 문화로서 경제 지원 조직을 멀리 확대하여 생태계를 파멸시키고 계속 앞으로 나간다. 로마 제국이나 바빌론 제국이 여기에 해당한다. 반면 생태계 문화는 생활의 경제기반을 자연지역, 유역, 식물지대, 자연의 영역에 둔다. 모든 삶은 그 안에서 영위된다.[107]

한편 인류 사회가 디지털 시대로 진입하면서 새로운 양상이 전개될 것이라는 전망도 있다. 미래는 현실세계의 문명과 가상세계의 문명으로 나눠지고, 두 문명은 상대방의 부정적인 면을 억제하면서 어느 정도 평화로운 방식으로 공존할 것이다. 사회계약을 체결하듯이, 사람들은 가상세계에 연결됨으로써 얻게 될 여러 혜택을 위해 사생활, 안보 같은 현실세계의 가치를 자발적으로 포기할 것이다.[108]

이처럼 인류의 문명은 그 이름이야 어떻든 자연과 다른 문명에 대한 수탈 위에 이룩된 문명과, 자연과 공존하며 그것이 허용하는 범위에서 자족하는 문명으로 나뉜다. 앞의 것은 가축 문명, 동물 문명, 육식 문명, 동물중심 경제, 생물권 문화와 통하며, 뒤의 것은 숲 문명, 식물 문명, 채식 문명, 식물중심 경제, 생태계 문화와 연결된다. 안타깝게도 가축 문명이 지배적인 위치를 차지해왔으며 산업혁명 이후 그것의 우세가 더욱 공고해졌다. 인류의 역사가 수많은 수탈과 전쟁으로 점철되어왔다는 사실이 이를 보여준다.

빅 싱킹

"인류의 문명은 그 이름이야 어떻든 자연과 다른 문명에 대한 수탈 위에 이룩된 문명과,
자연과 공존하며 그것이 허용하는 범위에서 자족하는 문명으로 나뉜다."

만일 숲 문명이 가축 문명보다 우세했다면 인류의 역사는 사뭇 다른 길을 걸었을 것이다. 비록 기술 개발은 더디었을망정 환경 훼손은 훨씬 덜 했을 것이다. 자연과 다른 문명을 수탈하기보다는 공존을 꾀하고 호의를 베푸는 일이 보편적 문화로 자리 잡았을 것이다. 다양한 존재들과 문명들이 각자의 고유성을 유지하는 가운데 서로 조화롭게 공존했을 것이다. 그런 연유로 속도는 느려도 생각은 컸을 것이다.

서구 선진국들의 식탁 위에 고기를 올리기 위해 아프리카의 초원이 망가지고 있는 셈이다. 막상 고기를 생산하는 아프리카인들은 육식은 커녕 기아에서 벗어나지 못하고 있다. 물론 단순히 육식을 줄인다고 인류 전체가 고루 먹을 수 있는 것은 아니다. 하지만 육식에 대한 욕망을 누그러뜨리면 얻을 수 있는 것이 많다. 토양, 물, 대기 오염을 개선시킬 수 있을 뿐더러 생명과 존재들에 대한 생각을 바꿀 수 있다. 문명의 진행 방향 자체를 틀 수 있다. 동양에서는 과함은 오히려 부족함만 못하다 했는데, 이 경우 해결의 열쇠를 쥐고 있는 것은 과한 쪽이다.[109]

(8) 역사 이후의 인류세

인류의 역사는 도전과 창조의 역사다. 4억 5천만 년 전 '야심찬 상륙작전'에 성공한 생명체는 이족보행이라는 또 한 번의 모험을 감행한다. 바로 인류의 시작이다. 이족보행은 인류와 기타 생명을 가르는 분기점이 된다. 이족보행은 인류의 몸을 더 큰 중력에 노출시킨다. 인류는 아직도 요통, 관절통, 치질, 하정맥 등의 후유증에 시달리고 있다.

인류는 역사 대부분을 '자연 상태'에서 살았다. 자연 상태는 주로 혈연의 관계에 있는 10명 정도의 사람으로 이뤄진 원시공동체다. 간단한 석기와 도구밖에 갖고 있지 못하던 인류는 수렵·채취로 평화롭고 자족적인 삶을 구가하지만 다른 한편으로는 싸움과 기근과 질병에 시달린다. 자연 상태가 어느 쪽에 더 가까운지는 단정하기 어렵다. 어쨌든 두 가지 요소가 두루 있었음은 짐작할 수 있다.

아프리카에 출현한 현생인류는 약 6만 년 전부터 이동을 시작하여 남극을 제외한 유라시아, 오스트레일리아, 아메리카 같은 지구상의 모든 대륙으로 뻗어나간다. 이때부터 모종의 변화가 생겼다. 1만 년 전경에는 인류가 남극을 제외한 세계의 모든 대륙에 거주하게 된다. 본래 검은 피부를 가졌던 호모사피엔스는 돌연변이와 자연환경의 영향을 받아 다양한 피부색을 갖게 된다. 그것은 마치 갈라파고스 제도의 핀치새가[110] 자신들이 처한 자연환경에 맞춰 다양한 부리를 갖게 된 이치와 같다.

현생인류는 1만 1천 년 전 마지막 빙하기가 끝나면서 농업혁명을 일으킨다. 수백만 년 이어온 수렵·채취가 막을 내린 것이다. 인류는 야생의 소, 양, 염소, 말, 개 등을 가축으로 길들인다. 인류보다 약 10배 정도의 큰 힘을 가진 가축을 이용함으로써 농업의 생산성을 크게 높인다. 농업혁명으로 이전의 모든 것이 달라진다. 정착 생활이 시작되고 잉여가 발생하며 인구수는 크게 증가한다.

의식과 문화에도 큰 변화가 일어난다. 단일하고 순수한 생각은 이원 대립적인 것으로 바뀐다.[111] 구석기 시대의 개방적인 자연주의적 예술 경향은 물러나고 모든 것을 기하학적 무늬로 철저히 추상화된 예술형식이 등장한다. 수렵·채취 시대에는 자연을 있는 그대로 받아들였지만 농업혁명 시대에는 자연을 바꾸고 정신을 꾸미며 초월적 존재를 염두에 두게 된다. 이원적인 사고의 등장은 더 높은 정신세계를 가져온 반면 인류를 고립시키거나 억압하는 단초를 제공한다.

농업혁명으로 잉여생산물이 생기면서 사람들은 더 많이 가진 자와 그렇지 못한 자로 나눠진다. 이것은 권력 또는 계급의 차이로 이어진다. 소유나 권력의 격차와 맞물려 원시공동체는 점점 더 커져 부족사회, 도시국가 그리고 국가로 변해간다. 지배계층은 더 많은 자원과 권력을 갖게 되면서 더 많은 인구와 영토를 통제할 수 있게 된다. 3,000년 전쯤에는 권력이 고도로 집중화된 제국이 등장한다.

국가는 국민들의 안전을 보장해주는 대신에 그들에게 세금 납부, 노동력 투입, 전쟁 참가 등을 요구한다. 그러나 국가는 권력을 위임한 국민의 뜻과는 상관없이 자신의 존속에 우선을 두는 경향이 강하다. 국가는 수립 당시의 초심을 잃고 수탈과 탐욕의 길로 빠지고는 한다. 국가의 지배계층이 세금과 노동력 같은 자원을 관리하는 과정에서 문자가 만들어진다. 문자는 학습능력이 뛰어난 인류에게 날개를 달아준다. 문자 덕분에 인류는 엄청난 기술과 지식을 쌓아 지구의 절대강자로 등극한다.

공교롭게도 기원전 6~4세기 전후 동양과 서양에서 동시에 세계를 신화적 시각에서 벗어나 합리적으로 파악하려는 움직임이 일어난다. 그리스에서는 소크라테스가 진리에 이르는 길을 설파하며, 플라톤과 아리스토텔레스가 각각 관념과 목적을 통한 인식을 주창하고, 중국에서는 노자와 공자가 무위자연과 인의도덕을 내세운다. 한편 인도에서는 붓다가 보리수 밑에서 존재하는 것들은 서로 의존해있다는 깨달음을 얻는다.

수많은 국가들과 제국들이 등장했다가 사라진다. 마야, 잉카, 로마, 당, 명, 페르시아, 오스만투르크, 몽고, 무굴, 크메르 등의 제국들은 한때 번성하지만, 그에 따라 나타난 많은 문제들을 제대로 해결하지 않은 채 임시적인 처방과 근거 없는 믿음에 의존하는 바람에 몰락의 길을 걷는다.[112] 처음에는 포용적인 제국도 시간이 흘러 복잡성이 늘고 생각이 작아지면서 활력을 잃고 부패의 늪에 빠진다.

플라톤의 이데아에서 비롯한 절대적이고 초월적인 존재는 신으로 발전돼 인류 위에 군림하는 지경에 이르렀다. 그러나 중력에 저항하듯 신의 속박에 저항한 인류는 마침내 그것으로부터 벗어났다. 신의 시대였던 중세가 가고 개인이 중심이 되는 근대가 시작되었다. 사람들은 엄격한 이성을 바탕으로 과학을 발전시켜갔지만 아직 종교나 전통에서 완전히 자유로워진 것은 아니었다. 한편 동양은 공적 부문의 우위, 숙명적인 세계관 등으로 혁신의 활력을 얻지 못하고 정체의 길을 걸었다.

18세기 중엽 영국에서 산업혁명이 일어난다. 증기기관을 장착한 기계가 가축의 자리를 대신 차지한다. 기관차, 동력 방직기, 천연두 백신 등 혁신들이 연이어 일어나는데 특히 제조업이 비약적으로 발전한다. 농업을 따돌린 제조업은 마치 블랙홀처럼 농사짓던 사람들을 대거 도시의 공장으로 빨아들인다. 농업 사회에서 공업 사회로의 이행이다.

서구 유럽을 중심으로 산업혁명과 더불어 평등과 자유를 추구하는 정치혁명이 잇달아 일어난다. 명예혁명, 독립혁명, 프랑스대혁명이 17세기 후반에서 18세기 후반 사이에 일어난다. 개인의 자유를 억압하고 신분에 따라 차별하는 구시대적 체제는 붕괴되고 개인의 자유를 기초로 모두가 평등한 새로운 체제가 자리를 잡는다.

대항해 이후 아프리카, 아메리카를 수탈하기 시작하던 서구 유럽 제국은 산업혁명으로 더욱 막강해진 군사력을 바탕으로 아프리카, 아메리카, 아시아의 국가들을 잇달아 그들의 식민지로 삼는다. 가축 문명에 바탕을 둔 유럽 제국들의 대규모 수탈이 본격화된다. 오랫동안 독자적인 강대국으로 군림해온 인도와 중국도 그들의 손아귀에서 벗어나지 못한다. 서구 유럽은 식민지로부터 탈취한 자원으로 화려한 문명을 쌓아간다. 그것은 인류의 표준이 된다.

19세기 말에 발명된 내연기관은 또 한 번의 주요한 기술 혁신이다. 증기기관이 석탄을 사용한 반면 내연기관은 석유와 천연가스를 사용한다. 이때부터 석유는 인류의 양보할 수 없는 자원이 된다. 열강들이

"농업을 따돌린 제조업은 마치 블랙홀처럼
농사짓던 사람들을 대거 도시의 공장으로 빨아들인다."

석유를 두고 사활의 각축전을 벌이기 시작한 것도 이때부터다. 석유를 확보한 자는 흥하고 그렇지 못한 자는 쇠락한다. 국가들이 그럴듯한 명분을 내걸고 싸우더라도 그 이면에는 석유 확보의 야망이 숨어있다.

한편 대량생산이 가능하게 되면서 소수만 향유할 수 있던 소비와 혜택이 유례없이 많은 사람들에게 돌아간다. 그러나 이러한 혜택의 이면에는 어두운 그림자가 짙게 드리운다. 대량생산 사회에서 인류는 거대한 기계 장치의 부속품으로 전락한다. 찰리 채플린은 〈모던타임즈〉에서 이를 풍자한다. 인간 소외, 노동자 착취 현상은 계급혁명을 부르짖는 공산주의 등장의 배경이 되었으며 실제로 러시아와 중국 등 공산주의 국가가 들어선다.

20세기 전반 산업화를 먼저 이룬 세력들과 뒤늦게 뛰어든 세력 사이에 두 차례의 세계대전이 벌어진다. 후자가 자원을 선점한 전자에게 도전장을 내민 것이다. 세계대전 후 연합국의 승전에 큰 역할을 한 미국이 국제정치의 헤게모니를 쥐게 된다. 민족자결주의의 영향으로 서구 열강의 식민 지배는 막을 내리며 식민 지배에서 벗어난 국가들은 뒤늦게 산업화를 추구한다. 일부 국가들은 성공을 거두지만 다른 국가들은 혼란을 거듭한다.

전후 민주주의 진영을 대표하는 미국과 공산주의 진영을 대표하는 소련 사이에 전쟁 없는 전쟁(Cold War)이 벌어진다. 두 나라가 경쟁적으로 대량의 핵무기를 개발함으로써 인류는 자멸의 위험에 처하게 된다.

하지만 공산주의 국가들은 생산성 하락이라는 덫에 걸리고 만다. 20세기 말 베를린 장벽과 소련이 무너지면서 공산주의가 결정적으로 쇠퇴한다. 한편 민주주의 국가들이 채택하고 있는 자본주의 또한 자체의 모순을 드러낸다. 무엇보다 계층 간의 격차가 좁혀지지 않는다.

한편 20세기 들어와 발명된 자동차와 비행기는 사람들 간의 교류와 거래를 폭발적으로 촉진시킨다. 양 진영이 우주 공간에서도 경쟁한 덕분에 인류의 우주에 대한 탐험이 시작된다. 하늘에 비행기를 띄운 지 70년만의 일이다. 21세기 초 본격적으로 보급되기 시작한 인터넷이 전 세계를 실시간으로 연결한다. 원래 하나였던 인류는 인터넷으로 다시 하나가 될 수 있는 여건을 마련한다.

1800년대 이후를 '인류세(Anthropocene)'[113]라고 부를 만큼 인류는 지구상에서 유일하고 압도적인 존재가 된다. 이제 인류는 자연에 적응하는 단계를 지나 자연을 통제하는 단계로 접어든다. 프로메테우스는 불을 신의 세계에서 훔쳐 인간세계로 전달했다. 이 불로 인류는 다른 생명체가 감히 넘볼 수 없는 문명을 건설했다. 이번에는 인류 스스로 '새로운 불'을 만들고 있다. 그런데 프로메테우스의 불과 달리 인류가 만든 불은 어딘가가 불온하다.

> **인류세**
>
> 인류로 인한 생태계 파괴 및 기후 변화의 대가를 치러야 하는, 현재 이후의 새로운 지질학적 시기. 화학자 폴 크뤼천이 21세기 들어 제안한 용어이다. 지구환경은 인간으로 인해 안정 상태에서 벗어나 물리 화학 생물 등 지구의 환경 체계의 근본적인 변화를 맞았다.

(9) 먼지 같은 인류

인류는 한없이 변방으로 밀려나고 있다. 코페르니쿠스가 태양이 지구 주위를 도는 것이 아니라 지구가 태양 주위를 돈다는 사실을 밝혀낸 이후 인류는 주변인 같은 존재가 되었다. 태양계는 은하수 중심에서 3만 광년이나 떨어져있는 데다가 그 은하수마저 우주의 중심에 있지 않다. 인플레이션 우주론에 따르면 1천억 개의 은하로 된 우주는 팽창하는 우주의 한 점에 불과하다. 끈이론에 의하면 우리의 세계는 3차원이 아닌 11차원이며, 우주가 하나가 아니라 여러 개일 수 있다.[114]

미시적으로 봐도 우리 신세는 크게 다르지 않다. 우리의 몸을 이루는 대부분 원소들은 별에서 왔고(지구상 식물의 광합성에 의해 생겨난 산소를 빼더라도), 개별적인 종으로서 존재하게끔 해주는 DNA는 30억 년 전부터 있어온 것으로 인류와 비교하면 가늠하기도 어려울 정도로 오랜 역사를 갖고 있다. 리처드 도킨스는 우리 몸은 운반체에 불과하고 진짜주인은 DNA라고 주장한다. 자기의 생존에만 관심 있는 DNA는 불멸의 존재이며 사람은 유전자의 생존기계에 불과하다.[115]

그런데도 인류는 지나치게 자기중심적이어서 그러한 사실을 잊고스스로를 매우 우월하고 특별한 존재로 생각한다. 거기에서 비극의 싹이 움튼다. 인류는 우주, 지구와 자연이 자신을 위해 존재하는 것처럼여긴다. 결국 지구와 자연을 아무리 수탈해도 인류가 멸종할 일은 없다는 착각에 이른다.

우주와 인간의 관계에 대해 코페르니쿠스 원리, 인류학적 원리와 양자역학적 원리가 서로 충돌한다.[116] 코페르니쿠스 원리는 인간은 전혀 특별하지 않으며 지구는 변방의 행성에 불과하다고 본다. 인류학적 원리에 의하면 지구는 선택받은 행성이며 인류의 두뇌는 가장 복잡한 구조를 지니고 있다. 양자역학적 관점은 우주의 중심은 거대한 기계가 아닌 의식으로 우리가 있기에 우주도 존재한다고 주장한다.

그러나 이 세 입장은 상호 모순적이지 않다. 우주에 존재하는 별들의 수를 감안하면 지구는 초라하기 짝이 없으며 우리 은하 안에 지적 문명이 1만 개 내지는 100만 개나 존재할 것이라는 예측이[117], 기적 같은 인류의 탄생이라는 의미를 훼손하지 않을 뿐더러 우주를 이해하고 포용하는 자유의지를 부정하는 것은 아니기 때문이다. 오만하기 때문에 초라해지는 것이다. 겸손하면 자존(自尊)에 닿을 수 있다.

3. 인류, 우주를 비추는 거울

(1) 철학에서 답을 찾다

인류는 태고 적부터 우주의 원리를 궁금히 여겼다. 저 하늘의 태양
과 별들은 도대체 어디에서 온 것일까? 하늘의 것들과 지상의 것들
은 무슨 관련이 있는 것일까? 인류는 또 무엇이며 어떻게 살아야 하는
가? 질문을 던졌다. 그러나 제대로 된 답을 찾기에는 인류의 능력은
충분하지 못했다. 인류는 대신에 뭔가 의지할 수 있는 것을 찾았다. 그
것을 통해 불가사의한 우주를 이해하고 존재로서의 불안감을 해소하
고자 하였다.

기원전 5세기경 고대 그리스 철학자들은 신화적 관점에서 벗어나 이성에 입각해 우주의 원리를 밝히고자 하였다. 그들은 불, 물, 흙은 물론 수, 원자 등을 궁극적인 존재로 주장하였다. 특히 플라톤은 변동하는 개별적 사물과는 별개로 유일한 참된 실재로 이데아를, 아리스토텔레스는 모든 것의 합목적 질서를 관장하는 원동자를 주장하였다.[118] 그러다가 중세로 들어서면서 이데아 또는 원동자는 창조주로서의 신으로 대체되었다. 완절 무결한 존재인 신이 만든 질서 속에서 인류는 하나의 피조물에 불과하였다. 저 위에 있는 신은 인류에게는 감히 가까이 다가갈 수 없는 존재였다.

그러나 인류는 그렇게 머물러있기를 거부했다. 마침내 인류는 신을 끌어내리고 고대 그리스에서 발현했던 이성을 다시 끄집어냈다. 근대의 시작이었다. 신의 그늘에 가려있던 인류가 역사의 전면에 등장한 것이다. 인문학이 꽃을 피웠고 원자론이 부활했으며 중력의 법칙이 새로 등장했다.

그리스 철학자들이 활약하던 시기와 조금 앞서거나 뒤처져 동양에서도 현자들이 등장했다.[119] 그들은 도(도가), 브라흐만(힌두교), 공(불교) 등을 내세웠다. 동양 사상가들의 생각은 서양 철학자들의 그것과는 달랐다. 인류는 다른 존재들과의 끊임없는 상호 작용 속에서 존재한다고 보았다. 궁극의 존재를 인정하지 않거나 인정하더라도 수양이나 깨달음을 통하여 거기에 다다를 수 있다고 보았다. 궁극의 존재와 인간의 합일이 가능하다고 본 것이다.

그런 차이 속에서도 서로 비슷한 생각이 있었다. '세상을 물로 본 자'가 동양과 서양에서 거의 동시에 출현했다. 바로 노자와 탈레스다. 노자는 으뜸 되는 선은 물과 같다(상선약수上善若水)고 말한다.[120] 만물에 생명을 주는 물은 고정되지 않고 항상 변화가 가능하며 모든 것에 자연스럽게 스며든다. 모든 것을 삼켜버리는 힘이 있는 반면 가장 낮은 곳까지 찾아드는 겸손함이 있다. 탈레스도 물을 만물의 원인으로 주장하였다. 현대의 시각으로 보아도 두 사람의 주장은 훌륭하기 그지없다. 지구에서 생명이 출현한 곳은 바로 물 속이었으며 생명을 유지시켜주는 가장 중요한 요소도 물이다. 우주과학자들도 위성이 보내주는 사진 속에서 물의 흔적을 찾아내려고 애쓴다.

그리스 철학자 헤라클레이토스처럼 "이 세계는 만물에 대해 똑같으며 신이든 인간이든 어느 누구도 창조하지 않았다."라고 주장함으로써 보통의 서양철학자들과는 다른 길을 간 자들도 있다. 그는 또 "쌍을 이루는 사물은 온전하면서 온전하지 않고, 함께 모이면서 떨어지며 조화되면서 조화되지 않는다." "대립물은 좋은 것이다."라고 주장해 대립물의 종합으로 나아가는 헤겔에게 영향을 준다.[121] 이러한 주장은 그 후 니체, 화이트헤드, 들뢰즈 등의 사상과 마찬가지로 서양의 철학에 숨통을 틔어주고 동양사상과의 거리를 좁힐 수 있게 해준다.

플라톤 이후의 철학을 부정한 니체는 앞선 철학자 중에 유일하게 헤라클레이토스를 받아들인다. 니체와 헤라클레이토스에게 세계란 생성과 소멸, 창조와 파괴의 무한한 과정으로 이해된다. 니체는 '영원한 이

"이 세계는 만물에 대해 똑같으며 신이든 인간이든 어느 누구도 창조하지 않았다."

념', '사물 자체', '피안' 같은 일체의 형이상학에 대해 거부한다. 그런 망상이나 환영은 신체와 대지를 경멸하는 것이며, 하늘나라를 생각해 낸 것은 바로 병든 자와 죽어가는 자들이라고 말한다.[122]

(2) 과학으로 질서를 세우다

과학자들은 우주의 질서를 설명할 수 있는 이론 만들기에 골몰했다. 그런데 지식의 한계, 편견의 존재, 새로운 발견 등으로 튼튼한 이론을 세우는 일은 어려웠다. 앞서 나온 이론들은 뒤에 등장한 관찰이나 실험에 의해 수정되거나 부정되는 일이 흔하게 일어나며 그 과정 또한 질서정연하지 않다.[123] 어쩌면 완벽하게 보이는 지금의 이론들조차도 미래의 발견에 의해 한꺼번에 와르르 무너질 수 있다. 우주는 오묘하고 거대한데 인류의 지식과 능력은 작디작다.

기원전 몇백 년 전부터 주장되었던 천동설은 프톨레마이오스에 의해 정립되어 고대와 중세의 정설로 받아들여졌다. 지구가 우주의 중심이라는 천동설은 절대적 존재를 믿는 서양사상과 맥을 같이 한다. 신의 존재와 결부되어 천동설은 난공불락의 이론이 되었다. 그러나 1543년 코페르니쿠스가 이 우주관에 반기를 들고 지동설을 내세웠다. 갈릴레이는 망원경으로 이를 관측해냄으로써 천동설에 치명타를 날렸다. 당시 신중심의 세계관에 젖어있는 사람들에게 지구가 우주의 중심이 아니라는 주장은 신의 존재나 성서의 내용을 부정하는 것으로 충격 그 자체였다. 그들은 지동설을 주장한 과학자들을 이단자로 취급했다.

우주의 진화에 가장 중요한 역할을 해온 주역은 시간과 공간이다. 뉴턴의 절대적인 시간과 공간 개념은 아인슈타인에 의해 상대적인 개념으로 새로워졌다.[124] 뉴턴은 시간과 공간이 절대불변의 실체이며 이로부터 구성된 우주 역시 절대로 변하지 않는 세계라고 생각했다. 이러한 견해는 우리의 직관이나 경험에 잘 들어맞는다.

　반면에 아인슈타인에 의하면 시간과 공간은 절대적이지 않으며 서로 무관하지도 않다. 이들은 관측자의 운동 상태에 따라 다르게 보일 수 있으며 서로 연관되어있다. 그런데 상대성이론은 거시적 차원에서 나타나기 때문에 우리가 살고 있는 세계에서는 확인하기 어렵다. 뉴턴의 역학과 아인슈타인의 상대론은 서로 다르면서도 나란히 존재한다.

　뉴턴이 우주를 신이 태엽을 감아놓은 거대한 시계라고 본 반면, 아인슈타인은 신은 우주에 질서를 불어넣었지만 인류의 일상에는 간여하지 않는다고 보았다. 아인슈타인은 인격신을 인정하지 않는다.[125] 신을 반쯤은 부정한 것처럼 보인다. 뉴턴의 주장이 인류를 꼼짝달싹 못하도록 만든다면 아인슈타인의 것은 상대성이론과 함께 인류에게 우주에 대해 생각할 수 있는 여지를 선사한다.

　다윈은 아인슈타인보다 먼저 초월적 존재를 부정하고 오직 하나의 생명에서 모든 것이 시작되었다고 주장한다. 현재와 같은 생명의 다양성은 자연선택이라는 변이의 누적적 과정의 결과로 본다. 진화론 어디에도 신의 역할은 없다. 정부의 갑작스런 신도시 개발로 세입자들이 삶터를 잃듯 신은 진화론으로 갑자기 터전을 잃고 이방인 같은 신세가 된다. 진화론을 두고 고물 야적장을 휩쓰는 태풍이 보잉747을 조립해 내는 것과 같다고 비판하는 자가 있는가하면 그것만큼 우아한 이론도 없다고 옹호하는 자도[126] 있다.

양자역학이 주장하는 불확정성이론에 의해 아인슈타인의 거시이론도 허점을 드러낸다. 비록 아인슈타인이 '하나님은 주사위를 던지지 않는다'고 반박했지만 물체의 물리적 상태는 확률적으로 짐작할 수 있을 뿐 확정지을 수 없다는 양자역학을 물리치기 어려웠다.[127] 그에 따르면 하나의 대상에 여러 상태가 공존할 수 있다. 또한 우리의 행위가 멀리 떨어진 곳에서 일어나는 다른 사건에 즉각적으로 영향을 미칠 수 있다.[128]

일반상대성이론은 별과 은하, 우주의 팽창 등 거시적 규모에서 일어나는 현상들을 서술하고 있는 반면, 양자역학은 분자와 원자 규모에서 일어나는 미시적 현상들을 기술하고 있다. 그러나 일반상대성이론과 양자역학을 한데 묶어놓으면 어떤 값도 계산할 수 없는 난처한 상황에 처하게 된다.[129] 예를 들어 블랙홀은 두 이론 중 하나만으로 설명할 수 없다. 질량이 크면 공간을 심하게 왜곡시키므로 일반상대성이론을 적용해야 하고, 그 질량이 점유하고 있는 공간이 엄청나게 작기 때문에 양자역학도 동원되어야 하지만 양 이론의 충돌로 그것이 불가능하다.
또 입자들은 스핀(Spin)이라는 성질을 가지고 있어서 한 입자의 스핀이 결정되는 순간 그와 짝을 이루는 다른 입자는 아무리 멀리 떨어져

있더라도 순식간에 반대의 스핀을 가지게 된다. 하지만 이 개념은 어느 것도 빛보다 빠를 수 없다는 아인슈타인의 특수상대성이론과 충돌한다.[130] 이에 아인슈타인은 그의 인생 뒷부분을 모든 것을 설명할 수 있는 통일장이론을 고안해내는 데에 바쳤다. 최근에는 끈이론이 등장해 아인슈타인의 거시이론과 양자역학의 미시이론 간의 충돌을 해결을 시도하고 있다.

끈이론은 우주를 수많은 동일한 끈들이 각자 나름대로의 방식으로 진동하는 것으로 이해한다. 즉 우주를 끈들의 거대한 교향곡으로 본다.[131] 끈이론이 주장하는 '아주 작은 영역에서 특정 에너지를 가진 채 진동하는 끈(굵기는 없지만 길이는 있다)'에는 물질을 이루는 입자뿐만 아니라 중력을 매개하는 중력자가 포함되어있다. 이 덕분에 양자역학을 근간으로 하는 끈이론에 상대성이론의 중력이 도입될 수 있다. 초미세 영역에서는 양자적 요동이 심해 난장판이 벌어지지만 그것을 벗어나면 아인슈타인의 매끄러운 공간에 가까워진다.[132]

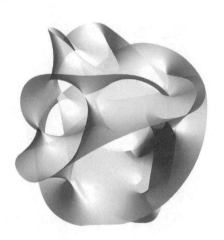

| 6차원 속에서 진동하는 끈

우주에서 온 인류는 우주이론을 만들어내려고 많은 노력을 기울여왔다. 그러나 아직 완벽한 이론을 만들어내지 못하고 있다. 그런데 신기하게도 과학이 진전

될수록 초월적 존재를 주장하는 서양적 사상보다는 존재하는 것들은 끊임없이 변동하며 서로 연결되어있고, 존재하는 것은 존재하지 않는 것과 같고, 존재하지 않는 것은 존재하는 것과 같다는 동양적 사상에 근접하고 있다.

> **완전동결상태**
>
> 우주가 급격히 팽창하면서 에너지를 모두 소진하고 결국 완전동결 상태로 끝맺을 것이라는 이론. 빅 프리즈. 1990년대 천문학자들은 우주가 팽창하고 있다는 사실을 발견했다. 팽창이 영원히 계속되면 우주는 절대온도 0K(섭씨 영하 273도)로 수렴하며 얼어붙을 것이라는 이론이 빅 프리즈이다. 우주의 팽창이 끝나면 다시 쪼그라들어 빅뱅 이전으로 되돌아 간다는 '빅 크런치' 이론도 있다.

과학자들은 앞으로 1,500억 년이 지나면 은하수의 99.9999%가 관측범위를 벗어날 것이며 중력이 팽창을 극복한 36개만 관측 가능할 것으로 본다. 반중력 상태가 계속되면(공간이 팽창하면) 온도는 계속 하강할 것이며, 결국 우주는 완전동결상태(Big Freeze)로 최후를 맞이할지도 모른다.[133]

(3) 존재에 대해 논쟁하다

우리가 흔히 초월적, 절대적, 완전한 또는 본원적이라는 수식어를 붙여 부르는 그 존재는 정말 있을까. 모든 것에 대한 의심을 통해 진리를 찾고자했으면서도 완전한 신의 존재만은 의심 없이 받아들인 데카르트[134]의 입장은 맞는 것일까. 아니면 절대적 존재는 그저 만들어진 것뿐이며 자연선택이야말로 우아하고 유일한 해답이라고 한 리처드 도킨스의 입장이 옳은 것일까. 전자의 입장에 서면 의지할 곳을 얻으나 '말씀'을 받아들여야 하고, 후자의 입장에 서면 자유의지를 얻으나 들판에 나서야 한다.

역설적이게도 이성의 절정을 보여준 뉴턴과 아인슈타인은 자유의지를 부정하고 결정론자의 입장에 선다. 둘은 자신들의 발견이 신의 존재와 충돌할 수밖에 없는 것이었는데도 자신들이 살았던 시대의 영향으로부터 완전히 벗어나지 못했다. 이에 대해 리처드 도킨스는 『만들어진 신』에서 아인슈타인이 말하는 신은 기독교의 신과 다른 것이라고 하면서 아인슈타인은 사실상 신을 부정했다고 주장한다.[135]

신석기 시대에 시작된 의식의 분리, 즉 상징화는[136] 플라톤에 이르러 완벽한 추상적 세계가 되었고, 거기에 토마스 아퀴나스는 신을 앉혔고 단테는 지옥과 천국을 건설했다. 이러한 흐름과 내용은 서양 사회를 특징짓는 기본적인 토대로 지금에도 아주 사라진 것은 아니다. 물론 마이스터 에크하르트처럼 신을 초월적 존재로 보지 않고 인류와의 합일이 가능한 존재로 보는 이도 있었지만[137] 그는 결국 이단자로 낙인찍히는 처지가 된다.

이와는 달리 절대적 존재를 부정하고 생성과 과정을 중시하면 과정론, 일원론, 자유의지론의 입장에 서게 된다. 동양 사회는 주로 과정론의 입장에 서있다. 대표적으로 불교는 생명을 실체가 아닌 과정 또는 생성으로 본다.[138] 서양에서도 헤라클레이토스와 헤겔 같은 이는 존재가 생성이라고 믿는다.

동양 사회는 존재들 사이의 관계에 초점을 둔다. 우리는 따로 떨어져있거나 고립되어있지 않고 상호작용의 과정 속에서 존재한다. 또한 궁극적인 경지에 이를 수 있는 가능성의 존재이기도 하다. 특히 노자는 천지의 시원과 만물의 어머니로서(천지지시天地之始, 만물지모萬物之母) 도를 내세운다. 그런데 도는 만물의 근본이지만 초월적인 존재는 아니며 인류가 닿을 수 있는 곳에 있다. 힌두교에서 말하는 브라흐만도 이와 비슷하다. 생명의 본체인 브라흐만과 참자아인 아트만은 대우주와 소우주의 관계로 하나로 합일할 수 있다. 여기에서 창조하는 주체도 창조되는 객체도 없으므로 서양의 사상처럼 주체와 객체를 나누는 이분법은 성립되지 않는다.[139]

불교에서는 이러한 실재마저 인정하지 않는다. 만물은 있는 듯 없으며 없는 듯 있고(공즉시색空卽是色 색즉시공色卽是空), 영원히 유전하며(윤회전생輪廻轉生), 생명이든 물질이든 존재하는 모든 것들은 서로 얽혀있다(연기緣起)고 본다. '나'는 태양과 대지와 다른 생명이 있음으로 해서 존재하지만 한 순간도 고정되어있지 않으며, 있으면서도 없고 없으면서도 있다. 모든 만물은 서로 연결되어있어서 인류를 포함한 모든 생명은 종적으로는 전생에 이어 후생으로 이어지며 횡적으로는 자신 주위의 모든 것들과 인연을 맺는다.

서로 다른 길을 걸어오던 동양과 서양이 양자역학을 계기로 가까워지고 있다. 그런데 둘이 중간으로 수렴하는 것이 아니라 동양적 사상 쪽에 가까워지고 있다. 서양의 역사에서 오랫동안 믿어왔던 초월적인 존재는 뉴턴 때까지 온전히 믿어지다가, 찰스 다윈에 의해 완전히 부정되었다. 양자역학의 주장은 마치 불교의 물리학적 버전 같다. 이를 두고 서구 과학이 먼 길을 통해 동양에 이른 것 같다고 말한다.

양자역학이 '결정된 것은 없다.'라고 주장하자 결정론은 심각한 타격을 입는다. 우리의 관측 행위 자체가 물체의 상태를 결정한다고 주장함으로써 인류의 자유의지가 다시 전면에 등장한다. 그러나 자유의지를 내세우는 이러한 흐름도 최근 신경과학 실험으로 다시 안개 속으로 빠져들고 있다. 생리학자 벤저민 리벳(Benzamin Libet)은 사람은 자신이 움직이기로 결심했다고 느끼기 바로 직전(300밀리세컨드 전)부터 뇌의 운동피질에서 활동이 나타난다는 것을 뇌파 검사로 확인했다. 우리가 다음에 무엇을 할지 알기 직전에 우리의 뇌는 우리가 무엇을 할지를 이미 결정해놓는다.[140]

(4) 우주철학을 시작하다

우리는 한 나라의 국민이기 이전에 같은 인류다. 인류이기 이전에 지구적 존재이며 우주적 존재이다. 그러나 우주나 지구에 대한 관심은 적다. 우리는 자신이 속한 국가나 그것보다 더 작은 조직, 단체에 대해 관심을 둘 뿐이다. 그러한 인위적인 존재들은 우주나 지구와 달리 자연적이지도 지속적이지도 못하다. 국가는 언제 붕괴할지 모르는 불안정한 구조물이며 짧게는 며칠, 길어봤자 몇백 년을 넘기기 힘들다. 중국 대륙을 석권한 역대 왕조의 존속 기간은 평균 300년 정도였다.

국가는 사람들에게 자신의 역사부터 가르친다. 마치 국가가 있고 나서 지구나 우주가 있을 수 있는 것처럼 국가를 중심으로 가르치고 지구나 우주에 관한 것은 덤으로 가르친다. 사람들도 그것을 당연하게 받아들인다. 그러나 이는 앞뒤가 바뀐 스몰 싱킹의 전형이다. 눈앞의 것에만 집착하는 사람들과 자신의 존속과 확대에만 매달리는 국가[141]의 합작품이다.

국가 이전에 지구와 우주부터 배워야 한다. 그러고 난 후 인류에 대해 배우고 나서 국가를 배우는 것이 순리다. 국가는 한참 뒤다. 우주와 지구부터 알면 통합주의자가 되지만 국가에 집착할 때는 분리주의자가 된다. 분리주의자는 같은 나라 사람이 아니면 이방인으로 취급한다. 그러나 지구나 우주에 먼저 관심을 두면 우리는 모두 이방인이다.

지구사는 인류의 역사를 관통하는 거대한 구조를 찾는다. 지구사를 연구할 수 있는 문서나 유물, 개인적 증언 등은 없다. 사실들을 발견하고 1차적 역사를 수집하는 일은 지구사가의 임무가 아니다. 오히려 지구사가는 다른 역사가들의 연구를 토대로 추론하고 비교하면서 거대한 패턴을 찾아내야 한다. 지구사는 세계사와는 전혀 다른 가정과 질문으로 구성된 지금 막 등장하는 모험적인 기획이다.[142]

거대사(빅 히스토리)는 이 세상 모든 것이 어떻게 해서 오늘날과 같이 되었으며 앞으로 어떻게 될 것인지를 설명하고 그 속에서 인류는 어떤 존재인가에 관한 이야기이다. 거대사는 현대 사회의 시대정신에 어울리는 융합의 학문으로 지도자만의 전문지식이 아니라 현대 사회 모든 사람들의 도덕지식이다. 현대사회가 당면한 다양한 문제들은 개인이나 집단, 국가의 단위를 넘어서 인류 전체의 차원에서 검토되고 해결되어야 한다고 본다.[143]

우주에서는 인류가 만든 국경선은 하나도 보이지 않는다. 우주왕복선인 스페이스 셔틀을 탄 어느 우주비행사는 "처음 하루나 이틀은 모두가 자기 나라를 가리켰다. 3일째, 4일째는 각각 자신이 살고 있는 대륙을 가리켰다. 5일째가 되자 우리의 머릿속에는 오로지 하나, 지구밖에 없었다."[144]라고 말했다.

이제 인류 위주 또는 서양인 위주의 철학을 버려야 한다. 인류와 존재들은 모두 광대한 우주 속에서 같은 하나의 환경을 공유하며 그로인해 서로 연결되어있다는 우주철학이 필요하다.[145] 인류가 제아무리냉철한 이성에 기초해 빛나는 문명을 세웠다고 자부해도 인류라는 한계에서 자유로울 수 없다. 우주에 대한 새로운 철학은 인류중심에서벗어나 인류는 우주의 일부에 지나지 않는다는 인식을 바탕으로 세워져야 한다. 특히 다른 생명과 존재들에 대한 이해가 필요하다.

"무대에서 신을 끌어내린 인류는
대신 무대에 올라 어느새 신의 흉내를 낸다."

CHAPTER Ⅲ

문제적 인류

1. 작은 생각의 모순

"아아, 인간들은 걸핏하면 신들을 탓하곤 하지요. 그들은 재앙이 우리에게서 비롯된다고 하지만 사실은 그들 자신의 못된 짓으로 정해진 몫 이상의 고통을 당하는 것이오."[146] 제우스가 일찌감치 신들에게 이렇게 말한 적이 있다.

인류의 치명적 모순은 바로 '작은 생각'에서 나온다. 우주와의 소통을 게을리 한 인류는 '큰 생각'을 잃고 말았다. 동굴 속이나 우물 안에 갇힌 신세가 되었다. 최근에는 다른 존재들과의 소통을 끊은 채 스마트폰에 고개를 처박고 산다. 더 심각한 것은 '작은 생각'에 빠져있다는 사실 자체를 모른다는 것이다.

빅 싱킹

21세기의 사회는 규율 사회에서 성과 사회로 변모했다. 규율 사회는 근본적 피로를 가져오는 반면, 성과 사회는 분열적 피로를 야기해 사람들을 개별화시키고 고립시킨다. 분열적 피로는 모든 공동의 삶을, 모든 친밀함을, 심지어 언어 자체마저 파괴한다. 세계를 지워버리고 타자와의 모든 관계를 파괴해버린다. 반면 근본적 피로는 태평한 무위의 능력을 부여하여 자아를 개방하여 세계가 그 속으로 새어 들어갈 수 있는 상태로 만든다. 자아를 줄이고 세계를 확장한다.[147] 빅 싱킹도 마찬가지다. 자기중심주의라는 중력에 짓눌려온 생각이 광대한 세계로 두둥실 떠오르게 해준다.

세 가지 모순은 극단적인 자기중심주의라는 하나의 뿌리에서 자란다. 인류중심은 이것이 동일한 종만을 위해 확대된 것이고, 현재중심은 통제 가능한 눈앞의 것에만 관심을 기울이는 것이며, 분리중심은 존재들을 울타리에 가둬놓겠다는 것이다. 일부에 불과한 자가 전부인 척 하다 보니 모순이 생긴다. 가장 강한 창과 가장 강한 방패가 양립할 수 없듯 인류의 두 가지 측면, 즉 우주적 존재라는 것과 자기중심주의는 동시에 성립할 수 없다.

사람은 빼도 박도 못할 아집에 빠져있다. 자아는 미혹의 원인이며 생사의 끝을 모르는 근원이다. 무한의 과거로부터 생성 유전하는 사이에 축적해온 인류 존재의 근원적인 습성으로 아무런 실체가 없다. 자아에서 벗어나는 일이 가장 어렵다.[148] 우리는 꿈에서조차 자기중심적이다. 꿈은 모두 극단적으로 이기주의적이며 꿈속에서 채워지는 소망은 언제든 자기의 것이다. 타인에 대한 관심은 표면상의 일에 불과하며 타인이 나올 경우에도 그 인물의 배후에 내가 숨어있다.[149]

(1) 인류중심적 관점

인류중심적인 관점만큼 끈질기고 지독한 것은 없다. 인류에게 이 관점은 너무도 당연한 것으로 받아들여져 의식하기도 어려울 정도이다. 자기중심에 푹 빠져있는 인류는 자신이 무슨 일을 벌이는지도 제대로 알지 못한 채 살아간다. 만물의 영장이라는 인류지만 다른 존재들에 대해서는 장님이나 다름없다.

인간의 완전함이라는 개념은 기원 원년부터 서구인의 뇌리에서 떠난 적이 없다. 2,500년 전쯤 서양에서 꽃피웠던 자율적이고 휴머니즘적인 문명[150]을 되살림으로써 인류는 자신을 이성적이고 합리적인 존재로서 부각시키는 데 성공한다. 그러나 이성을 자신들의 행복에만 기여하는 절름발이로 만든다. 무대에서 신을 끌어내린 인류는 대신 무대에 올라 어느새 신의 흉내를 낸다.

자연의 품속에서 또는 자연과 어깨동무하며 지내던 인류는 지식과 기술을 얻게 되자 자연 위에 올라선다. 자연은 어머니 또는 동반자에서 머슴 같은 존재로 전락한다. 지식이 늘어날수록 자연에 대한 인류의 수탈은 한층 광범위해져간다.

"무대에서 신을 끌어내린 인류는
대신 무대에 올라 어느새 신의 흉내를 낸다."

별에서 온 어린왕자의 눈에 사람들은 이상하다. 자기 울타리에 갇혀 빠져나올 줄 모른다. 혼자 사는 왕이나 허영꾼 남자, 실업가, 지리학자 모두 자기중심적이다. 이곳저곳을 다니는 어린왕자가 보기에 사람들의 세계는 뭔가 이상하다. 오히려 여우는 가장 중요한 건 눈에 보이지 않는다는 것을 안다.

그동안의 사상들은 제각각 다른 얼굴을 하고 있지만 모두 사람중심이라는 점에서는 같다. 공화주의니 민족주의니 민주주의니 공산주의니 사회주의니, 합리론이니 경험론이니, 자유의지론이니 결정론이니 제 아무리 새 것을 들고 나와도 근본적으로 변하는 것은 없다. 이념이나 종교가 외치는 구원이나 해방이나 자유는 오직 인류만을 위한 것이다. 인류가 자유를 얻는 대가로 다른 존재들은 희생을 치른다면 '당신들의 천국'에 불과하다. 우주적 관점에서는 나아진 것이 아니라 나빠진 것이다.

"하늘은 너희들을 부르고 너희 주위를 돌며 그 영원한 가지가지의 아름다움을 보여주건만, 너희 눈은 한결같이 지상에 쏠려있다. 그러므로 모든 것을 아시는 분이 너희를 벌주시는 거다."[151]

13세기 후반에서 14세기 초반에 걸쳐 살았던 단테의 눈에 사람들은 지상의 것들에만 관심을 둔다. 그러나 정작 그 자신 또한 지상의 것들에서 벗어나지 못한다. 공금횡령죄로 국외 추방된 그는 『신곡』에서 정적인 보니파시오 8세[152]나 피렌체 민중에 대해 여러 차례 저주를 퍼부

"하늘은 너희들을 부르고 너희 주위를 돌며
그 영원한 가지가지의 아름다움을 보여주건만,
너희 눈은 한결같이 지상에 쏠려있다.
그러므로 모든 것을 아시는 분이 너희를 벌주시는 거다."

을 뿐만 아니라 회교 사원과 세례를 받지 않은 사람들을 지옥에 배치
시킨다.

동물은 이 세상의 모형을 만들고 시뮬레이션을 할 때 사람과 전혀
다른 변수를 사용한다. 눈과 귀가 없는 진드기에게 가장 중요한 정보
는 주변 온도와 부티르산의 냄새이고, 박쥐는 압축공기의 파동, 개는

냄새를 근거로 주변에 존재하는 사물의 지도를 만든다. 우리가 시각정보에 근거하여 만드는 지도와 완전히 다르다.[153]

땅으로부터 1밀리미터 위에 있는 개미가 본 사물은 그 거리의 1,000배 위에서 내려다보는 거대한 사람에게 보이는 모습과는 전혀 다르다. 개미는 우리 생각과는 달리 땅에 묻은 분비물 액체가 남긴 흔적을 따라가지 않는다. 분자 구름 형태로 확산된 분비물을 머리 앞의 더듬이 한 쌍을 앞뒤로 쓸어 탐지한다. 사람이 시청각적인 반면 사회성 곤충들은 화학적이어서 주로 냄새와 맛에 의존한다.[154]

프릴핀고비는 대서양 해안에서 사는 작은 물고기다. 썰물 때가 되면 따뜻한 바닷물이 담긴 조수 웅덩이에 둥지를 틀고 맛있는 먹이를 즐긴다. 그러다가 문어나 왜가리 같은 포식자를 만나면 근처의 다른 웅덩이로 점프한다. 만조 때 헤엄치는 동안 움푹한 곳들의 레이아웃을 작성해 머릿속에 넣어뒀기 때문에 가능한 일이다. 사람들은 동물의 지능을 언급할 때 인간과 같은 방식으로 생각하는 능력을 기준으로 삼지만 이는 지극히 인간중심적 사고이다. 만일 프릴핀고비가 지능을 정의한다면 조수 웅덩이에 대한 인지 지도를 형성하고 기억하는 능력도 지능의 범위에 포함시킬 것이다.[155]

며느리밥풀꽃, 각시투구꽃, 애기똥풀, 할미꽃, 상사화 같은 친근한 이름도 따지고 보면 사람들의 자기중심주의에서 나온 결과다. 나비나 잠자리도 사람들이 아는 며느리나 밥풀을 알 리가 없기에 며느리밥풀

꽃이라는 이름을 붙일 리 만무하다. 마찬가지로 그들이 아는 각시나 투구, 애기똥, 할머니는 사람이 아는 것과 완전히 다를 것이다. '상사' 라는 말도 덜하지 않다. 그나마 달맞이꽃은 나은 편이다. 한밤중 달이 뜰 때 피었다가 아침 햇살을 받으면 잎을 접기 때문이다. 꽃들이나 풀 들에 담긴 사연은 전적으로 사람들이 만든 것이다. 그들 자신의 사연 이 아니다.

그런데 인류의 자기중심적 성향은 필연적으로 착취와 소유욕을 낳는다. 인류는 생명들마다 타고난 고유한 특성과 관점을 이해하려 들지 않고 자신의 관점에서만 보려 한다. 다른 생명의 입장에서 그것은 억압과 다를 것이 없다. 오늘날 지구 곳곳에서 벌어지고 있는 기후변화, 자원고갈, 환경오염, 생명멸종 등이 그 결과이다.

에리히 프롬은 소유에 집착하는 현대 문명의 모순을 비판한다. 서구 산업 사회는 역사상 처음으로 쾌락의 만족이 과반수에게 가능한 시대 를 열지만 자연을 정복한 탓에 자연과 인류는 적대적 관계로 들어선 다. 인류는 소유할수록 소외되고 그 소외감을 극복하고자 더 많이 소 유하려고 하는 악순환에 빠져버린다.[156]

인간의 완전함이라는 개념은 기원 원년부터 서구인의 뇌리에서 떠 난 적이 없다. 과학의 힘으로 지상의 천국, 새로운 예루살렘을 건설하 는 일은 더 이상 불가능하지 않다고 보지만[157] 과학의 힘으로 건설 가 능한 것은 천국뿐이 아니다.

(2) 현재에 대한 집착

우리는 발등에 떨어진 불에는 신경 쓰면서 막상 머리 위로 떨어지고 있는 불은 걱정하지 않는다. 발등에 떨어진 불은 고작해야 화상을 입힐 뿐이지만 머리 위로 떨어질 불은 생명을 앗아갈 수도 있는데 말이다. 우리는 치매환자 같다. 과거의 존재로부터 받은 호의를 전혀 기억하지 못하는 탓에 미래의 존재들에게 호의를 베풀 생각을 못한다.

인류는 지금 눈앞에 보이는 것만 중요하게 생각한다. 내 자녀에게는 모든 관심과 지원을 아끼지 않으면서 100년 전 조상이나 100년 후 후손에 대해서는 놀랄 만큼 무관심하다. 지금의 환경오염이 계속되면 멀지 않은 미래에 지구를 망칠 것이 확실한데도 지금 당장은 살 만하니까 괜찮다고 생각한다.

예전보다 지구가 점점 더워지고 오염되어가고 있지만 당장 편하게 누울 수 있는 소파, 스포츠나 영화를 볼 수 있는 대형 디스플레이, 잘 터지는 인터넷, 언제든 달릴 준비가 된 자동차, 더위라고는 느낄 수 없는 시원한 에어컨과 틀기만 하면 나오는 수돗물이 존재하는 한 큰 불만이 없다. 에어컨 실외기가 내뿜는 뜨거운 바람이 그 부근의 생명들을 혹사시켜도 집 안만 시원하면 거들떠보지도 않는다.

세상 사람들이 일시적 노력으로 남의 생명을 구한 사람을 열렬히 칭찬하지만, 오랫동안 노력과 극기로 한 생명을 창조한 사람에게는 인색

"인류는 지금 눈앞에 보이는 것만 중요하게 생각한다."

한 칭찬밖에 해주지 않는 것은 불가사의한 일이다.[158] 사람들은 현재에의 집착 탓으로 과거와 미래의 의미를 이해하지 못한 채 참을 수 없는 가벼운 존재가 된다.

자연은 물론 정보도, 뉴스도, 게임도 현재를 위해 소비된다. 사람들은 현재의 재미, 즐거움, 만족을 위해 메뚜기처럼 이곳저곳을 옮겨 다닌다. 눈과 귀, 손과 발은 한 순간도 참지 못한다. 사람들은 어느 여배우가 불륜을 저질렀다는 인터넷 기사는 미친 듯 눌러대면서 바다에 플라스틱이 매년 조금씩 늘고 있다는 기사는 있는 줄도 모른다. 메이저리그에 진출한 선수가 연타석 홈런을 쳤다고 호들갑을 떨던 사람들이 멸종 위기에 처한 귀신고래의 사체가 연이어 발견되었다는 소식에는 미적지근한 반응을 보일 뿐이다.

남자들은 가족을 부양하거나 호의를 베풀고 섹스 기회를 늘리기 위해서나 사냥에 매달렸다. 수백만 년을 그렇게 살아온 남자들은 앞만 보는 시야를 갖게 되었다. 이른바 터널시야다. 반면 동굴이나 움막에서 아이들을 돌보면서도 이방인의 침입을 경계해야 했던 여자들은 주위의 변화에 민감했다. 광폭시야를 갖게 된 연유다. 그런데 분업의 원리가 발전하고 남자들의 여자에 대한 우위가 굳어지면서 터널시야는 더더욱 고착화되었다. 앞만 보고 달리는 이런 습성은 속도와 성과를 중요시하는 산업 사회의 특성과 잘 맞아떨어진다.

시간에 얽매이다 보면 긴 안목을 잃는다. 눈앞의 것만 생각하느냐

빅 싱킹

저 멀리 보이지 않는 것도 생각하느냐의 차이는 실로 크다. 당기의 이익 배당만을 바라는 주주의 입장에서는 장기적 비전이나 기업의 사회적 기여는 남의 일이다. 단기적 의사결정은 금융위기, 환경파괴, 소득격차 확대 등을 초래한다.[159] 속도를 앞세우는 산업혁명이나 인터넷은 사람들에게 욕망의 즉각적인 충족을 부추긴다.

카라멜 마끼아또는 달다. 보기만 해도 입안에 침이 돈다. 과장된 토핑은 결정타를 날린다. 마침내 한 모금 마시면 목을 타고 넘어가는 그 부드럽고 달콤한 느낌에 황홀한 기분마저 든다. 그러나 그 뒤에는 칼로리 폭탄이 숨어있다. 현재에의 탐닉도 그렇다. 달콤한 쾌락의 이면에는 찜찜한 뭔가가 들러붙어있다.

(3) 지속적 분리 지향

현생인류는 30만 년만에 폭발적으로 늘어났는데 이보다 더 놀라운 사실이 있다. 바로 국가, 인종, 민족, 이념, 지역, 종교, 계층, 학문 등으로 지속적으로 분리되어왔다는 사실이다. 이 과정은 하나의 분리가 또 다른 분리를 낳는 자기복제의 과정인 동시에 큰 단위에서 더 작은 단위로 쪼개지는 축소 지향의 과정이다.

분리는 일종의 왕국 만들기에 다름 아니다. 분리는 본래 하나였던 것을 내 편과 네 편으로 나누는 고약한 단절이다. 분리는 그 규모와 상관없이 누군가에게는 잉여를 준다. 동네의 골목대장과 제국의 황제는 잉여를 즐긴다는 점에서는 다르지 않다. 잉여를 즐기는 누군가는 분리를 고착시키고자 한다. 상대방은 나의 잉여를 위협하는 적이 되거나 잉여를 빼앗아올 수 있는 수탈의 대상이 된다. 이렇게 분리는 필연적으로 갈등을 촉발한다. 한 쪽이 끊임없이 다른 쪽의 것을 빼앗아 더 많이 갖고자 함으로써 참여자 모두가 제로섬 게임에 빠진다.

"이 세상의 눈물의 양엔 변함이 없지. 어디선가 누가 눈물을 흘리기 시작하면 한쪽에선 눈물을 거두는 사람이 있으니 말이오. 웃음도 마찬가지요. (웃는다) 그러니 우리 시대가 나쁘다고는 말하지 맙시다. 우리 시대라고 해서 옛날보다 더 불행할 것도 없으니까 말이오. (침묵) 그렇다고 좋다고 말할 것도 없지."[160] 우리는 제로섬 게임의 세상에 익숙하다. 눈물이나 웃음을 더하고 빼면 남는 것이 없는 세상이 반복된다. 세상은 더 나빠질 것도 나아질 것도 없다.

국가, 종교, 사상 등은 제로섬 세상의 주역이다. 인류가 우주에 대해 배우기도 전에 국가, 종교, 집단 등은 자신의 역사, 주장을 일방적으로 주입시킨다. 인류를 우주라는 큰 세계로부터 분리시켜 작은 세상의 구성원으로 고립시킨다. 우주의 위대한 존재인 인류는 우주라는 모함에서 떨어져나가 좌표 잃은 함재기로 전락하기 십상이다.

국가는 사람만큼 자기중심적 속성이 강하다. 세계 평화나 인류 번영은 수사에 불과하다. 국가는 확대된 이기적 유전자 같다. 그들이 말하는 인류의 번영은 자신의 번영과 동의어다. 국가만 그런 것이 아니다.

민족, 이념, 종교 또는 지역은 내 편이 아니라는 이유로 상대를 적으로 규정한다. 서로 다른 종교 간의 다툼만 있는 것도 아니다. 같은 종교 내에서도 다시 나눠져 서로 간에 지루한 헤게모니 싸움을 벌인다. 분리는 인류의 못 말리는 속성이다.

고의적인 분리의 예가 민족주의다. 대다수 유전학자들에 따르면 인종이나 민족은 과학적 연구에 기초한 개념이 아니며 단지 사회적 구성물에 불과하다. 인종이나 민족에 있어서의 유전적 차이점은 발견되지 않는다.[161] 17세기 영국에서 먼저 등장했던 민족주의는 19세기 이탈리아나 독일의 통일로 절정기를 맞는다. 그러나 그 폐쇄적 성격과 비합리성으로 인하여 이웃국가들과 충돌을 야기하고 세계적 규모의 전쟁을 치룬 후에야 비로소 폐기물 목록에 올랐다.

종교 또한 상습적 분리 촉발자다. 주장과 행동이 그토록 모순적인 경우도 드물다. 늘 그렇듯이 종교는 으뜸패다. 진정으로 유해한 것은 신앙 자체가 미덕이라고 아이들에게 가르치는 행위일 수 있다. 신앙은 그 어떤 정당화도 요구하지 않고 어떤 논증에 견디지 못하기 때문에 악에 가깝다. 신앙이 미덕이라고 가르치는 것은 아이들을 미래의 성전이나 십자군 전쟁을 위한 치명적인 무기로 자라도록 훈련시키는 것과 다름없다.[162]

초나라의 미친 사람 접여는 "……땅에 금을 긋고 그 안에서 종종걸음(畵地而趨)……"라고 노래한다.[163] 본래 하나로서 서로 연결되어있는

"금을 긋고 사는 이상 아무리 그 땅이 커도 작게 사는 것이다."

빅 싱킹

것에 금을 그어 나눈 뒤 그것을 오로지하거나 그 안에서만 머무르고자 하는 일을 두고 빗대어 말한다. 금을 긋고 사는 이상 아무리 그 땅이 커도 작게 사는 것이다. 역대 제국이나 지금의 강대국 중 진정으로 대국의 면모를 보인 나라가 얼마나 있었던가. 접여는 미쳤지만 그의 말은 온전한 사람의 것보다 온전하다.

분리 지향은 '작은 생각'을 끝없이 생산한다. 현대사회의 분석적 사고습관은 통합적 사유가 갖고 있는 직관에 치명적이다.[164] 분별지는 에고의 다른 이름이다. 에고는 모든 불행의 뿌리이며 고통은 에고의 그림자일 뿐이다.[165] 이처럼 지식이 발전할수록 더 미시적인 분야에, 사회가 발전할수록 더 기능적인 단위에 빠지는 경향이 강하다. 보다 많은 것을 알아가는 과정에서 세분화는 불가피한데 그 과정에서 큰 틀에서의 통합적 사고가 자취를 감춘다.

인류의 두뇌는 복잡한 것을 더 작게 분리된 요소들로 축소하려는 성향을 보인다. 이것이 사일로식 사고로 협동을 불가능하게 하는 구획화한 사고 및 행동이다. 우리는 우리에게 닥친 고도로 복잡한 문제를 해결하는 데 협동이 필요한데도 불구하고, 사일로식 사고에 빠져 개별행동에 나선다. 나사(NASA)가 제안한 우주기반 태양열발전 계획에 대해 미국 에너지부가 '부적절한 임무 확대'라는 이유로 비난한 것이 그 예이다.[166]

이와 같이 인류 사회는 인류중심, 현재 집착, 분리 지향이라는 덫에 빠져있다. 그 결과는 끔찍하다. 귀중한 생명과 자원을 서로를 죽이는 데에 쓰는 것보다 소모적이고 파괴적인 일은 없다. 그런데 그들이 벌이는 더 넓은 땅, 성지 확보, 더 많은 석유를 위한 게임은 제로섬이다. 남의 것을 빼앗아 내 것을 늘리는 나쁜 게임이다. 나쁜 게임은 지구를 파괴할 뿐만 아니라 생명의 기반을 무너뜨리며 우주로의 탐험을 어렵게 만든다.

인류는 계속해서 자연을 밀어내고 더 넓은 땅을 차지하는 중이며 개체 수는 100억으로 향하고 있다. 그러나 인류가 계속해서 번성할 수 있을지는 확실하지 않다. 확실한 것은 지구상의 인류의 출현은 지구와 존재들에게 재앙에 가깝다는 사실이다. 우주적 규모에서 태어난 인류가 '참담할 정도로 협소한 시각'[167]에 갇혀 사는 일이야말로 최대의 수수께끼이며 아이러니다.

한국 사회의 연고주의

우리 사회는 분리 지향에 있어서 어느 사회보다 뚜렷하다. 온갖 인연을 분리의 명분으로 삼는다. 인연을 삼지 못하는 것이 없을 만큼 능하다. 고향, 각종 학교, 집안, 입사 시기, 부서, 취미가 같다는 이유를 댄다. 원래 하나였던 집단은 잘 게 쪼개진다. 모임의 결성은 내 편을 가려내기 위한 수단이 된다. 같은 대학교 를 나온 사람끼리 모이면 다른 대학교를 나왔거나 대학교를 나오지 않은 사람 은 아예 배제된다. 게다가 모임 안에서 사람들은 서열화된다. 사적인 모임인데 도 수직적 구조를 보인다. 모임을 통해 권위가 생산되고 소비된다.

우리 사회에서 연고주의는 절대적인 존재양식이다. 사람들은 모임을 만들지 않으면 존재할 수 없는 것처럼 행동한다. 비온 뒤 곰팡이가 피듯 사람들 몇 명 만 모여도 모임이 만들어진다. 모임은 정서적 만족에 머무르지 않고 사적인 이 익을 추구하기도 한다. 모임에 들어가지 않으면 얻지 못하는 게 많다. '빽도 없 는 한심한 인간'이 되어 아무도 거들떠보지 않는 낙오자로 전락한다. 그래서 더욱 모임에 집착하며 결과적으로 분리현상은 심화된다.

연고에 집착하는 심리에는 두려움이 깔려 있다. 사람들은 남들이 하는 것을 못 하거나 어느 그룹에 속하지 못하면 외톨이나 낙오자가 될지 모른다는 두려움 을 갖는다. 다름 또는 무소속을 즐기지 못하고 못 견뎌 한다. 이는 역사적 배 경, 지리적 조건, 강한 평등주의[168], 조밀한 사회 등의 영향을 받았을 것으로 판 단된다.

그런데 사람들이 매달리는 고향, 각종 학교, 집안 등은 그렇게 대단한 인연이 아니다. 우주적 존재인 인류의 입장에서 보면 그저 사소하고 찰나적인 것들이 다. 거기에 집착하다가 진정으로 크고 중대한 인연을 놓친다면 그야말로 한심 한 인간이라는 소리를 들을 만하다. 고향과 출신 학교까지 같은 오랜 친구와 인연이라고는 없을 것 같은 이방인과의 차이는 생각보다 크지 않다.

고향과 출신 학교까지 같은 오랜 친구와 인연이라고는 없을 것 같은 이방인과 의 차이는 생각보다 크지 않다. 그들 하나하나는 우리와 말로 다 할 수 없는 인 연의 존재다. 우주와 지구와 생명의 역사를 같이해온 떼려야 뗄 수 없는 '절친' 이다. 그런 큰 인연을 제쳐놓고 먼지 같은 작은 인연에만 집착하는 일은 금맥 을 옆에 두고 누군가가 떨어뜨린 동전을 줍는 데 정신이 팔리는 일과 같다. 이 런 점에서 우리 사회의 연고주의 천착은 참으로 해괴하고 부끄러운 짓이다.

2. 이방인 혐오증의 팽배

인류는 예외 없이 이방인이다. 다 된 밥상에 수저 하나 들고 뒤늦게 등장한 얌체다. 게다가 그 밥상을 다 차지하겠다는 욕심쟁이다.

이방인인지 아닌지 여부를 따지는 일은 불순하다. 혹여 따진다면 생명 전체나 존재 전체를 놓고 따질 일이다. 사람만을 기준으로 삼는 것은 작은 생각이다. 따라서 다른 사람보다 먼저 정착했다고 해서 이방인이 아닌 것은 아니다. 그보다 훨씬 이전부터 수많은 존재들과 생명들이 존재했었기 때문이다. 인류는 35억 년 생명의 역사 덕분에 금수저를 물고 뒤늦게 태어난 이방인이다.

인류는 부족, 민족, 국가, 종교, 이념 같은 자의적이며 불온전한 것

빅 싱킹

들을 만들어내고는 같은 편이 아닌 사람들을 이방인으로 낙인찍기 시작했다. 본래 하나의 이방인이었던 인류는 수많은 이방인의 이방인으로 분열되었다. 장구한 생명의 역사를 감안할 때 이방인이냐 토착민이냐 따지는 일은 도토리 키 재기다. 막 태어난 쌍둥이 중 하나가 할머니 앞에서 먼저 태어났으니 자기가 어른이라고 우기는 일과 같다.

우리는 구제 불가능할 정도로 부족중심적인 동물이다.[169] 늘 내 편 네 편을 따진다. 내 편을 이유 없이 거들고 네 편을 근거 없이 배척한다. 편 가르기를 통해 이득을 취하는 누군가는 울타리가 높을수록 더 많은 이득이 생긴다는 것을 알고는 울타리 높이기에 골몰한다. 울타리를 치는 것은 개가 이곳저곳에 자신의 소변을 묻혀놓고는 자기 땅이라고 우기는 일과 같다. 명분이 없는 데다가 비 한 번 내리면 온데간데없어지기에 그렇다.

이방인의 문제는 인류 역사에 빠지는 법이 없다. 근친상간자이며 부친살해자라는 사실을 알게 되자 자신의 두 눈을 뽑아버리고 스스로 이방인의 길을 선택한 오이디푸스왕, 나이와 언어 때문에 이방인을 자처하고 이방인에 대해 배려를 베풀어달라고 부탁한 소크라테스[170], 엄마의 장례식에서 눈물을 흘리지 않아 이방인이 된 뫼르소, 전쟁을 주동한 고국 속에서 기꺼이 이방인의 길을 선택한 하이젠베르크 등 적지 않은 사람들이 어쩔 수 없이 이방인이 되거나 스스로 이방인을 자처했다. 니체도, 단테도, 제임스 조이스도, 오마르 하이얌도, 아인슈타인도, 쇼팽도, 빅토르 위고도, 스티브 잡스도 마찬가지다.

"본래 하나의 이방인이었던 인류는 수많은 이방인의 이방인으로 분열되었다."

빅 싱킹

니체가 15살에 한 말은 참으로 놀랍고 아름답다. "우리는 이 세상의 순례자다. 우리 조국은 어디에나 있고 아무 곳에도 없다. 우리 모두에게는 같은 태양이 비춘다. 우리는 이 세상의 시민들이다. 지구가 우리 왕국이다."[171] 이 말은 단테가 한 말과 통한다. 추방 중 굴욕적인 조건 아래 사람들로부터 귀국을 권유받은 그는 "해나 별빛을 본다는 것은 내가 아무 데나 있더라도 할 수 있는 일이지 않는가."[172]라고 말한다. 제임스 조이스는 『젊은 예술가의 초상』에서 더덜러스의 입을 빌어 "내가 믿지 않게 된 것은, 그것이 나의 가정이든 나의 조국이든 나의 교회든, 결코 섬기지 않겠어."라고 일갈한다. 오마르 하이얌은 "모든 곳에서 지고한 힘을 느끼고, 모든 나라 모든 민족 속에서, 동일한 인간성을 발견하는, 나는 이단자라나 봐."라고 한다.

아인슈타인은 히틀러가 집권하자 유대인의 자식이라는 이유로 난민이 되었으며 결국 미국으로 망명한다. 쇼팽은 러시아의 지배를 받는 폴란드 출신으로 프랑스로 망명한다. 빅토르 위고는 나폴레옹 정권에 반대하다가 국외로 추방된다. 스티브 잡스는 조국의 폭정에 못 견뎌 미국으로 피란한 시리아 출신의 아버지를 두었다.

늦게 온 자가 단지 자신보다 조금 늦게 온 자를 이방인이라고 낙인찍는다. 이는 그들을 위험하거나 부족한 자들로 몰아붙임으로써 내 편의 결속을 높이고 이득을 확실히 챙기기 위한 속 보이는 음모다. 그런데 낙인찍는 자 뒤에는 훨씬 먼저 왔지만 아무 말도 하지 않은 채 자신들보다 나중에 온 자를 위해 모두 내놓는 존재들이 있다.

3. 복잡성의 무한한 증가

사회가 발전할수록 복잡성은 증가한다. 원시 사회의 작은 공동체에서 살던 사람들은 교환을 통하여 지식과 기술을 서서히 확장시켜간다. 교류가 활발해질수록 사람이 늘어날수록 공동체 내부의 역할과 분업, 이웃사람들과의 관계, 기근이나 전염병에 대한 대책, 재해나 안전에 관한 대책 등 복잡한 문제도 함께 늘어난다. 그런데 이 문제들은 종전의 공동체의 힘만으로는 해결하기 어렵다. 이에 대응하기 위해서는 더 많은 자원을 동원해야 하고 이것은 더 큰 공동체를 필요로 한다. 이런 과정을 거쳐 원시사회는 불가피하게 부족, 도시, 국가 등과 같은 더 큰 단위의 공동체로 확장되어간다. 그런데 이것은 한층 복잡한 문제를 야기하는 원인이기도 하다.

빅 싱킹

천문도와 역법 발명, 발전된 문자 고안, 수학에 0개념 도입, 정교한 치수 사업 등으로 3,000년간 번영을 누리던 마야 문명이 몰락하게 된 것은 가뭄, 바이러스, 내전, 삼림벌채 등의 탓이 아니며, 그들의 능력을 뛰어넘는 각종 문제의 복잡성 때문이다. 잉카, 로마, 크메르 등 어느 문명에서든 복잡성이 증가할수록 위기가 높아지는 유사한 패턴을 보인다. 복잡성이 슈퍼밈을 낳고, 슈퍼밈이 단일성을 낳고, 단일성이 멸종을 초래하는 악순환이 반복된다.[173] 문명의 몰락을 재촉하는 슈퍼밈으로 불합리한 반대, 책임의 개인화, 사일로식 사고, 극단적 경제학 등이 거론된다.

　복잡성의 문제는 엔트로피 법칙과 유사하다. 엔트로피는 무질서, 오염, 핵전쟁, 근본주의, 질병 등을 의미한다. 엔트로피 법칙은 엔트로피의 총량은 지속적으로 증가한다는 열역학 제2법칙으로 우리가 이 과정을 되돌릴 수는 없다. 문명이 발전할수록 복잡성이 증가하는 것처럼 시간이 흐를수록 엔트로피도 늘어간다.

　인류가 그 재능을 동원하여 생각해낸 모든 기술은 자연의 창고에서 꺼낸 에너지의 형태를 바꾸는 변환자 이외에 아무 것도 아니다. 기술은 결코 에너지를 새로 만들지 못한다. 단지 기존의 유용한 에너지를 소비할 뿐이며, 오히려 기술의 규모가 크고 복잡할수록 에너지 소비량도 많아진다.[174]

　현대인의 에너지 사용량은 20만 칼로리로 이는 구석기인의 그것보다 100배나 많다.[175] 현대인의 몇 개월은 구석기인의 평생과 맞먹는다. 현대인은 물 먹는 하마와 같다. 텔레비전을 보거나 자동차를 운전하거나 에어컨을 틀거나 수돗물을 사용하는 것 어느 것 하나 에너지의 엄청난 소비가 아닌 것이 없다. 현대인이 대수롭지 않게 여기는 행위 하나하나는 자연의 창고를 일방적으로 축내는 뻔뻔한 소비다.

인류가 기대를 걸고 있는 태양에너지도 만능이 아니다. 태양에너지는 항상 지구상의 자원과 결합해야만 사용될 수 있다. 수집, 저장, 처리와 같은 변환 과정 때문에 지구상에 존재하는 유한한 자원은 계속 엔트로피가 된다.[176] 낙관주의자조차도 엔트로피 법칙에 의해 문명은 결국 카오스 상태로 빠져들 것으로 본다. 다만 가능한 오랫동안 이를 늦추고 모든 창의력과 결의를 모아서 이를 반대 방향으로 밀어 올리는 것이 우리의 의무라고 본다.[177]

복잡성 또는 엔트로피는 루소나 홉스가 상정한 자연 상태에서는 아주 낮은 수준이었을 것이다. 물론 홉스 쪽이 좀 더 높았을 것이긴 하다. 루소가 "조물주는 모든 것을 선하게 창조했으나, 인간의 손길이 닿으면서 모든 것은 타락하게 된다."[178]고 한 말도 엔트로피 법칙과 같은 맥락이다. 인류가 문명을 건설하는 과정에서 에너지 사용을 폭발적으로 증가시켰는데 이로 인해 엔트로피의 총량은 유례없이 늘어나고 있다. 기후변화에 대한 논쟁에도 불구하고 IPCC는 지난 50년간 온도 상승의 원인 중 어떤 것들은 인류의 활동으로 일어났을 가능성이 90%라고 발표했다.[179]

빅 싱킹

문명의 발달에 따른 복잡성의 증가는 피할 수 없다. 더군다나 지구 네트워크의 진전으로 복잡성은 더욱 난해한 양상으로 전개되고 있다. 운송수단과 정보통신의 급격한 발달로 특정 지역이나 문명의 문제는 지구와 인류 전체의 문제로 쉽게 확산되고 있다. 인류 전체는 긴밀하게 연결된 탓에 바이러스 등으로부터 치명적인 위협을 받을 수 있다.[180] 종교적 근본주의, 금융위기, 전염병, 일자리 감소 등은 대량살상무기만큼이나 치명적이다.

IPCC

세계기상기구(WMO)와 유엔환경계획(UNEP)이 공동으로 설립한 유엔 산하 국제 협의체. 1988년 지구 환경과 기후변화를 검토 및 평가하고 국제적인 대책을 마련하기 위해 설립되었다.

4. 종교와 신앙의 함정

"어떤 사람이 인더스강에서 태어났는데, 거기는 그리스도에 대해 말하는 이도 읽는 이도 없었다. 그자가 생각하는 것, 행하는 것 모두 인간의 이성이 미치는 한도에서는 뛰어났다. 그는 한평생 언행에서 죄를 지은 적이 없다. 그가 세례도 못 받고 신앙도 없이 죽었다면 그를 지옥에 떨어뜨릴 정의는 어디 있는가?"[181]

종교는 정의로운 사람조차도 그에게 신앙이 없다는 이유만으로 죄인으로 취급한다. 베아트리체의 부탁을 받고 단테에게 지옥과 연옥을 안내해준 베르길리우스도 달리 죄가 없었지만 신앙이 없었기 때문에 지옥인 림보에 머물게 된다. 에라스무스처럼 '나를 믿으라. 허나 나를

빅 싱킹

믿지 않더라도 구원받지 못하는 것은 아니니라.'라고 해야 할 것을 '나를 반드시 믿으라. 그래야 구원받으리라.'라고 말한다. 종교는 관용을 잃는 순간 못 말리는 싸움꾼으로 전락한다. 대낮부터 술에 취해 동네 사람들에게 공연한 시비를 거는 양아치와 다름없다.

종교만큼 인류에게 지속적이고 강력하게 영향을 주는 것도 드물다. 불완전하고 불안정한 존재인 인류는 오래 전부터 믿고 의지할 그 무엇을 찾았다. 완벽하고 흔들리지 않는 신이 있다고 전제하고 자신을 신에게 전적으로 내맡겼다. 그러나 과학이 발전하고 합리적이고 실용적인 사고가 일반화되면서 조물주를 향한 믿음은 약해져 갔다. 현대인이 초자연적 계시, 권위주의적 하느님 등을 강조하는 종교를 수용하기는 어렵다. 교육·결혼·음식·축제 등 사람의 외적 행동을 구체적으로 규정하는 것 또한 마찬가지다. 서구 사회는 이런 문제를 완화하기 위해 진즉부터 종교를 정치와 분리해 다른 바구니에 담았다.

인류의 주요 종교는 폐쇄적 성격에서 보편적인 것으로 발전해왔다. 힌두교는 인도의 민족종교 성격으로 신분 사회에 기초하며, 유대교 또한 민족 지향적이며 전근대적이다. 붓다가 힌두교의 사회 질서인 카스트를 근간으로 하는 다르마를 파기하고 오직 해탈을 위한 수행에 치중한 일과 사도 바울이 그리스도교의 메시지를 유대교 율법으로부터 분리한 일은 모두 보편성 획득을 위한 과정이었다. 불교는 세계를 위한

> **다르마**
>
> 불교의 법(法). '유지하다', '지지하다'를 의미하는 동사의 어원 'dhr-'에서 파생된 명사이다. 쓰이는 상황에 따라 규범, 업(카르마) 등으로 해석되기도 한다.

힌두교요, 그리스도교는 세계를 위한 유대교다.[182]

종교 간에도 차이가 있다. 그리스도교는 선을 추구하기보다 악을 억제하는 데 초점을 둔다. 천국에 대한 소망과 지옥에 대한 두려움이 삶의 핵심 동기로, 한마디로 말하면 수동적인 복종의 교리다.[183] 이에 비해 불교는 덜 배타적이고 관용적이다. 연기, 공, 진여 등으로 표현되는 하나의 통일된 질서 속에 부처와 중생, 생물과 무생물을 모두 포섭한다. 불교는 사물의 존재를 상호 의존성이라는 수평적 관계에서 파악하는 데 비해 그리스도교는 절대적 존재를 인정하는 위계적 관계에서 파악한다.[184] 유대교·그리스도교·이슬람교 같은 서양 종교는 초월적 창조주와 그가 만든 피조물의 관계에 근거하는 이원론인 반면, 힌두교·불교·도가·유교 같은 동양 종교는 깨우침을 통해 궁극의 경지에 도달할 수 있다는 일원론에 가깝다.

본심을 숨겨둔 채 종교를 앞세워 전쟁을 불사하는 일은 예나 지금이나 다르지 않다. 종교 전쟁은 민족주의나 이데올로기와 함께 인류의 본질을 흩뜨려온 대표적인 사건이다. 인류는 그동안 종교나 이데올로기나 국가의 이름으로 얼마나 많은 전쟁을 감행했던가? 인류를 구원하겠다는 명분 아래 얼마나 많은 인류를 희생시켰던가? 특히 자신의 종교나 이데올로기만이 옳은 것으로 믿는 순간 재앙의 먹구름은 이웃의 하늘을 덮어버린다.

종교는 그것을 따르는 자들에게 자신들은 선택된 종족이고 그 밖의

"인류는 그동안 종교나 이데올로기나 국가의 이름으로 얼마나 많은 전쟁을 감행했던가?
인류를 구원하겠다는 명분 아래 얼마나 많은 인류를 희생시켰던가?"

집단은 모두 미개한 야만인이며 인간 이하의 족속이라고 가르친다. 십자군 원정, 이단 재판, 30년 전쟁, 북아일랜드와 보스니아 종파 분쟁을 보면 동일한 신앙을 가진 이웃만을 사랑하는 기독교의 경향은 여전하다.[185]

고대 이집트 예술에서 보이는 형식원리 가운데 가장 뚜렷하고 특징적인 것은 정면성(Frontalitat)의 원리다. 인체는 그것이 어떤 자세를 취하든 가슴만은 감상자 쪽을 향하도록 만들어져야 한다는 것이다. 감상자에게 일종의 존경을 표현하는 행위다.[186] 정면성의 원리로 인해 작품에 등장하는 인물의 몸은 뒤틀리며 균형을 잃는다. 피카소의 작품에 보이는 뒤틀림 또는 찢어짐이 기존의 관점을 뒤집는 창의적 재배치라면, 고대 이집트의 그것은 일방적 관점에 의한 억압적 왜곡이다.

루소는 종교를 인간의 종교와 시민의 종교로 나눈다. 인간의 종교는 신전도 제단도 의식도 없으며 지극히 높은 신에 대한 순전히 내적인 예배와 도덕의 영원한 의무에 한정된 것이며 정치나 국가와 아무런 상관이 없다. 반면 시민의 종교는 특정한 나라에 국한하는 것으로 교회 의식 법으로 규정된 외적인 예배에 치중하며 이것을 신봉하지 않는 모든 사람은 야만인이 된다. 시민의 종교는 오류와 허위에 기초하는 것으로 신의 참된 예배를 헛된 의식 속에 빠뜨리는 나쁜 종교이며, 배타적이며 압제적이고 관용을 모른다.[187]

시민의 종교가 '작은 종교'라면 인간의 종교는 '큰 종교'다. 작은 종교는 싸움을 부르지만 큰 종교는 싸움도 멈추게 해준다. 아인슈타인이 믿지 않는다고 말한 인격신[188]은 루소가 말한 시민의 종교와 비슷하다. 한편 니체는 종교를 가장 부도덕한 존재로 묘사한다. "교회, 그것은 일종의 국가지. 그것도 가장 거짓말 잘하는. 너 위선에 찬 개여, 조용히 해라! 그 누구보다도 네 자신이 너 같은 부류의 존재를 잘 알고 있지 않은가!"[189]

기이하게도 신의 힘은 고스란히 대리자의 권력이 된다. 신은 그 모습을 드러내는 일이 없는 데다가 신에 대한 해석이 대리자에게 달려있기 때문이다. 인류의 권력 욕망이 강할수록 신은 더욱 강력해진다. 결국 종교를 통해 가장 큰 이득을 보는 자는 대리인이다. 그들은 신의 존재에 대한 회의를 인정하지 않듯이 자신들의 권력에 대한 의문을 용서하지 않는다.

종교는 알약에게 자리를 내주게 될 지도 모른다. 스스로 빠진 함정에서 벗어나지 못한 채 처음의 큰 생각을 되찾지 못한다면 말이다. 『멋진 신세계』에서 총통은 '소마'라는 알약으로 세계국가의 구성원들에게 행복을 보장한다.[190] 고통, 불안, 죄책감 등은 소마의 복용으로 사라진다. 세계국가에서 신이 들어설 여지는 봉쇄된다. 그래서 야만인은 "하지만 저는 안락을 원치 않습니다. 저는 신을 원합니다. 시와 진정한 위험과 자유와 선을 원합니다. 저는 죄를 원합니다."라고 절규한다.[191]

천 년의 싸움

유일신 사상은 지극히 위험하다. 툭하면 시비를 걸고 싸움을 벌인다. 집안 싸움은 특히 극렬하다. 같은 뿌리를 가진 이슬람 문명과 기독교 문명의 끊임없는 헤게모니 싸움이 이를 보여준다. 두 진영은 1,200년 동안 싸우고 있다. 이는 지구 평화를 위협하는 가장 심각한 요인 중의 하나다.

기독교 문명과 이슬람 문명 간의 오랜 전쟁을 슈퍼밈의 충돌로 보는 시각이 있다. 서양의 극단의 경제학 슈퍼밈과 중동의 종교 슈퍼밈이 서로 부딪히기 때문이다. 서구 사회가 중동과 같은 종교중심적 사회에 신앙보다 비즈니스 가치를 우선시하라고 요구하는 것 자체가 맞지 않는다. 기독교 문명이 종교와 생활을 동일시하는 이슬람 문명을 이해 못하듯이 이슬람 문명은 종교보다 수익을 앞세우는 기독교 문명을 이해하지 못한다.[192]

이슬람을 놀라울 정도로 관용성을 지니지 못한 종교라고 묘사하는 것은 서양이 널리 받아들인 생각 중의 하나이다. 하지만 서양인들은 이슬람이 건전하고 튼튼하게 되는 것이 그들의 이익에도 부합된다는 것을 알아야 한다. 극단적인 이슬람 분파의 형성에 서양이 상당한 원인을 제공해왔다. 서구 사회는 모든 원리주의자의 밑바탕에 쌓여있는 공포와 절망을 달래야 한다.[193]

유대교와 이슬람 간의 분쟁도 비슷한 맥락에서 이해될 수 있다. 영국과 프랑스는 제1차 세계대전 중 오스만 터키를 무너뜨리고자 유대인과 아랍인에게 터키의 지배에서 벗어날 수 있도록 독립국가의 건설을 지원했다. 그들의 이중의 비밀약속이 오늘날 중동 분쟁의 불씨를 지핀 근원적인 배경이다. 1948년 미국의 후원을 받은 유대인이 팔레스타인 땅에 이스라엘의 독립을 선포함으로서 서구는 이슬람에게 지울 수 없는 트라우마를 입혔다. 유엔(UN)을 주축으로 한 국제사회의 일반적인 합의는 1967년 이스라엘이 점령한 영토를 아랍에 반환함과 동시에 그곳의 일부에 팔레스타인 독립 국가를 건설하는 것이다.[194]

"미국의 지도자들은 아랍인과 이슬람에 대한 지식이 너무 부족해 판에 박힌 극도의 부정적 이미지를 지니고 있으며, 아랍인들은 상호 공존하고 포용하는 도덕으로 투쟁해야 함에도 여전히 군사적 무기와 테러에 의존하고 있다."[195]

두 문명의 갈등은 꼬일 대로 꼬여있어서 이를 해결을 위해서는 두 진영의 통 큰 양보와 이해가 절실하다. 그러나 반드시 그것이 있어야 하는 것은 아니다. 어느 일방의 무조건적 양보나 호의로도 결정적인 진전을 이룰 수 있다. 이런 접근이 바로 빅 싱킹이다.

십자군 전쟁은 아직 끝나지 않았다. 실제로 9·11 이후 부시 대통령은 테러와 의 전쟁을 십자군 전쟁이라고 표현한 바 있다. 또 부시 정부의 국방부 관계자 는 "나의 하나님이 그의 신보다 위대하다"고 말했다. 십자군 전쟁을 이해하기 어려운 것은 본래의 의미를 잃고 변질되었다는 점보다 한 종교가 다른 종교를 척결하고자 한다는 점이다.

올더스 헉슬리의 말대로 종교적 제국주의는 세계 평화에 큰 위협이 된다. 2000년 이후 각국에서 일어난 치명적인 분쟁의 43%는 종교 때문에 촉발되거 나 격화되었다. 근동에서 유대교와 이슬람교가, 아제르바이잔의 이슬람교와 아르메니아의 기독교가, 러시아의 동방정교회와 체첸의 이슬람교가, 에티오피 아와 에리트레아의 이슬람교와 기독교가, 카슈미르의 힌두교와 이슬람교가, 구 유고슬라비아에서 동방정교회와 가톨릭이 전쟁을 거듭하고 있다.[196]

5. 국가와 정부의 역설

　오랜 논쟁에도 불구하고 국가에 대한 시각은 전반적으로 부정적이다. 국가에 대한 시각은 국가 출현 이전의 '자연 상태'를 어떻게 보느냐에 따라 갈라진다. 루소는 자족적이면서도 매우 평화로운 상태였다고 본 반면 홉스는 인류는 그들 모두를 위압하는 공통 권력이 없이는 '만인에 대한 만인의 투쟁' 상태로 돌입한다고[197] 한다. 레비 스트로스는 가난하지만 문자 없이도 구성원들 사이의 소통과 관계가 원활하고 족장의 자리는 구성원들의 동의에 의해서만 성립한다고 본 반면[198], 리들리는 원시사회는 결코 루소가 말한 에덴동산이 아니라 전쟁, 기근, 질병으로 시달린 고통스러운 상태라고 말한다. 남성 중 30% 정도는 전쟁으로 피살되었다는 것이다.[199]

국가는 더 큰 영토나 자원의 확보, 복잡성에의 대응, 경제적 필요성, 문화적 유대 등에 의해 형성된다. 단일한 요인이 아니라 여러 가지 요인들의 영향을 받는다. 우주 공간에 흩어졌던 가스와 잔해들이 중력의 작용으로 뭉쳐지면서 별이 된 것처럼, 국가도 점점 더 많은 사람, 물건, 기술 등이 한데 모이면서 만들어진다. "도시는 마치 별과 같이 주변 지역의 시공간을 뒤틀어 물건과 사람 그리고 기술을 끌어들인다."[200]

마키아벨리와 홉스는 강력한 군대를 가진 국가를 이상적으로 보았다. 모든 국가의 주된 토대는 좋은 법과 좋은 군대이며 특히 좋은 군대가 없이는 좋은 법을 가지기란 불가능하다.[201] "민중적이지 않은 통치는 모두 압정이라는 주장은 아리스토텔레스의 정치철학에 근거하는데 그것은 말과 약속이 아니라 병사와 무기가 법의 힘과 권력을 만든다는 사실을 모르고 하는 소리다."[202] 두 사람은 공교롭게도 비슷한 시대적 배경에 처해있었다. 홉스가 살던 시대의 영국은 왕이 처형당하고 시민전쟁이 벌어지는 등 무정부적 상황에 놓여있었는데 마키아벨리가 개탄해 마지않았던 이탈리아의 지리멸렬한 혼돈 상황과 비슷했다.

서양에 마키아벨리와 홉스가 있다면 동양에는 조조가 있다. 동양에서는 자연 상태가 평화의 상태이었는지 전쟁의 상태이었는지 하는 문제보다 정치인에게 덕이 중요한지 능력이 중요한지가 역대의 논쟁거리였다. 조조가 보기에 공자의 도덕 국가는 환상에 불과하다. 조조는 '덕'보다는 '유능함', '집안이나 품성'보다는 '능력'을 중시했다.[203] 조조와 마키아벨리는 시공을 초월해 비슷한 사상을 공유한다.

국가 또는 정부에 대한 부정적 시각은 특히 서구 사회에서 두드러진다. 서구 사회는 개인의 자유를 사회의 존립과 발전의 토대로 여긴다. 근대 이후 천부의 권리를 부여받은 개인이 공공의 복지와 질서를 위해 어쩔 수 없이 권리의 일부를 국가에게 양도한 것으로 인식한다.

국가가 등장하면서 평등이 막을 내린다. 인류는 국가의 지도 아래 처음으로 무릎을 꿇거나 머리를 땅에 박으며 굽실거리는 일을 배우기 시작했다. 국가의 탄생은 인류를 자유세계에서 노예세계로 추락시켰다.[204] 문자가 사악하다는 관점도 있다. 문자의 출현은 이집트에서 중국에 걸쳐 도시와 제국의 형성을 항상 수반했다. 이로 인해 상당수 개인들이 하나의 정치 체계 속에 통합되고 계급과 위계 가운데로 배분되었는데 이 현상은 인류를 계몽시키기보다는 인류에 대한 약탈을 조장한다.[205]

국가는 괴물이다. "국가란 온갖 냉혹한 괴물 가운데서 가장 냉혹한 괴물이다. 이 괴물은 냉혹하게 거짓말을 해댄다. 그리하여 그의 입에서 "나, 국가가 곧 민족"이라는 거짓말이 기어 나온다." "너(교회)와 마찬가지로 국가도 위선에 찬 개의 일종이다. 국가 또한 너희처럼 연기를 뿜고 울부짖어가며 말하기를 좋아한다." "국가는 어디까지나 이 지상에서 가장 중요한 짐승이 되고 싶은 것이다. 사람들이 국가를 그렇게 믿고 있는 것도 사실이고."[206]

빅 싱킹

"국가가 등장하면서 평등이 막을 내린다.
인류는 국가의 지도 아래 처음으로 무릎을 꿇거나
머리를 땅에 박으며 굽실거리는 일을 배우기 시작했다."

제국과 국가는 처음에는 좋은 존재였다가 나중에는 나쁜 존재로 변하는 경향이 있다. 정부들은 야심찬 엘리트들을 점점 더 많이 고용하고 이들은 점점 더 많은 규칙을 만들어 부과하며 점점 더 많은 몫을 차지한다. 13세기 명나라의 전체주의적 통치는 인위적 재난이었다. 명은 제조업과 무역의 많은 부분을 국유화하고, 소금, 철, 차, 알코올, 교육을 독점하며, 시민들의 일상에 개입하고, 관료들의 지위는 높고 급여는 낮아 부패를 초래하였다.[207] 시간이 흐름에 따라 정부는 시민과의 접점을 상실한 채 자신의 이익에 집착함으로써 비효율과 부패의 막다른 골목으로 들어선다.

정부의 부재가 정부의 존재보다 더 좋을 수 있다는 하나의 예가 있다. 세계 최악의 파탄국가인 소말리아는 기근, 부족 전쟁, 외세 침략, 테러리스트의 내란, 지역 분열로 무정부 상태에 가까웠다. 휴대폰 사용자 수 증가는 소말리아의 몇 안되는 성공사례 중 하나다. 정부가 없다는 것은 전기통신 분야가 규제받지 않는다는 의미이며 이는 곧 그 분야의 가격이 하락할 것이라는 점을 시사한다. 즉 세금이나 사업면허에 대한 대가를 요구하고 규제비용을 요구하는 정부가 없다보니 통신사는 흑자를 유지한 채 가입자 기반을 늘리기 위해 낮은 요금을 유지할 수 있게 되었다.[208]

국가는 '이기적 유전자' 같다. 수립 당시에는 착하던 국가가 시간이 흐를수록 자신의 본분을 망각한다. 국가 기구의 확대는 부패와 동의어다. 사람보다는 자신의 존속에 최우선을 두는 유전자처럼, 국가도 국민행복 보다는 자신의 존속과 확장에 최우선을 둔다. 사람들은 이기적 유전자에 대해서는 밈을 만들어 대항할 수 있지만 대규모 무력과 규제로 무장한 국가에 대해서는 마땅히 대항할 수단이 없다. 더군다나 국가의 독점적 지위 탓에 경쟁자를 찾을 수도 없다.

"과거 미국은 늘 모든 종류의 괴짜들과 별종들을 환영하고 경이로운 개방 정신을 유지하며 항상 자기개혁을 하던 나라였다. 하지만 9 · 11 이후 미국은 희망을 수출하던 나라에서 공포를 수출하는 나라로 변모하였다."[209]

국가는 핑계를 자주 댄다. 큰일이 벌어지면 이를 권한을 늘리고 기구를 확대하는 기회로 활용한다. 마치 권한이나 기구가 충분히 크지 못하여 실패한 것처럼 둘러댄다. 그러나 권한이나 기구의 확대는 머지않아 통제와 부패가 시작된다는 신호다. 시장실패와 비교해 정부실패는 그 양상은 덜 명확하지만 그 영향은 더 지속적이고 광범위하다.

국가는 커질수록 '작은 국가'가 되는 경향이 있다. 작을 때에는 중립을 지키거나 수비에 치중하다가 커지면 공격적으로 변한다. 강대국이 더 많이 갖고자 약소국을 압박하는 일은 늘 있는 일이다. 온실가스를 줄이자는 국제적 요구에 직면하여 각국은 어떻게든 목표치를 낮게 설정하려고 함으로써 스스로 '작은 나라'임을 고백한다. 노자는 소국과민(小國寡民)을 이상적인 사회로 보았다. '소국과민'은 문명의 발달은 미약해도 갑옷과 군대가 필요 없고 백성이 적은 나라를 말한다. 그가 강조한 것은 영토 확장에 야욕이 없으며 국민의 삶에 간섭하지 않는 소박한 국가다. 이런 나라야말로 진정으로 '큰 나라'라고 할 수 있다.

국가들은 자주 실패한다. 식민지에서 해방된 이후에도 과두제의 철칙에서 벗어나지 못하고 있는 아프리카 국가들은 그 대표적인 예다. 1688년 일찌감치 명예혁명을 통해 절대왕정에서 벗어난 영국은 관용적 정치·경제 제도를 도입함으로써 새롭게 등장한 신흥세력과 그에

> **과두제**
> 소수의 사람이나 집단이 사회의 정치적 경제적 권력을 독점하고 행사하는 정치 체제. 특정한 통치 형태라기보다는 권력을 차지하는 사람 혹은 집단의 수에서 비롯되었다. 독재정치, 군주정, 민주정치와 구분되어 쓰인다.

힘입은 혁신의 힘으로 산업혁명을 이룬다. 그러나 절대왕정에서 벗어나지 못한 프랑스(2,500만 명)는 영국(800만 명)보다 인구가 3배나 많았지만 혁신을 이루지 못하고 복잡성이 커지면서 대혁명의 격변으로 치닫는다.

그럼에도 사람들은 국가를 떠나 살기 어렵다. 거의 예외 없이 특정 국가의 국민으로 산다. 국가는 안전, 교육, 일자리 등을 제공하는 대가로 국민들에게 세금, 노동력, 질서 등을 강제한다. 하지만 국가가 추구하는 것은 국민이 원하는 것과 다르다. 국가는 더 많은 영토와 인구를 원한다. 더 많은 영토와 인구는 국가에게 자신의 몸집을 더 크게 키울 명분을 준다. 늘 자신의 몸집을 키우려고 안달인 국가에게 더없이 좋은 명분이다. 국가 기구의 확대는 기업의 경우처럼 당장의 손익으로 계산되지 않는다. 설혹 재정 적자가 발생하더라도 권력자는 자신의 임기를 벗어나는 일이라면 별 관심을 두지 않는다.

"국가들은 자주 실패한다."

정치 권력의 임기가 4년이나 5년으로 짧은 것이 문제가 아니라 정
치인의 생각이 짧은 것이 문제다. 정치인에게는 정당이 다른 전임자의
일도 옳다면 계승하는 큰마음이 필요하다. 그러나 실제로는 훌륭한 일
조차 전임자의 것이라는 이유만으로 버려지기 십상이다. 권력을 잡은
정치인은 '내 업적', '내 브랜드'를 만드는 데에 치중한다. 그를 통해 권
력의 연장 내지는 확대를 꾀한다. 많은 정치인들이 복수의 비슷한 사
업들이 존재하는데도 또 하나의 비슷한 사업을 내놓고는 대단한 업적
인양 자랑한다. 그 탓에 정책과 사업은 지속성을 잃고 토막토막 잘리
면서 복잡해져만 간다.

　　브라질의 남비콰라족은 만약 족장이 과대한 요구를 하거나, 자신에
게 배당되는 아내의 몫을 지나치게 많이 차지하거나, 또는 건기 중에
무리들에게 식량 획득의 문제를 충분히 해결하지 못하면 즉각적으로
불만을 표출한다. 한 사람 한 사람씩 또는 한 가족 전체가 그 집단을
이탈하여 평판이 더 좋은 무리들에 합류한다. 무리들은 형성과 해체를
끊임없이 반복하여 인원이 증대하거나 완전히 소멸되기도 한다.[210]

빅 싱킹

6. 자원고갈과 환경오염

    인류의 자원 사용은 선을 넘었다. 소박한 수준이었던, 그래서 자연이 감당할 수 있었던 소비는 지식과 기술이 발전하면서 적정한 정도를 훌쩍 넘어섰다. 자원의 사용은 엔트로피 법칙에 의해 불가피하게 환경을 오염시키지만 문제는 자원의 사용이 지나치게 광범위하고 가파르다는 점이다. 지금의 소파에 앉아 에어컨을 켠 채 TV를 보는 일은 불과 100~200년 전 나무의자에 앉아 촛불을 켜놓고 책을 읽는 일보다 수백 배의 에너지가 더 드는 고도의 자원소비 행위다.

    창세기 1장 28절에 의하면 하나님이 사람을 만든 후, "생육하고 번성하여 땅에 충만하리라. 땅을 정복하라. 바다의 고기와 공중의 새와 땅에 움직이는 모든 생물을 다스리라."라고 한다. 인류의 문명은 이 말대로 발전해왔다. 땅과 바다와 공중의 것들은 인류에 의해 정복되고 다스려졌다. 가축 문명이 맹위를 떨친다.

자원고갈과 환경오염의 원인을 문명의 성격에서 찾는 시각이 있다. 앞에서 살펴본 것처럼 가축 문명은 소와 말, 석탄과 석유 같은 것들을 자신의 에너지로 만들어버리는 문명으로 머무는 곳마다 최대한 수탈하는 습성을 보여준다. 가축민은 그들의 유목민적인 습성에서 식민지 경영을 추진했고, 그것이 15세기 세계 여러 곳으로 확산되면서 지구의 환경 문제도 시작되었다.[211] 가축 문명은 인류의 지배적 문명이 되면서 환경오염은 인류의 문제가 되었다. 현대인들은 더 이상 대자연을 어떤 의미로든 신성하게 여기지 않으며, 마치 오만한 정복자나 독재자가 된 듯이 대자연으로부터 완전히 자유롭게 느낀다.[212]

인류의 역사에서 획기적인 발전을 가져온 증기기관과 내연기관의 발명 이후 화석연료의 매장량은 인류의 중요한 관심거리가 되었다. 석유 생산량 예측과 관련하여 마리온 킹 허버트는 언제 석유가 고갈될지 언제 최고 생산량 시점에 도달할지 예측 가능하게 해주는 종 모양의 '허버트 곡선'을 만들었다. 그러나 허버트 모델은 물리적으로 추출 가능한 매장량만을 감안함으로써 생산과 소비에 영향 미치는 생활습관의 변화, 가격 변동, 기술의 진화 등을 예측할 수 없는 단점이 있다. 그의 제자인 콜린 캠벨은 채취 가능한 석유 자원의 추정치를 1989, 1990, 1995, 1996, 2002년에 걸쳐 계속 수정할 수밖에 없었다.[213]

빅 싱킹

석유의 종말은 매장량 부족에서 오지 않으며 석유보다 싼 대체에너지의 등장이나 석유로 인한 환경 문제에서 비롯될 것이라고 보는 시각도 있다. 그리고 석탄은 1천 년 이상 사용할 매장량이 있어 석유와는 다른 상황이라고 본다.[214]

화석연료가 곧 고갈될 것이라는 우려는 화석연료 자체만큼이나 오래되었으며, 석유, 석탄, 가스는 유한한 것이 사실이지만 이들을 모두 합치면 아마도 몇백 년을 갈 것이며, 그리고 사람들은 이런 자원이 고갈되기 훨씬 전에 대안을 찾아낼 것이라는 주장이 있다. 석유 부존량, 식량 생산능력, 생물권의 재생능력은 고정된 수치가 아니라 인류의 창의력과 자연의 제한 사이에 이뤄지는 상시적인 타협에 의해 형성되는 동적인 변수다.[215] 최근 대체에너지와 셰일가스의 개발의 사례를 보면 이 주장이 타당하게 보인다.

한편 물은 점점 더 중요한 자원으로 부상하고 있다. 지난 50년간 물 사용량은 3배 증가하였다. 깨끗한 물의 70%를 농업용수(주로 가축 사육)로 사용하는 탓으로 8억 명은 안전한 식수가 부족한 상태에 처해있다. 1996년, 세계은행은 20세기가 석유 전쟁이었다면, 21세기는 물 전쟁이 될 것으로 전망한 바 있다.[216] 10파운드 스테이크 생산에 사용되는 물은 한 가족이 일 년 동안 사용하는 물의 양과 비슷하며, 1,000파운드 황소에 들어가는 물의 양이면 구축함을 띄울 수 있다.[217]

개발의 확산과 소득의 향상으로 물 소비가 빠르게 증가함에 따라 중

"세계은행은 20세기가 석유 전쟁이었다면,
21세기는 물 전쟁이 될 것으로 전망한 바 있다."

국의 자연환경은 20년 후면 파탄에 직면하게 될지 모르며, 중국의 물 문제는 마침내 사회 문제를 넘어 처참한 내분과 무력 항쟁까지 일으킬 수 있다는 전망도 있다.[218]

자원의 문제는 45억 년 지구의 관점에서 생각해볼 필요가 있다. 우주의 재료로 만들어진 인류는 지구의 자원에 기생해왔다. 인류 초기의 자원 사용은 소박한 수준이었으나 지식과 기술이 늘어나면서 급격히 증가하였으며 이제는 남용의 수준을 넘어서 지구 자체를 재생 불가능한 지경으로 몰아넣고 있다. 설혹 새로운 기술의 개발로 몇백 년 또는 몇천 년 동안 사용할 자원을 추가적으로 확보하더라도 그것을 문제의 해결이라 할 수 없다. 몇백 년이나 몇천 년은 태양이 핵융합으로 버텨줄 약 50억 년 후는 물론 달이 조금씩 지구로부터 멀어지다 목성의 중력권으로 들어가 버림으로써 지구의 자전축이 크게 불안정해질 15억 년 후까지만을 감안하더라도 턱없이 짧은 시간이기 때문이다.

에너지를 삼림에 의존해오던 인류는 산업혁명으로 삼림 대신에 석탄과 석유로부터 에너지를 얻기 시작했다. 그렇다고 지구의 자원 문제가 근본적으로 호전된 것은 아니다. 땅 위에 있는 자원 대신에 땅 속에 묻혀있는 자원을 쓰고 있을 뿐이다. 삼림에 대한 훼손도 멈춘 것은 아니다. 주택이나 공장 또는 도로 등을 짓기 위해 삼림은 계속 훼손되고 있다. 확실한 사실은 지금 같은 추세가 이어진다면 어쨌든 고갈되는 날이 오고야 말 것이라는 것이다.

지구는 스스로를 정화시킬 수 있는 시스템을 갖추고 있을 정도로 오묘하지만 인류의 한계를 넘는 자원의 사용 앞에서 속수무책의 상태에 빠져버렸다. 미국해양대기청(NOAA)은 2015년 3월 전 지구의 이산화탄소 농도가 400.83ppm으로, 1958년 온실가스 관측 이래 처음으로 400ppm 이상을 기록했다고 발표했다. NOAA는 '매우 충격적이고 심각한 사안'이라고 하면서 산업화 이래 120ppm이 증가했는데 그 가운데 절반이 1980년대 이후 증가했다고 말했다. 인류는 최근 들어 지구 전체의 이산화탄소 농도, 평균 기온 등에 대해 해마다 그 기록을 갈아치우느라 바쁘다.

점점 심각해지는 환경 문제를 목전에 두고도 인류의 눈은 온통 더 많은 자원의 확보에 쏠려있다. 자원을 두고 벌이는 국가 간 갈등은 국제평화에 심각한 위협이 되고 있음은 물론 그 자체가 자원 낭비의 주된 요인이다. 국가 간의 영토 분쟁이나 국가 내 분리 독립 분쟁도 속내는 자원 확보를 둘러싼 갈등인 경우가 많다. 미국의 석유 중독증은 민주주의를 역행하는 데 사용되는 자금의 원천이 되고 있으며 전 지구적인 추악한 에너지 쟁탈전을 격화시키고 있다.[219]

환경오염은 주로 가난한 사람들에게 타격을 준다. 예를 들어 지구온난화로 가장 고통 받게 될 사람은 하루 2달러 이하로 끼니를 해결하며 시골 지역에서 주변의 토양이나 숲, 식물들에게 자신들의 생존을 고스란히 의지하고 있는 24억 명의 인구다. 그런데 환경오염으로 인한 기후변화는 가진 자 대 못 가진 자의 싸움이라기보다는 현재세대 대 미래세대의 싸움이다. 문제는 미래세대는 조직을 구성할 수 없다는 점이다. 민주주의는 짧고 인기 위주로 단순한데 기후는 길고 복잡하다. 민주주의가 기후의 복잡성을 이겨낼 수 있는가가 환경 문제의 핵심이다.[220]

　농업혁명이 널리 보급되기까지 5천 년이 걸렸고, 도시혁명이 5대 문명의 건설까지 1,500년이 걸렸는데 산업혁명은 고작 200년밖에 소요되지 않았다. 자연은 훨씬 긴 시간의 스케일로 순환하는 시스템으로, 100년, 200년 단위로 생각하지 않으면 재생이 불가하다.[221] 기후변화는 바로 빅 싱킹의 영역이다.

7. 다시 찾아온 대멸종

생명 탄생의 조건은 말할 수 없이 까다롭다. 아미노산을 특별한 순서로 연결해 만든 단백질이 있어야 하며 복제를 위해 유전정보를 담고 있는 화학물질인 DNA가 있어야 한다. 그리고 단백질과 DNA 등이 활동할 수 있는 공간으로서 세포가 필요하다. 여기에 최소 몇억 년에 걸친 진화의 과정이 필수적이다.

믿기지 않을 만큼 신비로운, 그래서 폐차장에서 점보기가 생길 확률과 같다는 비판을 듣는 생명의 탄생은 수십억 년이 흐른 후 인류의 출현으로 이어졌다. 하지만 역설적이게도 생명은 인류의 등장으로 위기를 맞고 있다. 최근으로 올수록 생물의 멸종 속도가 빨라져 현재는 평균보다 100배 정도 빠르게 진행되고 있다.

지구의 역사를 돌이켜보면 다섯 번의 대절멸 사건이 있었다. 가장 최근의 것은 바로 6,500만 년 전 공룡의 멸종이었다. 생물다양성을 연구하는 학자들에 따르면 우리는 지금 제6의 대절멸 사건을 겪고 있다. 그런데 지난 사건들이 대규모의 천재지변과 함께 일어난 것과는 달리 지금의 대절멸 사건은 조용히 일어나고 있다. 호모사피엔스라는 단 한 종의 영장류가 자신의 삶을 영위하는 과정에서 다른 종들을 멸종시키고 있다.[222]

그동안의 대절멸 사건은 생명의 역사에 큰 위기를 초래했지만 다른 한편으로는 새로운 생명의 본격적인 등장을 가져왔다. 운석의 지구 충돌로 공룡이 멸종하자 공룡에 밀려 기를 못 펴던 포유류가 전성기를 맞게 된 것이 그 예이다. 그러나 지금의 대절멸은 생명의 하나에 불과한 인류의 활동에 의해 벌어지고 있다는 점에서 종전의 것과는 전혀 다르다. 새로운 생명의 시대를 열기 보다는 인류의 과도한 증가와 다른 생명의 과대한 소멸로 이어지고 있다. 오직 하나의 종이 여타의 생명들을 필요 이상으로 소멸시키고 있다는 점에서 가히 충격적이다.

자연계에서 인류처럼 다양한 종류의 음식을 즐기는 존재도 흔하지 않다. 잡식성 동물이 없는 것은 아니지만 인류의 식성에 비할 바가 못된다. 늘 새로운 먹이를 찾는 인류의 습성 탓에 다른 생명들은 줄줄이 희생양이 된다. 반면 동물들은 인류보다 훨씬 보수적이다. 조상 대대

로 먹던 것을 먹고 산다.[223]

멸종에까지는 이르지 않았지만 인류의 욕망에 의해 생물 본래의 모습이나 성질이 왜곡되거나 상실되는 경우도 적지 않다. 19세기 증기선의 등장은 고래들에게 가장 견디기 어려운 소음의 원천이 되었다. 200년 전 1만 킬로미터였던 긴수염고래의 최대 교신거리는 수백 킬로미터로 줄었다. 인류의 네트워크가 확충되어가는 동안 이미 수천만 년 전에 형성된 고래들의 지구적 관계망은 형편없이 망가졌다.[224]

수많은 야생의 동물들과 식물들은 사람들이 찾아오기 쉬운 장소에 옮겨져서는 그들 고유의 야성을 박탈당한 채 오직 사람들의 눈이나 귀를 만족시키기 위한 유희의 대상이 되도록 강요받고 있다.

육식은 수렵·채취 시대때부터 힘 또는 호의의 상징이었다. 지금도 육식은 부와 신분의 상징으로 사람들은 소득이 늘어날수록 육식을 선호한다. 사람들의 끈질긴 수요를 충족시키기 위해 일부 동물들은 공장식으로 비육(肥育)된다. 생명이라기보다는 공산품에 가깝다. 공장식으로 길러지는 동물들은 조금의 자유도 누리지 못한다. 이들의 자유는 생산성의 적이다. 그러다 전염병이라도 돌면 사람들은 수백만 마리를 아무 일도 아니라는 듯 산 채로 묻어버린다. 인류 잔혹사 중 하나다.

'유니언 스톡 야즈'는 19세기 중반 시카고에 건설된 78만 평의 대규모 도축장이다. 여기에는 녹커(knoker, 망치나 기절총으로 소나 돼지를 기절시

"수많은 야생의 동물들과 식물들은
사람들이 찾아오기 쉬운 장소에 옮겨져서는
그들 고유의 야성을 박탈당한 채
오직 사람들의 눈이나 귀를 만족시키기 위한
유희의 대상이 되도록 강요받고 있다."

키는 사람), 헤드맨(headsman, 목 베는 사람), 스플리터(splitter, 고기를 쪼개는 사람), 스키너(skinner, 가죽을 벗기는 사람), 보너(bonner, 뼈 바르는 사람), 트리머(trimmer, 다듬는 사람) 등 고도로 분업화된 일자리를 가진 노동자가 3만 명에 달한다.

노동자들은 소나 돼지를 단 한 차례의 가격으로 신속하게 제압한 후 곧 바로 다리에 족쇄를 채우고 지렛대를 당겨 공중으로 들어 올린다. 그리고 다음 공정을 순서대로 진행한다. 껍질을 벗겨내고 머리를 잘라내며 몸통을 토막 내고 가슴뼈를 톱질하며 내장을 발라낸다. 고기들은 냉동실로 옮겨져 절여지고 훈제되고 소금이 뿌려진다. 소나 돼지의 고통에 찬 울부짖음이 장내를 압도하며 바닥에는 핏물이 흥건하다.[225] 단테의 지옥이 따로 없다.

특정한 동물에 대해 선호를 보이는 사람들도 있다. 이들은 살아있는 곰의 몸에 큰 바늘을 꽂아 쓸개즙을 채취한다. 그 대부분이 멸종위기종이자 천연기념물인 반달가슴곰이다. 또 어떤 이들은 샥스핀을 먹기 위해 상어를 잡아 그 지느러미를 자른다. 지느러미가 없는 상어는 바다 밑으로 가라앉아 곧 죽고 만다. 상어 또한 대부분이 멸종위기종이다. 이들은 웅담이나 샥스핀이 특별하다는 근거 없는 믿음으로 잔인한 짓을 서슴지 않는다.

히말라야의 야크(Yak)는 16,000피트 이상의 빙하 고원 부근에서 산다. 수직 경사나 울퉁불퉁한 바위에서도 유연하게 균형을 잡는다. 야크는 인간에게 고기와 노동력은 물론 연료를 만드는 배설물과 담요를 만드는 털까지 준다. 그리고 하루 3리터의 젖을 제공한다. 야크는 이 처럼 지역 생태계에 잘 적응한 동물이다. 반면 야크와 그 교배종인 저지 젖소(Jersey Cow)는 오로지 하루 30리터의 젖을 생산한다는 이유만으로 가축으로 길러지는 경우가 지배적이다. 저지 젖소는 야크보다 낮은 10,000~12,000피트의 고도에서 살지만 급한 경사에서 균형을 잡을 줄 몰라 이들을 위해 별도의 우리와 사료가 필요하다.[226]

생명은 자연에서 인류의 간섭받지 않고 자라야 제 생명력을 발휘할 수 있다. 자연재배는 비료를 안 주고 작물이 제 힘으로 크게 하는 것으로, 비료를 안주면 작물은 필사적으로 흙으로 뿌리를 내리며 숨은 생명력을 최대한 발휘한다. 유기재배는 유산발효가 일어나면서 쌀이 악취를 풍기고 부패하기도 하지만, 자연재배는 부패하지도 않고 악취도 없다. 이처럼 자기 안의 생명력 가진 작물은 균에 의해 생명력을 유지하며 발효하지만, 비료로 억지로 살이 오른 생명력이 부족한 것들은 부패하고 만다.[227] 정부나 관료의 간섭이 사적 부문의 활력을 가로막듯 인류의 간섭은 자연의 생명력을 훼손시킨다.

사당의 상수리나무는 자신을 하찮게 여긴 목수 석의 꿈에 나타나 자신은 재목이 못 돼 아무짝에도 쓸모없어서 오래 살았다고 말한다. "나는 오래전부터 내가 쓸모없기를 바랐네. 몇 번이나 죽을 고비를 넘기고 이제야 완전히 그리 되었으니, 그것이 나의 큰 쓸모일세."[228]

이 말은 두 가지 의미를 보여준다. 상수리나무는 남의 눈에 띄지 않고 평범하게 살고자 했으며 욕심 많은 사람들의 포악함에서 벗어나고자 했다. 먼저 것이 삶의 철학이라면 뒤의 것은 생존 전략에 가깝다. 사람들에게 쓸모가 없어질수록 안전해진다는 사실을 터득한 상수리나무는 자신을 지키기 위해 하찮은 나무가 되고자 애를 쓰며 결국 성공에 이른다. 그러나 몇 번이나 죽을 고비를 넘겨야 했던 상수리나무의 처지는 딱하기 짝이 없다. 그렇게 만든 것은 사람이다.

자연선택은 우리를 우리 자신의 생리작용이 지속되는 시간까지만 생각하게끔 만들어 놓았다. 나중에 파괴행위를 중단하더라도 자연환경과 그 다양성은 본래대로 복원되지 않으므로 종 전체가 멸종되도록 두는 일은 최악의 도박이다. 현재 진행 중이며 수백만 년이 걸려야 고칠 수 있는, 후손들의 비난을 면하기 어려운 최악의 사태는 자연 서식지 파괴로 인해 유전적 다양성과 종의 다양성이 손실되는 것이다.[229] 그 뒤에는 난쟁이 인류가 있다.

천 번을 물어도 '그렇지 않다'

우리에게 나무를 베고 하천을 가로지를 권리가 있을까? 집이나 도로를 짓기 위해 자연 속에 충만한 생명들을 내쫓을 권리가 우리에게 있을까? 나무도 동물도 말이 없다. (어쩌면 우리가 그들의 말을 알아듣지 못하는 것일 수도 있다.) 그들은 우리처럼 35억 년 전 시작된 생명의 일부이다. 또 그들을 받치고 있는 존재들도 마찬가지다. 생명의 세계는 약육강식의 세계이니 강한 우리가 그들을 죽이고 이용하는 것은 당연한 일일까? 동물의 세계에는 생존을 위해 강한 자가 약한 자를 먹지만 필요 이상으로 해치지 않는다. 거칠고 잔인하게 보이는 생명의 세계가 절묘한 균형을 유지하는 이유다.

그러나 우리는 다르다. 우리는 단순히 생존만을 위해 다른 생명을 해치지 않는다. 축적과 잉여를 탐한다. 인류가 출현한 이래 적정의 원칙은 사라졌다. 수탈은 늘 과도하다. 그 탓에 아예 사라진 생명도 많다. 우리에게 그런 권리가 있을까? 이미 자신의 배를 채운 자가 곳간마저 채우자고 같은 뿌리의 생명과 존재를 훼손하는 일이 정당한가.

지구상 생명들은 지구 안에 갇힌 존재가 아니다. 어느 날 하늘에서 뚝 떨어지지 않았다. 우주의 탄생 과정 속에서 수많은 것들과의 주고받음 속에 생겨났다. 쉽게 말해 우주적 존재다. 그래서 그들을 해치는 일은 우주의 일부를 해치는 일이 된다. 정말 인류에게 그런 권리가 있을까? 더군다나 그들은 우리에게 무조건적인 호의를 베푼 자들이다. 먼저 온 그들은 나중에 온 우리를 위해 거의 모든 것을 내놓았다. 산소, 나무, 석유, 물, 땅 등 목록은 끝이 없다. 그것들이 없으면 우리는 한 순간도 존재할 수 없다. 진정 우리에게 그들을 해칠 권리가 있을까.

천 번을 물어도 '그렇다'는 답이 나오지 않는다.

8. 자본주의가 부른 문제

밑의 것이 위의 것을 결정한다는 이론은 그럴 듯해 보였다. 우리는 고상한 정신세계가 경제적 궁핍에 속절없이 무너지는 것을 심심찮게 본다. 마르크스에 따르면 한 사회의 물질적 토대(하부구조)가 그 사회의 사상과 문화(상부구조)를 결정한다. 모든 사회는 생산력과 생산관계 간의 모순으로 계급 사이의 갈등이 불가피하다. 자본주의 사회도 부르주아와 프롤레타리아 간의 갈등을 피할 수 없으며 결국 노동자 계급의 승리로 자본주의는 붕괴하고 만다. 그러나 그의 주장은 실현되지 못했다. 오히려 역사는 공산주의가 실패한 모델임을 보여주고 있다.

이와는 달리 프랜시스 후쿠야마는 자유민주주의를 근간으로 하는 서구 사회가 제도적, 문화적 발전의 잠재력을 최대한 발휘하면 역사는 종말을 맞을 것이라고 한다.[230] 두 주장은 대조적이지만 시각이 좁다는 점에서 공통적이다. 하부구조가 일방적으로 상부구조를 결정하기보다는 하부구조와 상부구조가 서로 영향을 주면서 사회가 변동하는 것으로 보는 시각이 현실적이다. 더불어 공산주의가 이상 사회가 아니라는 사실이 곧 서구의 자유민주주의가 이상 사회인 것을 의미하는 것도 아니다.

역사는 한 번도 쉰 적이 없다. 활화산처럼 에너지를 분출했으며 토네이도처럼 모든 것을 삼켜버렸고 허허벌판의 풀처럼 종잡을 수 없이 흔들렸다. 겉으로 보기에 조용한 때도 실은 엄청난 변화의 기운을 속으로 쌓아갔다. 자유민주주의에 기초하는 서구의 문명이 아무리 발전해도 거기에서 역사가 끝나지 않을 것이다. 기술 발전, 시장 활력, 문화 변동, 인류 갈등 그 어느 것 하나 수시로 변하지 않는 것이 없는 데다가 무엇보다 인류의 자기중심주의가 역사를 어디론가 밀어붙이고 있기 때문이다.

문명의 붕괴를 촉진하는 슈퍼밈의 하나로 '극단의 경제학'이 거론된다. "극단의 경제학은 전례가 없는 효율성, 제도화된 기업 활동, 그리고 자원과 사람, 시장을 효과적으로 다루어 수익성을 높이기 위한 정교한 방법론을 탄생시켰다." 혼전계약서는 흔한데 혼전양육계약서는 드문 이유, 월마트와 H&M이 팔리지 않은 새로운 상품을 버리는 이유, 대학이 순수한 연구를 소홀히 한 채 기업의 응용연구 기관으로 전

"역사는 한 번도 쉰 적이 없다.

활화산처럼 에너지를 분출했으며
토네이도처럼 모든 것을 삼켜버렸고
허허벌판의 풀처럼 종잡을 수 없이 흔들렸다."

빅 싱킹

락하게 된 이유로 극단의 경제학을 든다. 침팬지조차 토큰 앞에서 형편없이 타락한다. 침팬지들이 속임수, 매춘, 강도 등을 저질러 토큰 실험을 중단해야만 했다.[231]

이제 수익성은 사회의 모든 분야에서 타당성을 판단하는 절대적인 기준이 되었다. 정치도, 대학도, 언론도, 종교도 수익성이라는 우두머리의 부하가 되었다. 누구든 그 밑에 들어가지 않으면 사회로부터 퇴출되어 사라지거나 풍찬노숙(風餐露宿, 객지에서 많은 고생을 하다)의 신세가 된다.

르네상스 이래 점차 모습을 드러낸 근대 자본주의는 어떤 전통으로부터도 영향받지 않은 채 스스로 명확하고 확고한 경향을 띤다. 기업은 자율적 유기체가 되어 자신과 접촉하는 모든 사람을 노예로 삼는 폭군이 된다. 사람이 만든 근대 자본주의라는 체제가 오히려 그것을 지탱하는 사람들로부터 독립해 하나의 메커니즘으로 자리 잡는다.[232]

존 러스킨에 따르면 '가장 값싸게 사고 가장 비싸게 팔라'는 상업훈(商業訓)만큼 인류 지성에 수치스러운 사상은 없다. 경제학은 인류가 뼈만으로 되어있다고 가정하고 인류의 영혼을 부정한 뒤 그 토대 위에 진보의 골격이론을 세운 것이다. '부'라는 명목 아래 사람들이 실제로 욕심내는 것은 본질적으로 타인에 대한 지배력이며 부자가 되는 것은 자신만을 유리하게 하기 위해 최대한의 불평등을 조장하는 기술에 불과하다.[233]

자본주의가 위력을 발휘하면서 종교의 자리까지 넘본다. 우리의 현실적 '걱정'은 대부분 자본주의의 법칙에서 비롯하는데 '걱정'의 원천인 자본주의는 동시에 우리에게 자본주의적 '구원'을 약속한다. 그리하여 자본주의는 지구상의 모든 종교를 집어삼킨 유일한 종교로 등극한다.[234] 부자가 되고 싶은 사람들은 사찰이나 교회 대신에 증권사 객장이나 복권판매소 또는 은행 대출창구를 찾는다.

돈의 위력은 이념의 벽도 가뿐히 뛰어넘는다. 공산주의 국가에서도 사람들은 이념보다는 돈을 좋아한다. 사람들이 지속적으로 좋은 일을 하지 못하는 이유는 '때려 죽여도 돈을 향해 달려간다.'는 점에 있다.[235] 돈만을 향해 달려가는 사람이 좋은 일을 하기는 어렵다. 오직 앞만 바라본 채 달려갈 것이기 때문에 하늘과 별을, 옆에 있는 존재들을, 나중에 온 자들을 볼 일이 없다.

이에 반해 자본주의가 그 근간으로 삼는 교환이야말로 인류의 본성으로 성장을 가져오는 열쇠라는 주장이 있다. 교환은 전문화를, 전문화는 기술 혁신을, 기술 혁신은 더 많은 전문화를 초래했으며, 이것이 또다시 더 많은 교환으로 이어져 진보가 이뤄진다.[236] 교환에 의한 선순환이 이뤄지면 시장은 자동적으로 성공할 수밖에 없다고 본다.

그러나 최근 들어 시장은 난폭해지고 있다. 최고 실력자들의 보수가 폭발적으로 증가하면서 승자와 패자 사이의 간극은 점점 커지고 있다. 패자에게 승자는 '가까이 하기엔 너무 먼 당신'이 되었다. 오랫동안 연

빅 싱킹

예계, 스포츠계, 예술계 등에서 흔했던, 승자가 모든 것을 가지는 보상구조가 다른 분야로 확대되고 있다. 그런데 승자독식시장은 빈부의 격차를 확대하고, 미래를 소홀히 하며, 낭비적 투자와 소비에 몰두하게 만든다. 뿐만 아니라 '뒤늦게 경주에 나선 사람들'[237]이 기회를 얻지 못하게 만든다. 또한 승자독식시장의 확대로 성장은 지체되고 낙수효과이론은 더 이상 작동되지 않는다.[238]

기원 전 600년 경 그리스의 일곱 명의 현인 중 한 명으로 꼽히던 솔론은 "가끔은 악한 자들이 부자로 살고, 선한 자들은 가난하다. 그러나 나는 나의 탁월함을 그들의 부와 바꾸지 않으리라. 탁월함은 지속되지만 돈은 날마다 주인을 바꾸기 때문이라네."라고 읊었다.[239] 그러나 돈은 점점 주인을 잘 안 바꾼다.

> **낙수효과이론**
> 고소득층의 소득 증가가 소비 및 투자 확대로 이어져 저소득층의 소득이 증가해 결국 국가의 경제 발전을 불러온다는 경제이론. 미국은 한때 이 이론을 기반으로 한 정책을 펼쳤으나 큰 파급효과를 보지 못해 폐지했다. 오늘날에도 산업, 증권 등에서 나타나는 현상이다.

우리가 하루 한 순간도 기대지 않을 수 없는 시장은 복잡하기 짝이 없다. 시장은 사람들을 매료시키면서도 때로는 좌절시킨다. 엄청난 혁신을 낳지만 그만큼의 차이도 가져온다. 사람들은 '보이지 않는 손'이 보이지 않는다는 불평을 늘어놓기 시작했다.

"빅 싱킹은 잠에서 깨는 일과 같다.
달콤하기만한 한여름 밤의 꿈에서 깨어나
달콤 쌉싸래한 현실과 맞닥뜨리는 일이다."

CHAPTER Ⅳ

진정으로 큰 인류

1. 사유의 대전환

　중국 정치가 린뱌오는 항상 환자였다. 그의 병은 긴장, 설사, 식은땀이었다. 그는 빛을 싫어하는 정도가 아니라 무서워했다. 빛을 차단시킨 컴컴한 방에 혼자 있기를 좋아했다. 물과 햇빛과 바람을 무서워했기 때문에 운동, 등산, 사냥, 낚시를 할 줄 몰랐다. 그런데도 그는 '전쟁의 천재', '장군 15명이 합쳐진 사람'이라 불리었으며 마오쩌둥에 이어 권력 서열 2인자로 등극하였다. 환자로 위장해 자신을 보호하고 상황을 저울질해보는 것은 중국의 전통적인 정치 행위 중 하나다.[240]

　그러나 지금의 인류는 린뱌오처럼 살 수 없다. 숨어들 컴컴한 방도 없으며 혼자 있기도 어렵다. 오히려 컴컴한 방에서 나와 물과 햇빛과 바람 같은 밖에 있는 것들의 이야기를 들을 때다. 린뱌오처럼 햇빛을 막을 것이 아니라 디오게네스처럼 햇빛을 막는 자를 막아야 할 것이다. 그토록 자신을 지키려고 했던 린뱌오는 원인도 모른 채 사라졌다.

우주적 존재이면서도 눈앞의 것들에만 관심을 두고, 불완전하기 짝이 없는 존재이면서도 완전한 양 착각하고, 영원을 생각할 줄 알면서도 현재에 집착하고, 하나의 생명에 불과하지만 유일한 생명인 양 행동하는 그런 존재가 인류다. 큰 생각은 잠에서 깨는 일과 같다. 달콤하기만 한 한 여름밤의 꿈에서 깨어나 달콤 씁싸래한 현실과 맞닥뜨리는 일이다. 캄캄한 방에서 햇빛이 훤히 비치는 마당으로 나오는 것이다. 인류는 태어날 때부터 죽을 때까지 우주의 존재들과 주고받는다. 인류가 자신의 것이라고 철석같이 믿는 것들이 사실은 자신의 것이 아니다. 이점을 이해할 수 있다면 빅 싱킹은 이미 시작된 셈이다.

(1) 이성을 넘어서

무릇 이성은 소피스트에서 싹튼다. 기원전 5세기 후반 소피스트 철학은 그리스인의 세계관을 근본부터 변혁시키는 정신혁명을 불러일으킨다. 자기인식, 자제력, 비판력을 근간으로 하는 서양적 문화 이념은 여기에서 비롯한다. 그들은 과학·법·도덕·신화·신 등의 모든 가치나 질서는 역사의 산물이면서 인류 노력의 산물이라는 것을 꿰뚫어 본 최초의 인류다.[241]
이성을 기초로 하는 서양의 사상은 플라톤과 아리스토텔레스에서 꽃을 피운다. 초월적인 이데아를 주창한 플라톤은 관념론을, 실재하는 개체를 중시한 아리스토텔레스는 경험론을 뿌리내린다. 라파엘로는 두 사람을 절묘하게 표현한다. 〈아테네 학당〉에서 플라톤은 하늘을 아리스토텔레스는 땅을 가리키고 있다. 플라톤은 순수한 사유의 세계를 지지하기 위해 감각세계를 거부하고, 아리스토텔레스는 목적이 과학에 필요한 기본개념이라고 믿어 의심치 않는다.[242]

기원 후 1세기경 철학자이며 성직자였던 플루타르코스는 그의 영웅전에서 "또 다른 이들은 귀한 자식이 죽어도 심하게 괴로워하거나 부끄러운 모습을 보이지 않고 이성의 지시에 따라 여생을 보낸다. 운명의 타격에 대처하도록 이성에 의해 훈련받지 못한 사람들은 끝없는 고통과 두려움에 내맡겨지기 마련인데, 그것은 애정 때문이 아니라 허약함 때문이다."라고 말했다. 또한 "자신의 이성을 사용하려는 자는 누구나 그때그때 마음 내키는 대로 방향을 정할 수 있고, 일단 결정하면 힘들이지 않고 방향을 바꿀 수도 있다."고 하면서 이성에 대해 전적인 신뢰를 보낸다.[243]

중세로 접어들면서[244] 이성은 신의 그림자에 파묻히고 만다. 신은 따지는 것을 싫어한다. 그러나 저력의 이성은 몇백 년 동안의 속박을 견뎌내고 부활한다. 근대가 시작된 것이다. 데카르트는 10년 넘게 책장을 덮고 모든 것을 의심한 끝에[245] 자신이 의심한다는 사실은 의심할 수 없다며 확실한 것은 의식만이라고 결론 내린다. 칸트는 일체의 경험과 인식에 앞서서 그것을 가능하게 만드는 선험적이며 제약이 없는

빅 싱킹

이성을 주장한다. 데카르트가 무대를 만들었다면 칸트는 거기에 이성을 올렸다.

또 다른 인식 체계는 영국에서 발달했다. 홉스에 의하면 모든 사고의 뿌리는 감각에 있으며 상상도, 꿈도, 기억도, 환각도 '쇠퇴하는 감각'에 불과하다.[246] 로크는 오직 관찰과 경험만이 지식으로 인도하는 길이라고 주장한다. 유럽 대륙에서는 플라톤을, 앵글로색슨계 국가들에서는 아리스토텔레스를 선호한다.[247] 이처럼 인식은 두 길로 나뉘는데 하나는 머리 위에서, 다른 하나는 발밑에서 온다. 직관과 경험이 각각 인식의 길잡이 역할을 한다.

이성은 데카르트나 칸트 이전에도 강했다. 로마 제국 16대 황제 마르쿠스에 따르면 이성은 정의, 진리, 절제, 용기보다 더 훌륭하다. 이성은 인류에 공통되는 것으로 이 세계는 하나의 국가이며, 모든 인류는 정치적 공동체다. 생명체는 생명이 없는 것보다 우월하며 이성을 가진 인류야말로 모든 생명체 중에서 가장 강하다. 다만 이성이 없는 동물이나 다른 사물에 대해서는 아량과 너그러운 태도가 필요하다고 보았다.[248]

이성은 문명보다 강했다. 문명은 쉽게 잔혹해지거나 허망한 결말에 도달하기도 했지만 이성은 그 와중에서도 냉정을 잃지 않았다. 몇백 년 동안의 속박도 거뜬히 견뎌냈다. 인류를 괴롭혀온 무지와 질병을 하나씩 극복하고 수많은 발명으로 인류의 삶을 윤택하게 만들었다. 위

"서구 사회의 이성은 최고의 슈퍼맘으로
신마저 끌어내리고 등극한 챔피언이다.
마침내 이성은 모든 이점과 혜택을 독점하는
승자독식의 지위에 올랐다."

빅 싱킹

기가 닥치면 논리 정연한 어조로 위기에 맞섰다. 근거 없는 믿음의 정체를 폭로했으며 감정과 부조리를 맹폭했다. 이처럼 서구 사회의 이성은 최고의 슈퍼밈으로 신마저 끌어내리고 등극한 챔피언이다. 마침내 이성은 모든 이점과 혜택을 독점하는 승자독식의 지위에 올랐다.

모든 것들은 이성의 눈치를 봐야했으며 이성 앞에서 주눅 들지 않을 수 없었다. 역사학자 아르놀트 하우저의 지적대로 인간에 의해 만들어진 자본주의가 별도의 유기체로 독립해 인간을 노예로 만든 것처럼, 이성도 사람으로부터 독립해 절대적 지위를 차지했다. 이성만이 타당하며 이성이 없으면 무시해도 된다는 오만은 하늘을 찔렀다. 이성은 어쩌면 자본주의보다 더 강력할지도 모른다. 자본주의는 변형되어도 이성은 그대로 남을 것이다.

그러나 인류는 우주와의 관계를 생각할 때 결코 이성적이지 않다. 전적으로 우주의 호의로 존재하게 된 인류가 우주에는 관심이 없고 눈앞의 것에만 집착해 우주의 일부인 지구를 망가뜨리는 일에 어떤 논리나 타당성도 없다. 이처럼 자기중심적인 인류 탓에 본래 한계를 지닌 이성은 더욱 왜곡되고 협소해지고 말았다.

이성만으로는 오늘의 문제를 풀 수 없다. 이성에만 의존하지 말고 통치기, 아량, 숙맥, 우신, 막연한 호의, 손해 보는 장사[249] 등 인류가 평소 잊고 사는 것들에 주목해야 한다. 이들은 주고받는 것의 가치가 동일하지 않아도 교환을 가능하게 만든다. 또한 반드시 주고받기를 전제로 하지 않는다. 당장 줄 것이 아무 것도 없는 사람도 같이 할 수 있다. 쌀 열 가마니를 빌려준 사람이 보리 한 가마니로 퉁친다. 과거에 이웃 국가로부터 침탈을 당한 국가가 일방적으로 이를 용서해준다. 상대의 실수를 무조건 아량으로 감싼다. 상대가 터무니없이 많이 차지해도 숙맥처럼 또는 우신처럼 웃고 넘긴다. 음식점 주인이 밥값에 턱없이 부족한 돈을 가져온 어린 아이에게 '에라, 맘껏 먹어라!' 하며 푸짐한 밥상을 차려준다. 분석적인 이성에 매달릴 경우 이러한 교환이나 호의는 불가능하다. 결과적으로 부채, 원망, 편견, 멸시 등은 조금도 줄어들지 않은 채 국경에 매설된 지뢰처럼 어느 쪽이든 오고가는 것을 막아서며 누구든 건드리면 날려버린다.

여성 할례는 이집트 사회의 굳건한 통념이다. 몇천 년을 이어온 전통으로 해마다 아프리카 수십 개국에서 수백만 명이 수술을 받는다. 사회는 여자아이의 처녀성을 지키고 여성의 성 생활을 바로잡을 수 있다는 점을 옹호한다. 남자들은 할례받지 않은 여자와 결혼하지 않는다. 대표적인 슈퍼밈의 하나다. 12살에 할례를 받은 어느 여성은 자신의 인생에서 가장 수치스럽고 비참했던 날이라고 절규한다. 무슬림의 축제인 이드절(Eid time)에 이모가 조산사와 여자 친척 몇 사람이 있는 방으로 문중의 여자아이들을 몰아넣어 할례를 강요하여 그 일을 겪고 열흘 동안 피를 흘리고 나서야 병원으로 옮겨졌다고 말한다.[250]

여기에서 할례의 문제점을 정신, 위생, 건강 등의 측면으로 나눠 세밀하게 분석하고 제시하며 동시에 전근대적인 믿음을 떨쳐버리는 일은 이성의 몫이다. 하지만 할례라는 잘못된 풍습을 고치기 위해서는 그것만으로는 부족하다. 할례를 당한 여성은 물론 잘못된 관습과 믿음의 희생자인 기성세대까지 받아주고 용서하는 일은 아량이나 관용의 몫이다. 할례를 시술한 사람들을 눈감아 주는 숙맥이나 우신의 정신도 아울러 필요하다. 또한 할례를 줄이기 위해서는 외부전 문가들의 호의도 유효하다. 이성만으로는 치유가 가당치도 않다. 아량, 관용, 숙맥, 우신, 호의 등과 함께 한 팀을 이뤄야 한다.

(2) 변화에 대한 수용

사랑이 움직이듯 과학도 움직인다. 과학에게 당연한 것은 없다. 우주를 어떤 것에 비교할 때는 신중에 또 신중을 기하는 가운데 무엇이든 받아들일 수 있는 열린 사고와 마음을 갖는 게 중요하다.

어제까지 철석같이 믿어진 원리가 오늘 밝혀진 새로운 사실에 의해 오류로 드러나기 일쑤이다. 일단 검증을 받은 주장도 그 당시의 사고가 허용하는 수준 안에서 검증을 받은 데 지나지 않으므로 절대 진리라고 확신할 일은 아니다. 더군다나 그러한 주장이나 원리를 강요하는 일은 더 큰 잘못이다. 소크라테스의 죽음은 당시 사람들의 판단이 얼마나 잘못되었는지 보여주는 예이다.[251]

인류의 우주관은 계속 변화해왔다. 지금으로부터 1,900년 전 이집트 출신의 프톨레마이오스는 지구가 우주의 중심이라고 주장했다. 그

"어제까지 철석같이 믿어진 원리가
오늘 밝혀진 새로운 사실에 의해 오류로 드러나기 일쑤이다.
소크라테스의 죽음은 당시 사람들의 판단이
얼마나 잘못되었는지 보여주는 예이다."

빅 싱킹

러나 이것은 16세기 폴란드 출신의 코페르니쿠스가 지구가 태양 주위를 돈다고 외치면서 폐기되었다. 우주의 중심으로 여겨졌던 태양도 갈릴레이가 망원경을 통해 흑점을 발견하면서 완벽하지 않다는 것이 밝혀졌다. 또한 행성의 궤도는 원이라는 주장은 행성이 타원 궤도로 공전한다는 케플러의 발견에 의해 수정되었다.

17세기 말 뉴턴은 천체는 중력이라는 힘에 의해 결합한다고 주장함으로써 최초의 근대적 우주 모델을 제시했다. 하지만 시간과 공간은 절대적이라는 주장은 아인슈타인의 상대성이론에 의해 수정되었다. 마찬가지로 시간과 공간은 따로 존재한다는 주장도 '시간은 공간의 일부'라는 이론에 의해 보완되었다. 우주는 정적이라는 주장은 벨기에 출신의 조르주 르메트르가 우주는 점점 더 빨리 팽창하고 있음을 주장함에 이어 미국의 에드윈 허블이 망원경으로 우주가 계속 확장되고 있음을 밝힘으로써 생명을 다했다.[252] 원자는 입자라는 주장(고전물리학)보다는 원자는 파동이라는 주장(양자역학)이 힘을 얻고 있다. 최근에는 우주는 단일하다는 주장에 맞서 우주는 동시에 수없이 많이 존재한다는 다중우주이론이 제기되고 있다.

더군다나 불확정성을 핵심으로 하는 양자역학이나 진동하는 끈의 존재를 주장하는 끈이론의 등장으로 전통적인 우주관은 큰 혼란에 빠져들었다. 아인슈타인에 의해 3차원에서 4차원으로 확장되었던 세계는 11차원이라는 주장에 어찌할 바를 모르고 있다. 오랫동안 질서와 섭리를 믿어 의심치 않았던 인류는 조금씩 드러나는 우주의 복잡 미묘한 모습에 당혹감을 감추지 못한다.

인류가 우주의 모습을 조금씩 밝혀내고 있지만 장님 코끼리 만지는 수준에 불과할지 모른다. 밝혀낸 것조차 확실한 것도 아니다. 지구 안의 생명에 대해서도 모르는 부분이 훨씬 많다. 진리를 찾기 위해 동굴 밖으로 나가는 일도 중요하지만 밖으로 나간다고 해서 진리를 찾은 것처럼 행세해서도 안 된다. 그 밖은 또 하나의 동굴일지도 모르기 때문이다. 진리를 찾았다고 확신하면서 자신과 다른 주장을 펴는 자를 배척하거나 처단할 일은 아니다. 그래야 또 다른 소크라테스가 희생되는 일은 일어나지 않을 것이다.

(3) 호의와 관용

19년의 수감 생활에도 장발장은 변한 게 없다. 감옥에서의 노역을 마치고 나온 장발장이 어느 날 교회 앞에서 떨면서 자고 있자 미리엘 신부는 그를 교회 안으로 데려와 먹을 것을 주고 재워준다. 장발장은 은수저를 훔쳐 달아나지만 곧 경찰에게 잡히고 만다. 장발장이 교회로 끌려오자 미리엘 신부는 경찰 앞에서 은수저는 자신이 장발장에게 준 것이라고 꾸며대며 은촛대까지 더 얹어준다. 신부로부터 호의를 받은 장발장은 시장이 되어 시민들에게 선정을 베푼다. 자신이 받은 호의를 더 크게 되돌려준 셈이다. 장발장을 변하게 만든 것은 감옥이 아니라 호의다. 호의는 더 큰 호의를 가져온다.

하지만 낙인은 불행한 결과를 가져오기 십상이다. 광기의 인물, 아웃사이더, 이방인 등으로 낙인찍는 일은 당사자에게는 물론 그 사회에도 큰 손실이 아닐 수 없다. 창조적 파괴는 자취를 감추고 도덕주의와 엄숙주의가 사회를 압도한다. 개인의 광기를 억압하면 사회가 광기를 얻는다. 겉으로 단정해 보이는 사회는 언제 터질지 모르는 폭탄을 키운다.

돈키호테는 낭만적 광기의 인물로 표현된다. 고대 그리스 시대에는 이성(logos)과 광기는 분화되어있지 않았지만 중세에 들어와 광기는 이성으로부터 분리되어 신의 질서를 해치는 악으로 낙인찍혔다. 르네상스 시대에 들어와 부활한 이성은 광기를 건너편에 있는 파트너로 삼음으로써 광기가 전면적으로 부상한다. 그릇된 지식의 과다에서 비롯하는 광기는 17세기에 오면 통제의 대상이 된다. 당시 파리시민의 1%가 감옥에 갇힌다. 18세기 후반에 이르러서는 동물성의 광기는 문명 발달의 부정적 결과물로 변질된다.[253]

사람들은 니체를 광인의 철학자로 부른다. 거칠고 낯선 그의 생각과 행동은 광기에 가깝다. 그는 '신은 죽었다'고 외침으로써 그동안 인류가 믿어왔던 초월적인 존재를 망치로 부숴버렸다. 이점에서 니체는 허무주의자이지만 아무 것도 없는 무의 상태에서 매 순간 삶에 질문을 던지며 살라고 주문한다. 그가 말한 '위험하게 살라'는 이런 뜻이다. 그는 서양 철학은 소크라테스 이후 아폴론(규율과 질서)에 집착해왔다고 비판하면서 스스로 디오니소스(소비와 창조)의 제자를 자처했다.

빅싱킹

고흐와 니진스키는 아웃사이더로 분류된다.[254] 둘은 인생의 대부분을 불행하게 살다가 떠난 패배자였다. 사회는 고흐의 격렬한 감정을, 니진스키가 가진 육체의 창조적 충동을 받아들이지 못했다. 그들에게 죽음 이외에 달리 선택할 수 있는 길은 없었다. 사람들은 그들이 살아 있었을 당시의 사랑과 절망을 제대로 이해하려고 들지 않았지만, 그들이 남긴 작품은 인류의 자산이 되었다.

생전에는 광인으로 낙인찍혔던 인물이 죽고 난 후 전혀 다른 평가를 받는 경우가 적지 않다. 이러한 모순을 피하려면 이상하거나, 다르거나, 괴팍하더라도 그대로 받아들이는 관용의 정신이 필요하다. 우리가 정상이거나 진리라고 믿는 것들이나 이상하다거나 괴팍하다고 낙인찍는 것들은 사실은 언제든지 뒤집힐 수 있다. 낙인찍기는 인류가 중심이라는 생각만큼 위험하다.

주변인, 광인 또는 반사회적 인물은 오히려 사회의 경계를 넓히고 미래를 풍성하게 만든다. 돌연변이가 생명의 진화를 이끌었던 것처럼 그들 또한 인류 사회의 진전을 도왔다. 만일 그들을 부정한다면 돌연변이의 집적체인 인류 자신도 부정되어야 할지 모른다. 오늘의 주변인이나 광인에게 관용을 베풀어야 하는 이유는 그들이 내일의 주류가 될 수 있다는 사실에 앞서 그 존재 자체로 사회에 기여하기 때문이다. 지배적 가치의 강조는 큰 생각을 막는 작은 생각에 불과하다.

이상스러운 사람이란 보통 사람과 비교해서 이상할 뿐, 하늘과는 하등 다를 바가 없다(畸人者 畸於人而侔於天).[255] 사실 아웃사이더 기질은 별도로 존재하기보다는 모든 인류의 심성에 내재한다. 누구나 천사와 악마의 기질을 함께 갖고 있듯, 누구나 얼마만큼의 광인의 기질은 지니고 있는 것 아닐까? 정말 반사회적 인물은 자신의 이익만을 위해 네트워크를 만들고 울타리를 쌓는 자다. 이들은 호의나 관용의 대상이 될망정 결코 호의나 관용의 주체가 되지 못한다.

『관용론』을 쓴 볼테르는 가만히 있지 않았다. 칼라스 사건을 고발하면서 종교적 편견과 광신이 낳은 참상에 저항해 관용을 호소하였다. 관용은 '극악무도한 도그마'가 아니라 인간의 '본원적 특성'이며, "신앙의 자유는 결코 전란을 초래한 적이 없다고 말한다. 오히려 불관용이 파괴와 살육을 야기했다." 그리스도교도들이 교리를 둘러싸고 논쟁을 벌인 4세기부터 얼마나 많은 피를 흘렸는지 설명한다. 그는 "네가 타인에게 당하고 싶지 않은 일을 너 역시 타인에게 행하지 말라."는 대원칙에 의거해 불관용은 자연의 법도, 인간의 법도 아니라고 단언한다.[256]

라다크 주민들은 이웃들과 좋은 관계 유지하는 것을 돈 버는 일보다 더 중요하게 생각한다. 구성원 중 누군가가 사회의 불문율을 깨뜨리더라도 관용을 베푼다. '자발적 중재자'는 갈등을 피하는 하나의 장치로 작동하는데 누구라도 중재자가 될 수 있다. 작고 긴밀하게 형성된 공동체에 기반을 둔 자율적인 조정이 매우 효과적이다.[257]

이와 같은 중재자에 의한 자율적 조정은 고정된 중심이 없고 위계

빅 싱킹

구조도 없으며 존재 간의 상호 작용이 활발하다는 점에서 고대 페니키아를 떠올리게 한다. 페니키아에는 황제도 없었고, 종교 활동에도 관심이 적었으며, 기억할 만한 전투를 벌인 적도 없고, 지중해를 샅샅이 찾아다니는 소규모 독립 도시국가들 사이의 활발한 교환과 교류가 있었을 뿐이다.[258] 질서를 가장한 권력의 집중이 생각의 확장을 막는다.

존 러스킨은 경제학을 정치적 경제학과 상업적 경제학으로 나눈다. 전자는 단순히 유용하거나 쾌락을 주는 사물을 가장 적당한 때와 장소에서 생산하고 보존하고 분배하는 것이다. 후자는 타인의 노동에 대한 법률적 또는 도덕적 청구권(지배력)을 개인의 수중에 축적하는 것이다. 진정한 상업이라면 진정한 설교나 전투와 마찬가지로 때로는 자진해서 손해를 본다는 생각을 받아들인다.[259] 그의 '손해 보는 장사'론은 남에게 호의를 베푸는 것만큼이나 세상을 기름지게 한다.

포용적 문화나 제도는 사회 발전에 필수적이며 관용의 태도는 진보와 다양성의 역사를 가져온다.[260] 관용이나 아량이 필요한 또 다른 이유가 있다. 우리의 뇌는 생물학적으로나 사회적으로나 늘 왜곡과 오해를 수반한다. 우뇌와 좌뇌는 지배적 위치를 점하고자 서로 다투고 불완전한 시각자료를 그럴 듯하게 보정한다. 어떤 사상이나 주장도 수정이나 폐기에서 자유롭지 못한 것처럼 어떤 사람도 편견과 오류에서 자유롭지 못하기 때문이다.

(4) 숙맥 같은 어리석음

숙맥은 딜레마에 빠지지 않는다. 딜레마에 빠지는 것은 똑똑한 자다. 숙맥은 굴러 들어온 복을 제 발로 차버리지만 그럼으로써 상팔자가 된다. 숙맥이 어리석다는 것은 손해를 보지 않고 자기 몫을 잘 챙기는 사람을 잘난 사람으로 보기 때문이다. 똑똑한 자의 빈틈없는 챙김은 이웃이나 사회에 긴장감을 불러일으키지만 숙맥의 양보는 여유와 활력을 불어넣어 사회를 더 따뜻하고 관대한 방향으로 이끈다.

죄수의 딜레마는 개인의 이기주의 때문에 집단 전체의 이익이 감소될 수 있음을 보여준다. 그런데 게임을 두 차례 이상 시행하면 이기주의보다는 무조건적인 호의나 맞대응(Tit-for-tat) 전략이 더 효과적이다. 무조건적 호의는 비열한 상대에게 이용당하며, 맞대응 전략도 보복이 끊임없이 되풀이되는 약점을 보인다. 여기에서 '아량 있는 맞대응(Generous-Tit-for-tat)'이 등장한다. 이는 상대가 저지르는 일회적 실수를 이따금씩 눈감아주는 것이다. 비열한 상대에게 이용당하지 않으면서 상호 보복의 연쇄를 끊을 수 있다.

숙맥 전략 또한 효과적이다. 이는 패배하지 않는 이상 수정하지 않는다는 전략이다. 맞대응 전략처럼 협력을 조장하고, 좋은 상대에게 보답함으로써 호혜적이며, '아량 있는 맞대응 전략'처럼 실수를 응징한 후 다시 협력을 회복할 수 있는 장점이 있다. 숙맥 전략은 무조건 배신자에게는 무력하므로 일단 맞대응 전략으로 무조건적 배반자를 축출

한 뒤에 주된 전략으로 구사가 가능하다.[261]

"당신은 범죄를 저질렀습니까?"		죄수 2	
		부인	자백
죄수 1	부인	징역3개월 징역3개월	무기징역 방면
	자백	방면 무기징역	징역3년 징역3년

이처럼 게임이론은 죄수의 딜레마에 대한 우려와는 달리 이기주의 보다는 호의나 아량이 장기적 관점에서 더 이득이라는 결론에 이른다. 단순한 맞대응 전략은 증오와 보복의 악순환을 초래하지만 아량 있는 맞대응 전략은 증오에 증오로 맞서는 것을 거부함으로써 악순환을 끊는다. 그런데 이것은 다름 아닌 종교의 핵심적인 가르침이다. '원수를 사랑하라', '왼쪽 뺨을 맞거든 오른쪽 뺨을 내밀어라'가 그것이다. 잘못을 저지른 사람을 관대하게 포용하는 것은 의무라는 주장도 있다.

우신은 누군가의 기도로 움직이지 않는다. 사람들이 제례에서 무언가를 빠뜨렸다고 그들에게 속죄를 요구하지 않으며 자신을 빼놓았다고 천지를 뒤집어 요란을 부리지도 않는다. 우신은 괘념치 않고 그저 좋게 넘어간다.[262] 숙맥이나 우신은 단순히 멍청이가 아니다. 본인조차 모르는, 상대를 감싸고도 남는 큰 배포가 그들의 마음 깊은 곳에서 숨 쉬고 있다. 그러나 그들은 그것을 드러내놓고 자랑하는 법이 없다.

동해 용의 일곱 아들 중 하나가 임금을 따라 서울로 들어와서 왕을 보좌하게 되었는데 이름이 처용이었다. 그런데 그의 아내가 너무 고운 것을 보고 역병 귀신이 사람으로 변해 그 집에 가서 그녀를 범했다. 처용이 집에 들어와 두 사람이 누운 것을 보고 다음과 같이 노래했다.

"동경 밝은 달에/ 밤 이슥히 놀고 다니다가/ 들어와 자리를 보니/ 다리가 넷이구나/ 둘은 내해인데 /둘은 뉘해인고/ 본디 내해다만/ 빼앗는 걸 어쩌리"

귀신은 아내를 범했는데도 노하지 않는 처용에게 감격한 나머지 처용의 얼굴을 그려 문에 붙여둔 것만 봐도 들어가지 않겠다고 맹세한다. 이 까닭에 처용의 형상을 문에 그려 붙여 나쁜 귀신을 쫓고 복을 맞아들이는 관습이 생겼다.[263] 처용이 '빼앗는 걸 어쩌리'라고 말한 것은 보통은 어리석기 짝이 없고 치욕적이기까지 하나 다르게 보면 상당한 수준에 이른 숙맥이나 우신이다. 그것이 귀신을 감동시켜 결국 그의 아내를 지켜주었고(온전히는 아니지만) 관습이라는 믿으로 이어졌다.

그런데 상대의 잘못을 눈감아주거나 상대를 그냥 믿는 것은 결코 이성의 영역이 아니다. 이성은 야무지나 차갑다. 이성은 이익형량에 밝아서 불균형적 거래나 손해를 자초하지 않는다. 오히려 맞대응 전략처럼 조금의 손해도 보지 않고자 한다. 맞대응 전략은 보복의 악순환을

빅 싱킹

초래한다. 그래서 가끔 용서해주는 '아량 있는 맞대응 전략'이나 일단 믿어주는 '숙맥 전략'만 못한 결과를 가져온다.

숙맥은 우신 같다. 일단 믿어주거나 그냥 좋게 넘어간다. 굳이 따지거나 계산하지 않는다. 그 주위에는 사람들이 마치 중력에 끌리듯 모인다. 흔히 멍청이, 바보, 얼간이, 천치 등은 무엇보다 행복한 존재들이며 목전에 다가온 불행에 두려워 떨지 않으며 장차 다가올 행복에 들뜨지 않는다. 순진하게 있는 그대로를 말하는 사람들이다. 집착하는 게 없으니 주위에 울타리를 칠 일도 없다.

『아Q정전』에서 날품팔이 아Q는 어리석다. 그러나 그의 어리석음에는 순수하지 못한 구석이 있다. 아Q는 남들이 '짐승'이라고 하면 '버러지'라고 하면서 더 바보가 되고자 한다. 부인을 얻은 적도 없는데 자기 아들은 남들보다 잘살 것이라고 우쭐댄다. 자신의 처지를 그대로 받아들이지 않고 가짜로 꾸며낸 승리를 맛보고자 하는 정신적 승리법[264]에 취해있다. 바로 그런 욕심이 그를 망가뜨린다. 대갓집 어른들도 벌벌 떠는 혁명당에 가입하려다가 혁명당에는 가입도 못한 채 도둑으로 몰려 총살당하고 만다.

욕심 있는 어리석음은 순수한 어리석음만 못하다. 남들도 선하게 만들지 못할 뿐만 아니라 본인 자신도 희생양이 되기 쉽다. 아량은 욕심이나 차별이 없어야 한다.

"그녀(맘마치)가 아들(차코)에게 보였던 '남자의 욕구'에 대한 아량이 딸(암무)에 대한 통제할 수 없는 분노의 연료가 되어 끼얹어졌다. 딸은 수대에 걸친 혈통을 더럽히고, 가족에게 굴욕을 느끼게 한 것이다."[265]

『작은 것들의 신』에서 맘마치는 똑같이 불가촉민 파라반과 놀아난 아들과 딸을 두고 이중적 잣대를 들이댄다. 남자의 욕구는 별일 없이 지나칠 수 있지만 여자의 욕구는 더없이 수치스러운 것이다. 맘마치의 아량은 편의적 아량이다.

자연의 아량은 인간의 그것과는 다르다. 무릇 하늘은 모든 것을 덮어주고 땅은 모든 것을 실어준다(天無不覆 地無不載).[266] 자연은 우리에게 끝없는 호의와 관용을 베풀고 있다. 자연은 참으로 어리석어 보인다. 더럽히고 망가뜨려도 불평 없이 다 받아준다. 인류는 자연에게 이성이 없다고 얕보지만 정작 인류가 배워야 할 대상은 자연이다. 자연은 인류가 흉내내기도 힘든 호의와 관용을 보여준다. 자연의 어리석음은 아Q의 그것과 다르다. 아Q는 어리석으면서도 어리석지 않은 척 쓸데없는 치장을 하는 반면 자연은 참으로 순수해 어리석게 보일 뿐이다.

관용이나 아량이나 어리석음은 인류 사회의 중력으로서 사람들을 끌어당겨 서로의 거리를 좁힌다. 비무장지대처럼 서로의 충돌을 막는 데 그치는 것이 아니라 중력처럼 서로를 가깝게 만든다. 이성은 상대나 적을 만들기 쉽지만 관용이나 어리석음은 친구나 이웃을 만든다. 이성은 존재하는 것들을 끊임없이 분리시켜 가치를 따지고 위계를 정한다. 이에 비해 관용은 시멘트와 같아 서로 다른 것들을 연결해준다.

빅싱킹

"자연은 참으로 어리석어 보인다.
더럽히고 망가뜨려도 불평 없이 다 받아준다.
인류는 자연에게 이성이 없다고 얕보지만
정작 인류가 배워야 할 대상은 자연이다."

이성은 승자독식의 지위를 즐기고 있지만 이제는 관용이나 아량 등을 위해 상당히 많은 몫을 내놓아야할 처지에 있다.

그동안의 아량이나 호의나 어리석음은 그 가치에도 불구하고 대개 작은 것이었다. 개인이든 친족이든 인종이든 어쨌든 인류의 범위를 벗어나지 못했다. 이제 인류 이외의 생물체들과 생명이 아닌 것들에까지 확대해야 한다. 그런데 이들에게 호의를 베푸는 일은 어렵지 않다. 아무 것도 하지 않는 것만으로도 가능하다. 갑자기 집 안으로 들어온 여치나 벌, 길 앞을 지나가는 뱀을 굳이 해칠 이유가 없다. 건드리지 않는 한 그들로부터 해를 입지는 않는다. 자꾸 간섭하니까 문제가 생긴다. 가치 있는 것은 생명에 유익한 것이며, 진실로 가치 있는 것은 생명을 향해 온힘으로 나아가는 것이다.[267]

(5) '영원'에 대한 인식

인류는 대개는 당장의 재미를, 보통은 하루의 운수를, 고작해야 1년의 성과를, 잘해야 수년 후의 상승을 기대한다. 100년 후의 인생에, 1,000년 후의 문명에, 10,000년 후의 지구에, 1억 년 후의 우주에 대해 아예 관심을 두지 않는다. 그 때에도 우리의 후손들이 우리의 것들(유전자, 문화, 사상, 기술, 제도 등)로 살고 있을 텐데도 말이다. 더군다나 영원한 것에 대해서는 영원히 생각하지 않으려고 작정한 존재 같다.

"영원한 것을 아는 사람은 관대해진다. 관대해지면 공정해진다. 공정해지면 곧 왕과 같다. 왕과 같아지면 하늘과 같다. 하늘과 같아지면 도와 같다. 도와 같아지면 영원히 사는 것이다. 몸이 다하는 날까지 두려울 것이 없다(知常容, 容乃公, 公乃王, 王乃天, 天乃道, 道乃久, 沒身不殆)."[268]

노자는 영원한 것을 알게 되면 작은 것들에 대한 집착에서 벗어나 너그럽고 공평해질 수 있으며 이를 통해 큰마음을 얻을 수 있다고 말한다. 기껏해야 백 년을 못 사는 사람이라 하더라도 큰마음을 품으면 영원히 살 수 있다는 것이다. 너그러운 마음을 주장한 노자 자신도 인류의 마음속에 영원히 살아있다.

아인슈타인도 노자와 비슷한 말을 했다. "영원한 것에 눈을 돌려라. 그것이 바로 인간 사회에 평화와 안온을 가져다 줄 유일한 정신의 근원이기 때문이다." 그가 말하는 영원한 것은 초자연적인 것이 아니라 자연이나 우주의 법칙을 가리키는 것이다.[269] 우주의 비밀을 밝히고자 했던 아인슈타인은 순간순간의 변화 뒤에 존재하는 거대한 질서에서 눈을 떼지 않았다.

올더스 헉슬리는 '영원의 철학'을 주창하였다. 영원의 철학은 "모든 존재의 내재적이며 초월적인 바탕에 대한 앎을 인간의 최종 목표로 두는 윤리학으로" 아득한 옛날부터 전해오며 모든 고등 종교에서 찾을 수 있다. 그는 초기 유대교·그리스도교·이슬람교는 모두 궁극적인 선이 영원이 아닌 미래에 존재한다는 시간의 철학에 사로잡혀 있다고 보았다.[270] 그의 주장에 의하면 양대 종교가 천 년을 넘게 싸우고 있는

"영원한 것에 눈을 돌려라.
그것이 바로 인간사회에 평화와 안온을 가져다 줄 유일한 정신의 근원이기 때문이다."

우주의 비밀을 밝히고자 했던 아인슈타인은
순간순간의 변화 뒤에 존재하는 거대한 질서에서 눈을 떼지 않았다.

것도 영원의 철학이 아닌 시간의 철학에 사로잡혀 생각이 작아졌기 때문이다.

기원 7세기경 불교는 인도를 벗어나 동아시아로 전파되기 시작한다. 중국의 불교 수용은 1천 년을 넘는 동안 계속된다. 중국에 들어온 불교는 장기간에 걸쳐 여러 가지 중대한 변용이 이뤄져 원래의 그것과는 사뭇 달랐다. 대승의 절대적 우세는 인도에서는 생각도 못하던 일로 중국인들의 강렬한 직관적 성향이 반영된 것이다. 특히 불교 경전을 번역하는 사업은 중국뿐만 아니라 동양의 열정이 집중된 것으로 인류의 역사 속에서 그 유례를 찾아볼 수 없다. 장안의 소요원에서 역경일에 종사하는 사람이 8백 명이 넘었다.[271]

하지만 중국의 불교 수용 역사가 길다고 보는 것도 인류중심적인 시각에 불과하다. "옛날 춘이라는 나무는 봄가을이 각각 팔천 년씩이었는데 이것이 긴 삶이다."[272] 사람들 사이에 거론되는 아주 긴 시간이란 이 정도다. 사람들이 생각하는 긴 시간은 몇십 년 또는 몇천 년 정도를 넘지 않는다.

우주와 생명의 역사는 인류에게는 거의 영원에 가깝다. 140억 년에 비해 몇백만 년도 아무 것도 아니다. 137억 년 전 빅뱅의 우주 생성, 45억 년 전 지구 탄생, 35억 년 전 생명 출현, 4.5억 년 전 바다에서 육지로의 진출, 3억 5천만 년 전 파충류의 뇌와 2억 5천만 년 전 포유류의 뇌 출현 등은 하나같이 되짚기 어려운 오래 전의 일이다. 태양이 앞으로 50억 년을 더 존속하게 될 것이라는 전망도 가늠하기 어렵기는 마찬가지다.

'영원'을 인식하는 것은 인류가 비록 순간밖에 살지 못하지만[273] 그러한 유한성을 뛰어넘어 우주와 생명이 주는 의미를 되새기는 일이다. 인류는 며칠, 몇 년에 집착할 정도로 속이 좁지만 그렇다고 영원에 대해 생각하지 못할 만큼 갇혀있지는 않다. 비록 몸은 작아도 생각은 크게 할 수 있다. 생각의 크기에 따라서는 '작은 거인'이 될 수 있다. 문제는 시간이 아니라 생각이다(It's a big thinking, stupid!).

(6) 더 넓은 공부

작아질 대로 작아진 인류에게 큰 공부야말로 키 크는 보약이다. 큰 공부는 단절적 인식에서 벗어나 존재들 사이의 상호 연관성을 이해하는 것이다. 시험 점수를 높이는 공부보다는 생각의 크기를 키우는 공부다. 앞만 보지 않고 위도 옆도 뒤도 보는 일이다. 자신 주위에 둘러쳐진 울타리를 박차고 탁 트인 세상으로 나가는 것이다. 피자처럼 나누기보다는 비빔밥처럼 합치는 일이다.

우리가 주목해야 할 것은 명백히 적대 관계에 있는 문명들 사이에도 서로 밀접한 관련되어 있다는 사실이다. 프로이트와 니체는 교차로만 잘 관리되면 경찰 없이도 아주 원활한 교통 소통이 이뤄진다는 사실을 증명하였고, 모하메드의 위대한 적 단테조차도 『신곡』 「지옥편」에 등장

"비록 몸은 작아도 생각은 크게 할 수 있다.
생각의 크기에 따라서는 '작은 거인'이 될 수 있다.
문제는 시간이 아니라 생각이다."

하는 예언자를 이슬람에서 따왔다. 이기적이고 폐쇄적인 삶을 강요하는 문명의 충돌이라는 관점에서 벗어나 지금 우리가 누리고 있는 문화들 간의 상호 연관성을 알아야 한다.[274] 공식과 단어를 아무리 달달 외워도 맥락과 뼈대를 볼 줄 모르는 학생이 좋은 점수를 받기는 어렵다.

별의 족속인 인류는 통 크게 베풀 줄 알았다. 태양과 별을 바라보면서 대자연의 신비에 경외감을 가졌고 산, 바다, 동물 등에도 사람처럼 영혼이 있을 것이라고 믿었다. 국가 이전에 부족이나 도시가 있었고, 또 그 이전에 씨족이나 원시공동체가 있었다. 또 그 이전에는 길고 긴 생명의 역사가 있었으며, 생명의 역사 이전에는 지구의 탄생이 있었으며 지구의 탄생 이전에는 우주의 탄생이 있었다. 이 장구한 흐름은 끊어서 생각할 수 없다. 뭐든 나눠 분석하기를 좋아하는 이성 탓에 따로 존재하는 것처럼 생각할 뿐이다.

인류는 놀라운 학습능력과 혁신의 재능으로 문명을 발달시켜가는 과정에서 자기중심주의에 빠졌다. 지식과 기술을 축적하면서 분업화, 세분화의 길을 재촉한 탓에 작은 것들, 눈앞에 것들에만 관심을 갖게 되었다. 국가, 종교, 이념 등 인위적인 울타리에 갇히다 보니 분리할 수 없는 것을 분리하는 우를 범한다.

예를 들어 교과서별로 구석기 시대의 시점이 다르다. 70만 년 전이라고 쓴 교과서가 많았지만, 10만 년 전 또는 30만 년 전이라고 한 경우도 있고, 100만 년 전에 시작되었다고 소개한 교과서도 있다. 유물

등을 유추하는 과정에서 시간의 차이가 생기기 때문이다. 게다가 한반도 땅만 우리의 역사로 여길 것인지 만주도 우리 땅으로 볼 것인지 하는 공간에 대한 해석 문제까지 겹치면 차이는 더 벌어진다.[275]

자기중심에서 벗어나야 큰 생각이 가능하다. 하지만 자기중심에서 벗어나는 일은 결코 쉽지 않다. 어쩌면 불가능할지도 모른다. 불교에서도 자아는 인류의 근원적인 습성으로 이를 해결하는 것이 가장 어렵다고 본다. 장자가 말한 오상아(吾喪我)는 핵심 개념으로 꽉 막힌 자의식에서 탁 트인 우주 의식으로의 변화를 뜻한다.[276] 여기서 나를 잃는다는 것은 내가 치매환자처럼 실종되는 것이 아니라 울타리에 안에서 안주하려는 '좀팽이 나'를 잃고 우주와 존재들을 인식할 줄 아는 '거인 나'를 찾는 일이다.

우리는 혈족의 역사나 국사 이전에 인류사, 인류사 이전에 생명사, 생명사 이전에 지구사, 지구사 이전에 우주사부터 배워야 한다. 인류는 한 국가의 국민이기 이전에 지구의 생명이며 우주의 존재이기 때문이다. 가축 문명보다는 숲 문명, 극단의 경제학보다는 생명의 경제학, 통치자의 법보다는 자연의 법, 부족의 법보다는 자유로 이어지는 법에 의미를 둬야 한다. 그토록 매달려온 도구적 이성에서 한 발 떨어져 호의, 아량, 숙맥, 우신[277], 퉁 치기, 손해 보는 장사 등에 주목할 필요가 있다. 이것을 모든 인류는 물론 다른 존재에게도 확대해야 한다. 또한 이들을 새로운 밈(meme)으로 만들어 인류중심주의, 도구적 이성, 극단의 경제학 같은 끈덕진 밈들을 대체해야 한다.

어느 날 탈레스는 하늘의 별을 보고 걷다가 우물에 빠지고 만다. 이를 본 하녀가 하늘의 비밀을 알고자 하는 사람이 한치 앞도 보지 못한다고 놀린다. 하지만 탈레스처럼 우물에 빠지는 한이 있어도 하늘의 별을 바라볼 일이다. 사실 우물에 빠지는 일은 자기중심에 빠지는 것에 비하면 아무 것도 아니다. 진정으로 두려운 것은 자기중심에 빠지는 일이다. 그런데 사람들은 우물에 빠지는 것을 더 걱정한다.

작은 것에 신경 쓰느라 큰 것을 놓친다. 북극성을 보면서 기나긴 사막을 걸어가는 낙타 대상처럼 큰 방향부터 잡을 일이다. 별은 보지 않고 땅만 보고 걷다가는 우물을 피할 수 있을지는 몰라도 아예 길을 잃을 수도 있다.

2. 친족에서의 탈피

인류는 예외 없이 친족에게 호의적이다. 친족 내에서는 허물도 덮어주며 돌려받을 가능성이 없는데도 기꺼이 도움을 준다. 그런데 친족에게만 호의를 베푸는 일은 친족이 아닌 사람들을 차별하는 것을 의미한다. 친족이 아닌 사람들은 이방인 신세가 되기 십상이다.

(1) 자유로 이어지는 법

『갈매기의 꿈』의 조나단은 엉뚱해 문제다. 부족장은 갈매기의 본분을 잊고 엉뚱한 짓을 하는 조나단에게 벌을 내리기 위해 부족 회의를 소집한다. 조나단이 알 수도 없는 삶을 알고자 하는 데다가 갈매기가

"단 하나의 진실한 법은 자유로 이어지는 법이다. 다른 법은 없다."

빅 싱킹

이 세상에 나온 것은 할 수 있는 데까지 먹고 살아남기 위해서인데도 배우고, 발견하고, 자유로울 수 있는 것을 추구한다는 이유로 그를 부족에서 추방한다. 부족장과 갈매기들은 "형제 관계는 깨졌다."고 선언한다.[278] 조나단을 친족에서 쫓아낸 것이다.

추방 후에도 조나단은 좌절하지 않고 온갖 노력을 기울인 끝에 부족의 갈매기들은 상상할 수도 없는 높은 경지에 이른다. 추방자는 돌아가지 않는 것이 부족의 법이고, 만 년의 세월 동안 누구도 이것을 어긴 적이 없다. 하지만 좁은 울타리에 갇혀있는 부족의 갈매기들을 깨우치기 위해 조나단은 부족에게 돌아가기로 한다. "단 하나의 진실한 법은 자유로 이어지는 법이다. 다른 법은 없다."[279]고 말한다.

조나단이 진정으로 원하는 것은 부족의 족쇄를 걷어차고 존재의 의미를 찾는 일이며 그것은 누구의 법으로도 막을 수 없다. 자유로 이어지는 법이 생명이 갖는 본래의 의미를 고양시키는 법이라면 부족의 법은 몇몇의 자들이 전체를 위한 것인 양 포장하지만 실제로는 자기들만의 이익을 위해 둘러친 울타리에 지나지 않는다. 종교의 법이나 국가의 법도 부족의 법과 다를 것이 없다. 그들은 늘 울타리를 치지 못해 조바심을 낸다.

안티고네는 신들의 법을 내세운다. 신들의 법을 필멸의 존재가 넘어설 수는 없다면서 그 법은 언제나 영원히 살아있다고 말한다. 그 어떤 남자의 뜻(크레온의 폴뤼네이케스 매장금지 명령)이 두렵다고 신들의 법을 소홀히 하여 신들에게 벌을 받지는 않겠노라 결심한다.[280] 외삼촌 크레온의 명령을 거역하고 죽은 반역자를 묻어준다. 하지만 오빠 폴뤼네이케스에게 그것을 적용했다는 점에서 친족의 덫에서 완전히 빠져 나오지 못한다. 한편 크레온의 불관용은 인류의 법도 자연의 법도 아니다.[281]

반면 파이아케스족 공주인 흰 팔의 나우시카아는 고난에 처해있는 생면부지의 오디세우스를 기꺼이 도와준다. 파이아케스족은 세상의 끝에 살고 있어 다른 인간들과는 친교가 없는데도 당연하듯 이방인에게 호의를 베푼다. "지금 그대는 우리 도시와 나라에 왔으니 옷은 물론이고 불운한 탄원자가 도움을 베풀 수 있는 사람을 만났을 때 당연히 받게 되어있는 그 밖의 다른 것도 무엇이든 받게 될 것이에요."[282]

(2) 친족의 확대

공자의 제자들은 대부분 출신이 비천하다. 안회는 빈민촌, 염경과 염옹과 염구는 천인, 중유는 야인, 칠조계와 공손사는 범죄자 출신이었다. 출신이 불분명하거나 비천한 그들은 초기에는 모두 은둔하여 할 만한 벼슬이 없었고 후기에 이르러서야 벼슬길에 올랐다. 이처럼 출신에 상관없이 널리 제자를 받아들인 공자도 철저하게 혈통론을 반대하지 못했다.[283]

노자가 관대해지면 공정해지고 영원히 살 수 있다고 한 말도 친족이 아닌 사람들에게 관대해지기가 쉽지 않음을 토로한 것이다. 인류는 팔이 안으로 굽는 것을 당연한 것으로 여긴다. 다행히 친족에서 벗어나더라도 장애물 달리기처럼 인종, 종교, 국가라는 벽이 줄줄이 기다리고 있다. 고은의 말처럼 제 아무리 칭송 받는 위인이라도 우주적 인식 없이는 장애물을 뛰어넘지 못한 작은 위인에 불과하다.

이 우주에 무엇이 있는지 모르는 사람은 우주 속의 이방인이라면, 우주에서 무슨 일이 일어나고 있는지 모르는 사람도 역시 이방인이다.[284] 인류는 나중에 온 자다. 토착민이 아니다. 스스로를 토착민이라고 하는 것은 자기중심에 빠져 있다는 고백이나 다름없다. 역설적이게도 인류가 진정한 토착민[285]이 되기 위해서는 토착민이라는 생각부터 지워야 한다. 그래야 비로소 이방인에게도 관대해질 수 있다.

어쩌면 종교나 국가나 이념은 단지 명분에 불과할지도 모를 일이다. 우리만의 행복을 위해 그리고 우리가 아닌 자들을 차별하기 위해 내세운 허울 좋은 현수막 같은 것일지도 모른다. 구제 불가능할 정도로 부족중심적인 인류가 내편과 네 편을 가르기 위해 의도적으로 쳐놓은 그물망 같다. 그물에 걸린 자는 이방인 혐오증의 희생양이 된다. 이방인 혐오증은 내 것을 독점하거나 심지어는 네 것까지 차지하려는 욕심에서 비롯한다.

『여씨춘추』의 「잃어버린 활」에서 활을 잃어버린 형나라 사람이 "형나라 사람이 잃은 활을 형나라 사람이 주울 것이니 찾을 필요가 있겠는가."고 하자 공자가 "형나라라는 말은 빼는 것이 좋다"고 한다. 이번에는 노자가 "사람이란 말을 빼는 것이 좋다"고 말한다. 형나라 사람의 공동체 의식은 개인을 넘은 국가, 공자의 그것은 국가를 넘은 인류, 노자의 그것은 인류마저 뛰어넘는 천지의 우주의식이다.[286] 국가라는 틀을 뛰어넘은 공자도 훌륭하지만 인류마저 뛰어넘은 노자의 생각이야말로 거대하고 아름답다.

브라질 열대에 사는 남비콰라족은 개인을 고유명사로 부르는 것을 허락하지 않는다.[287] 사람을 특별한 존재가 아닌 자연의 일부로 보기 때문이다. 지구의 생명은 하나의 공동체라는 인식이 필요하며 이를 위해 가장 근본적인 과제는 통섭적 생명관을 세우고 생명 교육을 체계적으로 실시하는 것이다.[288] 미래 문화는 그저 각자 가지고 있는 신앙이나 철학에다 자연계가 가진 심오한 가치와 인류 아닌 존재들의 주체성에 대한 진지한 긍정을 추가하기만 하면 된다.[289]

인류라는 종 안에서의 친족 확대는 미처 완주하지 못한 장애물 달리기다. 친족의 확대는 우주적 인식을 바탕으로 해야 한다. 궁극적인 친족의 확대는 이방인 혐오증을 걷어차고 서로 얽혀있는 모든 존재들과의 공존을 선언하는 것이다. 노자가 말하듯이 설사 사람이 아닌 강아지나 원숭이가 잃어버린 활을 장난감 삼더라도 그것으로 족한 것이다. 개미가 잃어버린 활 안에 집을 지은들 굳이 만류할 일은 아니다.

빅 싱킹

"인류라는 종 안에서의 친족 확대는 미처 완주하지 못한 장애물 달리기다."

(3) 의미없는 구분

니체와 말은 하나가 된다. 니체는 토리노 광장에서 주인의 채찍에도 꿈쩍하지 않는 말을 껴안았다. 그는 자신과 말은 똑같은 하나의 생명이라고 느낀 것이다. 바로 생명과 생명이 모든 위계를 벗어나 순간적으로 하나가 되는 순간이었다. 그 때 사람과 동물이라는 구분은 전혀 의미가 없다.[290]

니체와 말이 서로를 보았을 때 빛의 입자가 둘을 때려 둘은 뒤로 물러났을 것이나 그 정도가 너무 미미하여 알아채지 못했을 것이다. 둘은 구성 원소가 비슷하다. 산소, 탄소, 수소, 질소, 칼슘, 인, 칼륨, 황, 마그네슘, 구리, 아연, 망간, 철 등으로 구성된다. 다만 원소를 구성하는 방식이 다를 뿐이다.

둘의 조상은 바다에서 육지로 상륙해 땅 위에서 네 발로 다녔을 것이다. 그런데 500만 년 전쯤 야심차게 이족보행을 결행한 인류는 전혀 새로운 길을 걷게 된다. 인류는 도구를 만들고 지식을 갖게 되면서 말 위에 서게 된다. 자신보다 더 멋지고 더 힘세고 더 빠른 말을 가축으로 삼는다. 인류는 처음에 말을 사냥감으로 여겼으나 그 후 이동이나 전쟁, 농사에 이용했고 최근에는 레저나 스포츠를 즐기기 위해 키운다.

인류와 말은 35억 년 된 진화의 역사 속에 고스란히 존재한다. 다른 모든 생명이 그런 것처럼 둘 또한 자연선택의 누적된 결과물이다. 둘이 현재와 같은 모습하게 된 것은 자연의 변화에 부단히 적응해온 결과다. 또한 성(姓)선택이론에 따라 파트너를 고른 쪽은 여자(암컷)이었을 것이다. 성선택은 250만 년 전과 10만 년 전 사이에 인류의 뇌 용량은 세 배가 커졌으나 왜 기술 혁신은 정체 상태에 머물렀는가와 유머, 음악, 미술, 종교 등 인류의 독특한 능력들이 주는 그럴듯한 생존상의 보상을 찾아내지 못한 이유를 설명해준다.[291] 인류는 짝짓기의 기회를 늘리기 위해 예술, 도덕성, 언어, 창의성 같은 마음의 능력을 발전시켜갔다.

니체는 좀 달랐다. 그의 생각은 돌연변이에 가까웠다. 그는 자신 이전의 생각을 받아들이지 않았다. 오히려 그것들을 부숴버리고자 했다. 당시의 사람들은 그런 니체에 당혹감을 감추지 못했으며 그의 생각을 받아들이려 하지 않았다. 그러나 그의 생각은 없어지지 않고 후대의 사상가들에 의해 이어졌고 지금껏 많은 사람들에게 영향을 주고 있다. 그 자체로 강하고 다른 분야에까지 영향을 미치는 밈이 되었다. 그의 생각이 살아남아 많은 사람들에 의해 받아들여진 과정은 돌연변이가 새로운 형질을 획득하는 진화의 과정과 비슷하다.

『신곡』「지옥 12곡」에는 반인반마의 켄타우로스가 등장한다. 특히 "인성과 마성이 합쳐진 케이론"[292]은 켄타우로스의 하나로 온화하고 정의롭다. 헤라클레스·아킬레우스·디오니소스·이아손 등의 스승이기도 하다.[293] 케이론은 사람의 이성(상체)과 동물의 본능(하체)을 한 몸에 소유한다. 마치 니체와 말이 합치된 모습을 떠올린다. 문명을 꽃

피우는 대신 자연을 훼손시키는 우리가 땅이라는 자연의 어머니에 다리를 단단히 박은 채 그것에 순응하며 살아가는 순수한 생명으로서의 말의 속성을 겸비하는 케이론이 되면 어떨까?

라다크 마을 입구에 초르텐(Chorten)이라는 석탑의 윗부분에는 태양을 안고 있는 초승달이 있다. 밤낮으로 따로 노는 것처럼 보이는 해와 달이 사실은 긴밀하게 연결되어있다. 세상 모든 것들이 그렇게 하나로 연결되어 있다는 것을 마을 주민들은 일찌감치 터득한 것이다.[294] 사람과 말이, 해와 달이 서로 다르다고 보는 것은 인류의 구분하기 좋아하는 습성 탓이다. 인류가 구분한다고 해서 우주 안에 서로 연결되어 있는 존재들이 남남이 될 리가 없다. 착각은 늘 인류의 몫이다.

(4) 영원한 우주적 자산

난민 문제는 강 건너 불구경이 아니다. 바로 우리 코앞의 문제다. 이와 관련 지금 우리에게 필요한 것은 칸트의 이성이며 한국도 아프리카와 시리아 난민을 받아들여야 한다는 주장이 있다.[295] 인류 전체를 조망하는 넓은 시각은 고무적이지만 난민을 받아들이는 데에 칸트의 이성만으로 되는 것은 아니다. 이것저것 따지지 않고 그냥 받아들이는 아량이나 호의가 더 절실하다. 우신이나 손해 보는 장사 또는 통치기의 정신도 좋다. 그 마음이 크다면 중력이론처럼 멀리서도 난민을 끌어당길 수 있다. 이런 점에서 동화를 전제로 한 외국인 정책은 물론 결혼이주여성이나 고급 인력에만 초점을 두는 정책도 작게만 보인다.

"인류가 구분한다고 해서 우주 안에
서로 연결되어 있는 존재들이 남남이 될 리가 없다.
착각은 늘 인류의 몫이다."

시리아 난민 문제는 먼 나라의 이야기가 아니다. 그들은 현생인류로 우리와 같은 뿌리를 공유한다. 부족의 법, 종교의 법, 국가의 법이 그들과의 차이와 단절을 야기했지만 본래 자유로 이어지는 법, 자연의 법을 함께 누리며 살았던 사이다. 지금은 그들이 어렵지만 우리 또한 불과 몇십 년 전만해도 난민의 처지에 놓여있었다. 시리아는 세계 4대 문명 중 하나인 메소포타미아 문명의 발상권역일 만큼 유구한 역사를 지니고 있다. 비옥한 초승달 지역에 위치해 수많은 이민족의 침입에 시달려온 것도 비슷하다.

정식 수교도 되어있지 않은 나라의 국민들을 받아들이는 일은 오지 랖이 넓거나 무모한 일이 아니다. 오히려 큰마음의 표현이다. 그들은 우리가 어려운 처지가 되었을 때 우리를 도와줄 것이다. 다행히 그런 일이 일어나지 않아도 무조건적 호의는 우리 마음속에 두고두고 품고 가끔씩 꺼내볼 수 있는 역사적 자산이 될 것이다. 크게 보면 우주적 자산임에 틀림없다.

우주적 자산은 가격표가 붙어있지 않다. 매장에도 전시되어 있지 않다. 사거나 구경할 수 없다. 그러나 우리의 마음속에, 우주의 역사에 영원히 존재할 것이다. 마르는 법 없이 끊임없이 솟아올라 주변의 것들에게 생명과 활기를 불어넣어주는 옹달샘처럼. 우주적 자산을 가진 자야말로 큰 부자다. 땅과 돈을 많이 가진 부자는 삼대를 못 가지만 우주적 자산을 많이 가진 부자는 영원을 간다.

3. 초월자로부터의 자유

(1) 초월자의 억압

초월자는 과연 존재할까? 초월자를 인정할 것인지 말 것인지의 문제는 세계를 나누는 결정적인 기준이다. 동서양을 구분하는 이슈이며 실재론과 과정론, 결정론과 자유의지론, 합리론과 경험론, 일원론과 다원론, 일신교와 다신교 등을 나누는 척도다. 이외에도 많은 것들이 고구마 덩굴처럼 연결되어있다. 흔히 초월자의 인정은 안정과 질서를 가져오는 대신 자유의 억압과 보수주의를 초래하며, 초월자의 부정은 자유와 혁신을 낳은 대신 불안과 혼란을 야기한다고 본다. 플라톤 이후 등장한 이데아, 원동자, 신, 기원, 낙원, 선험적 이성 등은 초월자 자신이거나 그의 혈족이다. 초월자는 존재들의 순수한 근원이거나 창조주이거나 인식의 원천이다. 대부분의 사상가들은 이것의 인정 여부에 따라 편이 갈라진다.

초월자를 믿는 사람들은 초월자로부터 위안과 구원을 얻고자한다. 그러나 초월자는 가까이 하기엔 너무 멀리 있다. 여기에서 대리인이 등장하게 되는데 대리인은 흔히 부패한다. 여기에서 부패는 물질적 부패만을 의미하지 않는다. 심지어는 있지도 않은 초월자를 초월자로 등극시키는 자작극을 벌인다. 국민을 대리하는 정치인이 부패하는 일과 비슷하다. 대리인은 초월자를 더욱 완벽한 존재로 추켜세울수록 더 많은 권력을 얻는다. 시간이 흐르면서 사람들이 믿는 것이 초월자인지 대리인인지 구별하기 어려워진다. 대리인에게 의문을 갖는 일은 초월자에게 의문을 갖는 일이 되므로 용서받지 못할 일로 간주된다. 이렇게 해서 대리인의 권력은 최강의 위용을 갖춘다.

서양의 2,000년 철학은 모두 플라톤에 주석달기에 불과하다고 말해진다. 플라톤이 주장한 이데아는 서양 사상사에 있어서 핵심적인 개념으로, 절대적이고 초월적 존재의 원천이 되었다. 이데아는 그 후 부동의 원동자가 되었다가 기어코는 신이 되었으며, 근대 이후에는 민족주의, 제국주의, 최근에는 극단적 자본주의 등과 같은 유사 초월자가 등장하는 배경이 되었다.

도스토옙스키에게 있어서 억압으로부터의 자유는 모든 것이다. 그의 소설들은 이것의 분석과 해석 이외에 아무것도 아니다. 그가 도달한 해답은 자유를 억압하면 제도의 경직화를 낳고, 종교를 교회로, 개인을 국가로, 물음과 찾음의 불안을 교리 내의 안주로 대체하게 된다는 것이다.[296]

이념의 절대화, 신의 절대화, 국가의 절대화, 이성의 절대화는 모두 오류다. 작은 생각들이다. 상호 연관성을 인식하지 못하기 때문에 절대화에 빠지며 절대화는 억압을 가져온다. 너무도 많은 현자들이 이 점을 우려했다. "초월성, 그것은 진정 유럽의 질병이다."[297] 들뢰즈는 플라톤 이후 받아들여진 초월적 존재와 그를 중심으로 한 이분법적(이항적), 위계적인 구조(나무의 구조)를 부정하고, 접속과 상호 작용의 역동적 관계를 주장한다. 존재하는 것들을 나누거나(분절하거나) 비슷한 것들끼리 뭉침으로써(총화함으로써) 우리의 삶을 억압하는 것을 경계하며 이에 대해 저항한다. 궁극적으로는 생성과 창조의 세상을 지향한다.

(2) 신과 종교의 모순

그리스인들은 이방인들의 종교에 관대했다. 로마인들도 공인하지는 않았지만 모든 종교를 허용했다. 오스만 제국도 서로 다른 종교를 믿는 20개의 부족을 평화롭게 통치했다. 인도나 페르시아나 일본도 마찬가지였다. 청나라 옹정제는 다른 사람들의 종교를 인정하지 않는다는 이유로 예수회 선교사들을 추방했다. 그는 선교사들을 성난 백성들에게 봉변당하지 않도록 자상하게 배려하면서 추방했다.[298]

7세기에 등장한 이슬람은 100년도 채 안 돼 중동은 물론 북부 아프리카와 인도와 동남아시아, 중국에까지 전파되었다. 그 이유는 관대한 종교 정책이었다. 이슬람은 타 종족에게 개종을 강요하기 보다는 이슬람교도보다 다소 무거운 세금을 부과하였는데 이는 당시 페르시아와 오스만 투르크가 부과한 세금보다 가벼운 것이었다.[299] 몽골제국은 13세기 초 탄수화물을 섭취하지 않고 말린 고기와 말의 피나 젖만으로 대륙을 누볐다. 영양섭취에서의 혁신을 바탕으로 한 기동력으로 아시아, 유럽, 중동에 걸친 대제국을 건설했다. 그들은 자연의 정령들을 숭상했지만 불교·기독교·이슬람교 등 모든 종교에 자유를 부여했다.

1,200년간 동안이나 싸워온 이슬람과 기독교의 사이에도 평화로운 기간이 있었다. 아브라함의 세 종교인 유대교·기독교·이슬람교가 상대적 조화 속에 500년 동안 공존하던 때가 있었다.[300] 베트남에는 까오다이(높은 곳이라는 의미)교가 있다. 이는 20세기 전반에 창시된 신흥종교로서 세계 5대 종교인 유교, 불교, 기독교, 도교, 이슬람교의 교의는 물론 민간신앙까지 절충하여 만들어졌다. 신자가 200만 명에서 300만 명에 이른다. 앞의 두 가지 예는 유일신 사상은 그 자체가 모순이지만 설사 유일신을 믿는다 해도 이를 절대화시키지 않는다면 종교 간 공존이 가능함을 보여준다.

아무리 진화론의 열렬한 옹호자라 하더라도 본질적으로 불완전한 존재인 인류가 절대적인 믿음에 의지하려고하는 일을 비난하기는 어렵다. 그러나 종교를 사람 위에 두면서 문제가 생긴다. 이렇게 되면 종

"신을 머리 위에 두지 말고 우리 가슴 옆에 둘 필요가 있다."

교가 사람을 억압하고 종교를 이끄는 소수의 사람들이 권력을 독점한다. 이렇게 되면 종교는 권력과 하등 다를 게 없어 툭하면 전쟁을 일삼는다. 신을 머리 위에 두지 말고 우리 가슴 옆에 둘 필요가 있다.

힌두교와 불교는 한 번도 다른 종교를 박해한 적이 없다. 신자들에게 성전(聖戰)을 일으키도록 설득한 적도 없으며, 유색인들에 대해 정치경제적 탄압을 가하면서 개종을 강요하지도 않았다.[301] 불교의 세계관은 우주 자체의 변동성과 활동성에 널리 눈을 주고 있으므로 불교 이외의 갖가지 견해와 주장에 대해 언제나 열려있다. 마음과 부처님과 중생은 서로 차별이 없다는 심·불·중생 삼무차별론은 서양의 자아·신·세계관에 비해 융통성이 매우 크다.[302]

종교 간의 다툼은 인류의 가장 큰 모순 중 하나다. 원시 종교, 현대 종교 할 것 없이 제 나름의 근본 원리를 주장하지만 근본 원리는 그 속성상 복수로 존재할 수 없기 때문이다. 게다가 갈등을 해결하는 방법도 전혀 종교적이지 못하다. 그들이 귀가 따갑게 주장하듯이 진정으로 선한 존재라면 머리를 맞대고 이해할 수 있을 때까지 대화를 나눠야 함에도 대화를 생략한 채 서로의 머리에 총구부터 겨눈다. 이 모순을 피하는 방법은 각 종교의 원리들을 하나로 통합하거나, 교리의 차이에도 불구하고 서로가 근본적으로는 다르지 않음을 인정하는 두 가지 길 뿐이다.

(3) 국가 제도의 악순환

국가 또한 마찬가지다. 국가의 정치경제적 실패를 극복하는 해법은 착취적 제도를 포용적 제도로 변화시키는 것이다. 제도 내 포용적 요소가 어느 정도 존재하거나 기존 정권에 대한 투쟁을 이끌 광범위한 연합 세력이 있어야 국가가 국민을 착취하는 악순환의 고리가 끊어질 수 있다.[303] 포용적인 제도는 시민 사회에 혁신의 동기를 부여하고 관료나 국가기구의 지나친 간섭을 막는다.

하지만 이러한 주장도 국가 내부에 머무른다면 제한적 의미를 가질 뿐이다. 포용적 제도와 문화는 영국의 예처럼 한 국가를 융성하게 만들지는 몰라도 국가 간의 평화를 보장해주지는 못한다. 이러한 제도와 태도가 다른 국가에도 적용될 때 비로소 인류적 의미를 갖는다.

이를 위해 무엇보다 국가의 권력과 활동 범위를 축소하는 조치가 꼭 필요하다. 국민의 삶에 대한 권한을 행정 교구와 컴퓨터 동호회, 클럽, 팀, 자조회, 소기업들로 이양하자는 것이다. 국가는 방위나 부의 재분배 같은 최소의 기능만을 맡고 평등한 개인 간의 사회적, 물질적 거래는 최대화되도록 해야 한다.[304]

개별국가는 제로섬 게임에 갇힐 우려가 크다. 『삼국지』에서 촉나라의 제갈공명이 오나라와 연합하여 가장 강력한 위나라를 약화시키는 지략을 발휘한다. 위는 약해지고 촉은 상대적으로 세졌지만 제로섬 게임에서 벗어나지 못한다. 만일 세 나라가 전쟁을 멈추고 교류와 협력에 집중했더라면 결과는 달랐을 것이다.(물론 그랬다면 '삼국지'는 존재하지 않았을 가능성이 크다.) 세 나라는 지리와 자원에 있어서 상호 보완적이어서 교환과 교류를 통해 얻는 이득은 더욱 컸을 것이다. 제갈공명이 전쟁보다는 협력의 지략을 세웠다면 더 위대한 인물이 되었을 것이다.

유럽연합의 예는 국가 간 협력의 이로움을 보여준다. 유럽연합은 기후변화에의 대응이나 전쟁 예방을 위한 노력에 있어서 긍정적이다. 유럽연합은 온실가스 저감에서 미국, 중국, 일본 같은 개별국가보다 적극적이다. 좀 더 이기적 방향으로 추구했었을 개별국가들은 국가공동체에 속하게 됨으로써 정책 결정에 보다 협력적이며 고통 분담에 적극적이다. 유럽연합 28개국[305]은 2014년 10월, 2030년까지 역내 온실가스 배출량을 1990년보다 40% 줄이기로 합의했다. 2020년까지 1990년 대비 20%를 감축하겠다는 목표는 이미 거의 달성한 상태이다.

개별국가중심이 좋은지 초국가적 체계가 좋은지에 대해 논란이 있다. 우리는 그동안 개별국가의 폐단을 무수히 목격해왔다. 국가들은 이기적 유전자처럼 자신의 영속만을 바라거나 맹수처럼 다른 국가들을 포획해오곤 했다. 또한 초국가적 패러다임을 만든다고 모든 갈등이 해결되는 것도 아니며 위계화, 관료화 등의 위험으로부터 자유로운 것도 아니다. 중요한 것은 모든 국가가 받아들이는 보편적 밈을 만드는 일이다. 그런데 그 밈은 상호 연관성에 대한 인식을 바탕으로 한 채 이유나 대가 없는 아량이나 호의를 포함하는 통 큰 것이어야 한다.

"이 지랄은 이제 더는 못하겠다."[306] 고도를 기다리다 지친 에스트라공은 절규한다. 신인지 초월자인지 구세주인지 정체를 정확히 알 수 없는 고도는 도대체 올 기미가 없다. 계속 기다릴 것인지 이제 그만 둘 것인지 아니면 기다리면서도 매여있지 않고 새로운 방도를 찾을 것인지는 고도의 몫이 아니라 사람의 몫이다. 그런데 애초부터 고도는 없었을지도 모른다. 공허함을 못 견뎌하는 사람이 상상 속에서 만들어냈다가 오히려 그것에 사로잡힌 것인지도 모른다.

4. 자연으로의 환원

(1) 자원의 재배분

인류는 화석연료를 물 쓰듯 쓴다. 산업혁명으로 화석연료가 인류의 핵심적인 자원이 된 이후 인류의 낭비벽은 빛을 발하고 있다. 비록 화석연료가 머지않아 고갈될 것이라는 우려가 번번이 빗나갔더라도 자원은 유한한 것임은 틀림없다. 운 좋게 새로운 자원을 찾는다 하더라도 인류에게 그것을 마구 써댈 권리가 있을까. 새로운 자원 역시 인류의 손길이 닿는 대로 엔트로피를 증가시킬 것이며 몇천 년, 몇만 년 치를 확보해봤자 지구가 존속하게 될 기간에 비하면 너무 짧다.

화석연료 같은 한정된 에너지원은 긴급한 상황에 대비하기 위해 비축해두고 조금씩 아껴 써야 하는 일종의 '비상금'으로 생각하고, 우리에게 필요한 대부분의 에너지는 태양이 제공하는 막대한 '현금'을 통해 해결하려고 노력해야 한다.[307]

국가는 싸움꾼으로 태어난 것 같다. 늘 무기를 잔뜩 싸놓고 이웃 국가의 허점을 노린다. 오늘날 세계 국방비는 1조 6천억~1조 7천억 달러에 이른다. 반면에 하루 2달러에 못 미치는 돈으로 살아가는 인구가 약 20~30억에 이른다. 이는 자원 배분의 심각한 왜곡을 의미한다. 결과만 놓고 보면 인류처럼 비이성적이고 비호의적인 종은 없다. 굶어 죽어가는 수많은 인류를 살리기에 충분한 자원을 가졌는데도 이것을 서로를 죽이는 데에 쓴다는 사실이 그렇다. 어떠한 생물의 세계에도 그런 심각한 불균형이 존재하지 않을 것이다.

국방비는 매몰비용이다. 쓰는 대로 없어진다. 미사일도 총도 일단 생산되면 다른 곳에 쓸 수 없다. 남는 것은 전쟁 아니면 녹슨 쇠붙이다. 전쟁 억지를 위해 무기를 더 많이 보유해야 한다는 이상한 논리에서[308] 전쟁이라는 제로섬 게임을 협력이라는 논 제로섬 게임(Non-Zero Sum Game)으로 바꾸는 전환이 필요하다.

정작 자원이 투입되어야 할 곳은 따로 있다. 그 중 하나가 지구상의 다른 존재들에 대해 아는 일이다. 3,000만 종에 이를 것으로 추정되는 지구상의 생물에 대해 우리가 아는 것은 너무 적다. 우주에 대해 무지

"미사일도 총도 일단 생산되면 다른 곳에 쓸 수 없다.
남는 것은 전쟁 아니면 녹슨 쇠붙이다."

한 만큼이나 지구상의 다른 생물에 대해서도 무지하다. 지금 가장 시급한 과제는 현존하는 종의 90%를 차지하는 열대지방에서 연구역량을 키우는 것이며, 이는 열대지방에 위치한 개발도상국에서 가장 쉽게 정당화될 수 있는 종류의 연구이며 노동집약적이어서 장점이 크다.[309]

(2) 공유 경제 촉진

인류는 때로는 순 엉터리다. 인류는 일 년에 고작 한두 번 쓰는 물건을 적지 않은 돈을 써가며 소유한다. 인류는 왜 이 문제에 대해 의문을 던지지 않았을까. 이 문제에 대해 인류는 이성적이지도 경제적이지도 않다. 냉장고나 스마트폰이라면 몰라도 공구나 도구를 모두 소유할 필요는 없다. 한 동네에 하나만 있어도 될 것을 집집마다 갖고 있다면 낭비나 다름없다.

이러한 비합리적인 소유 방식은 소유를 근간으로 하는 인류 사회의 특징에서 비롯한다. 개인의 독점적인 소유는 인류가 가장 선호하는 방식이다. 그런데 차고, 창고, 서랍에서 별로 하는 일 없이 허송세월을 보내는 그 물건은 멀쩡한 땅 속을 파헤치고 눈이 시리도록 맑은 물과 공기를 오염시키면서 만들어진 것이다. 기껏 고약하게 만들어져서는 허무하게 방치되는 것이다. 그 물건의 임자가 원하는 것이 물건을 쓰는 것에 있는지 남들에게 과시하는 데에 있는지 분간하기 어렵다.

소유 지향은 돈, 명예, 권력에 대한 탐욕이 삶의 중요한 목표가 된 서구 산업 사회의 특징이다. 오늘날 소유는 소비라는 모습으로 다시 태어났다. 소비는 풍요한 산업 사회의 가장 중요한 소유형태이며 소비자는 우유병을 달라고 아우성치는 영원한 젖먹이와 같다.[310] 산업 사회는 끊임없이 새로운 것을 생산하기에 사람들은 끊임없는 소비를 통해 소유욕을 충족시킨다. 소비는 수시적인 소유다. 사람들이 소유에 집착하는 성향 탓에 소유에 관해 이성은 힘을 쓰지 못한다. 무소유로 산 디오게네스나 법정스님은 외계인 같은 존재이다.

공유 경제[311]는 물품, 서비스나 자원을 여러 사람이 함께 소유하거나 서로 대여해주고 차용해 쓰는 경제활동의 틀이다. 자원을 아끼면서도 교환을 촉진한다는 점에서 자원고갈의 완화와 혁신에 긍정적이다. 특히 빈부의 격차가 줄어들지 않거나 승자가 거의 모든 것을 가져가는 상황에서 하나의 대안이 될 수 있다. 무엇보다 환경파괴적인 소유욕을 줄일 수 있다는 점에서 희망적이다. 또한 지식과 정보의 차이가 빈부 격차의 주된 원인이 되고 있는 점을 감안하면 숙소나 차량 같은 물질적인 것의 공유에서 더 나아가 지식, 정보, 노하우의 공유를 촉진시킬 필요가 있다.

공유 경제는 공유지의 비극[312]과 달리 대가를 지불한다. 공유지의 비극은 이용 또는 사용의 대가를 지불하지 않음으로써 자원 남용의 문제를 일으키지만 공유 경제는 사용한 만큼 대가를 지불한다는 점에서 남용의 소지가 없다. 소유자가 별도로 존재하거나 여러 사람이 공동으로 소유하기 때문이다. 다만 소유자나 관리자가 우월한 지위를 가질 경우 이득의 분배가 왜곡될 소지가 없지 않다.

공유 경제가 현행의 제도와 충돌할 수 있지만 이에 대해 유연한 관점이 필요하다. 스마트폰의 경우를 보더라고 결국은 혁신적이고 효율적인 방식을 인위적으로 막기는 어렵다. 공유 경제를 막는 일은 우마차를 끄는 사람이 자동차를 받아들이지 않겠다는 것과 같다. 공유 경제를 거부하면 일부 기득권자가 그 혜택을 유지할 수 있지만 이를 받아들이면 그 혜택이 사회 구성원 모두에게 돌아갈 가능성이 높다.

공유 경제가 근본적인 대책은 아니다. 모든 제품이나 서비스에 적용되는 것도 아니고 경제 시스템을 개선하는 것도 아니다. 그래도 생산을 줄이고 낭비와 오염을 줄인다는 점에서 제법 염치 있는 짓이다. 인류만 위하지 않고 다른 존재에까지 영향을 준다는 점에서 우주적 자산에 가깝다.

(3) 편안한 에너지 대책

사람들은 옛날 생각을 못한다. 빵은 사먹으면서 공기는 공짜로 여긴다. 공기는 주인이 따로 없는 데다가 얼마든지 있어서 좀 오염되어도 큰 문제가 없다고 생각한다. 사람들의 물에 대한 생각도 그랬다. 사람들은 물을 공짜라고 생각해 아끼지 않고 마구 써댔다. 그 결과 깨끗한 물이 귀해지면서 돈 주고 사먹어야 하는 처지가 되었다. 공유지의 비극이 벌어진 것이다. 얼마 후에는 편의점에서 예쁘게 포장된 산소를 만날지 모른다.

공기의 훼손은 너무도 연약한 대기에 나쁜 영향을 미친다. 공유지의 비극을 막는 길은 소유권을 정하는 것이다. 주인이 있어야 관리가 될 수 있기 때문이다. 고정적인 자원이라면 해당 지역 주민이 관리하는 것이 정부가 개입하는 것보다 효과적이다.[313] 그러나 공기의 부유하는 성질 때문에 그런 방식을 적용하기 어렵다. 따라서 우리 모두가 빵을 사먹듯 공기도 사먹어야 하는 입장에 처하기 전에 공기를 이용하는 데 세금을 내는 일에 대해 생각해볼 필요가 있다.

탄소세 도입을 주장하는 사람이 적지 않다. 온실효과를 완화시키기 위하여 성층권에 이산화황을 뿌리는 지오엔지니어링 기술을 제안한 바 있는 나오미 클레인(Naomi Klein)은 탄소세를 주장한다.[314] 또한 일본의 환경운동가 이케다 다이사쿠는 환경 · 개발안전보장이사회 설치를, 러시아 우주비행사 알렉산드로 세레브로프는 공기세 도입을 제안한다. 가솔린에 공기세를 붙여 그 돈을 대기오염 개선에 사용하자는 것이다.[315] 리들리는 탄소세를 중과하고 지불급여세(영국에서는 국민보험료)를 그만큼 내릴 것을 주장한다.[316] 탄소세는 덴마크, 노르웨이에서 성공을 거두고 있으며, 거둬들인 세금으로 근로소득세를 낮추고 연비가 나쁜 대형차를 구입할 수 있는 장점이 있다.[317]

탄소배출권은 교토의정서를 비준한 국가 사이에 거래되는 것으로, 거래가격은 톤당 30달러다. 부자들의 공해배출을 허용하는 제도라는 점과 함께 이산화탄소 배출 감소 효과가 불확실하다는 비판을 받는다. 예를 들어 선진국들은 부여받은 배출권 범위 안에서는 자유롭게 탄소를 배출할 수 있다. 또 중국에서 청정 화력발전소를 만들면 공해는 늘어나도 탄소배출권을 더 갖게 되는 모순이 발생한다. 그러나 선진국의 부를 개발도상국으로 재분배하는 장점도 있다.[318]

탄소세를 도입하면 세금 부과에 대한 저항이 예상되지만 거둬들인 재원으로 근로소득세를 낮추거나 대체에너지 기술을 개발함으로써 사실상 세금을 되돌려준다면 실리와 명분 모두를 얻을 수 있다. 그런데 탄소세는 결코 호의가 아니다. 인류와 생명의 필수 자원인 공기를 쓰는 대가로 세금을 납부하는 것이기 때문이다. 빵이나 물을 사먹듯 말이다. 전적으로 인류가 스스로 자초한 일로 할 말이 없다. 탄소세를 내는 사람은 자신의 평판을 높이고 미래의 안정이라는 보험에 가입하는 덤까지 얻을 수 있다.

아서 로젠펠트(Arthur Rosenfeld)는 '식은 죽 먹기의 해결책'을 제시한다. 그는 편안한 에너지 절약운동의 영웅이다. 1845~1998년까지 GDP 1달러 생산에 필요한 에너지가 4.5배 낮아졌는데 이는 에너지 효율성이 매년 1%씩 증가한 셈이다. 여기에서 그는 정부가 조금만 노력하면 매년 2% 정도의 효율 향상이 가능하다고 주장한다. 55년 후면 에너지효율이 3배가 향상된다. 미국은 석유파동 당시 매년 4%씩 에너지 절감을 이뤘다. 미국이 석유 카르텔에서 자유로워진 것은 에너지 절감 노력 덕택이다.[319]

국제유가가 하락한다고 화석연료 사용을 늘리고 대체에너지 개발을 늦추는 일은 근시안적 시각이다. 국제유가가 내리자 구입한 큰 차를 샀다면 국제유가가 다시 오를 때는 차를 압축이라도 할 것인가. 에너지 문제는 장기적 관점에서 일관성 있게 추진할 필요가 있다. 우리가 쓰고 있는 에너지는 대부분 우리보다 먼저 지구상에 살았던 생명들의 잔해다. 그들은 어떻게 생겼는지도 모르는 먼 훗날의 생명에게 자신의 모든 것을 주고 있다.

(4) 일자리 적정기술

일자리는 거의 모든 것이다. 개인의 삶에, 사회의 구성에, 국가의 번영에 근간이 된다. 일자리가 없으면 흔들리지 않는 것이 없다. 개인의 삶은 바닥으로 곤두박질치고 경제는 유효수요의 부족으로 사회는 중산층의 붕괴로 흔들린다. 이런 연유로 일자리는 개인이나 국가의 핵심적인 목표이자 과제가 된다. 일자리를 못 만드는 사회나 국가보다 무능한 자는 없다.

산업화 이후 전 지구적으로 채택된 기술은 효율성만을 중시하는 것이었다. 영국의 산업혁명을 촉발시켰던 방직업은 효율성 향상의 전형적인 예다. 당시 잇따라 발명된 방직기는 한 번에 생산할 수 있는 실의 숫자를 8줄에서 16줄, 다시 16줄에서 80줄로 늘렸다. 직물 가격은 떨어지고 생산량은 급격히 늘어갔으며 농촌의 인구는 도시로 몰렸다. 산업혁명은 일자리 구조를 완전히 바꿔버렸다.

하지만 산업 사회는 갈수록 노동을 줄이고 자본을 늘리는 자본집약

형으로 발전해간다. 특히 일자리 감소는 사회 전체에 대한 재앙이다. 일자리 감소는 수요 부족을 야기해 공급을 감소시키며 공급 감소는 다시 수요 부족을 가져와 경제는 위축된다. 젊은 세대의 실업은 사회의 물질적 기반은 물론 정신적 기반까지 약화시키는 것으로 산업 사회와 자본주의 자체에 대한 의문으로 이어지고 있다.

일자리에 대한 전망은 점점 더 어두워지고 있다. 미래학자들은 한술 더 떠 로봇, 인공지능, 3D프린터로 인하여 많게는 현재 일자리의 90%가 잠식될 수 있다고 본다.[320] 국가마다 일자리 만들기에 최우선을 두고 있지만 성과를 거두지 못하고 있다. 그런데 일자리 창출은 국가가 직접 할 수 있는 일이 아니다. 예산 투입에 의한 공적 일자리는 사회복지로 봐야 한다. 일자리는 어디까지나 시장에서 만들어진다. 국가가 할 일은 민간 주체를 위해 기반을 닦거나 진입 장벽을 낮추는 것이다. 큰 정부는 작은 생각만큼 위험하다.

이를 위한 대안으로 이른바 적정기술 또는 중급기술이 거론된다. 적정기술은 "지역 단위로 만들어지고, 노동집약적으로 활용되고, 탈집중적이고, 수리가 가능하고, 재생 가능한 에너지로 가동되고, 생태적으로 안전하며, 공동체 건설에 기여하는 기술"이다.[321] 기존의 기술이 효율성이나 생산성만 중시한다면 적정기술은 효율성은 낮더라도 사람, 자연, 공동체 등과의 관계망을 중시한다.

어느 대안이든 초점은 일자리다. 1분에 1,000대의 자동차를 생산하는 공장에 근로자는 보이지 않고 로봇만 보인다면 좋은 기술이라고 할 수 없다. 기업은 노동집약적으로 생산된 자동차가 시장에서 경쟁력을 확보할 수 있는 방법을 찾아야 한다. 소비자는 가격, 성능, 속도 같은 외양적 측면은 물론 그것의 생산 과정과 폐기 과정까지도 고려하는 통 큰 소비를 보여줄 필요가 있다. '손해 보는 구매'는 '손해 보는 장사'와 짝을 이룰 수 있다.

(5) 요람에서 요람으로

낡은 제품을 버리는 대신 하나도 남김없이 재활용하자는 주장이 있 다. '요람에서 요람으로'는 '요람에서 무덤으로'와 반대되는 개념으로 재활용 순환구조를 완벽하게 만들어 모든 것을 계속 사용한다는 개념 이다.

'요람에서 무덤으로' 모델에서 제품은 선형적이며 일 방향적으로 자 원을 채취해 만들어지고 얼마 동안 사용되다가 매립지나 소각로 같은 무덤에서 폐기된다. 이에 대한 대책으로 등장한 '덜 나쁜' 방식이나 생 태적 효율성도 환경파괴의 속도를 조금 늦출 뿐이다. 완벽한 재활용의 순환구조가 근본 대안이다.[322] 또한 자연을 더욱 효율적으로 만들려는 생각이나 아무것도 버리지 않으려는 생각은 모두 터무니없는 것으로 본다.

인류가 사용하는 자원 중 재생 또는 재이용 비율은 0.02%에 불과하 다. '요람에서 요람으로'는 모든 TV 세트와 의자, 카펫, 컴퓨터 모니터 등을 다른 제품으로 완벽하게 사용할 수 있게 만들거나, 미생물에 의해 무해물질로 분해되어 비료로 사용될 수 있게 하자는 것이다. 생물학적 영양물질은 자연으로 되돌려주고 기술적 영양물질은 제조업자에게 돌려준다. 이렇게 되면 모든 제품의 구성요소들이 끊임없이 회복되어 쓰레기가 발생하지 않는다.

그 예로서 독성물질을 공기와 토양 속으로 내뿜는 기존의 신발창 대신에 잘 썩어서 환경을 비옥하게 만들어주는 신발창을 만든다. 골치 아픈 쓰레기가 되는 카펫의 뒷면은 내구성을 강화해 계속 사용하고, 앞면은 떼었다 붙였다 할 수 있도록 만든다. 책을 폴리머(플라스틱의 일종)로 만들면 재활용할 수 있을 뿐만 아니라 잉크가 묻어나지도 않고 방수도 가능하다.[323]

라다크 마을은 히말라야산맥의 거대한 그늘에 가려 온통 말라버린 고도 1만 피트의 고원지대다. 1년 중 작물이 자랄 수 있는 기간은 4개월 남짓하다. 이곳에서 사람들은 완전히 낡아버렸거나 사용가치가 다 된 어떤 물건도 다시 사용할 방법을 찾아낸다. 그 어떤 것도 그냥 버리지 않는다. 술을 만들고 남은 보리찌꺼기에 다시 물을 부어 네 번 정도 술을 더 걸러내고 나중에는 이를 가루로 만들어 먹는다.[324]

'요람에서 요람으로' 모델을 평평한 세계에서 경제를 성장시키는 유일한 해법인지는[325] 확실치 않으나 유력한 해법임에는 틀림없다. 또한 자연생태계가 주변 환경을 훼손하지 않고 유기적으로 관계를 맺으면서 살아가는 방식을 모방하자는 바이오미미크리(Biomimicry)[326]가 또 하나의 대안으로 거론된다. 이는 '요람에서 요람으로'와 비슷한 철학을 공유한다. 산업 기술을 넘어서 자연과 생물이 갖고 있는 기술에서 배우는 자연자본주의로 21세기의 환경 문제를 해결하고 경제를 새롭게 일으키는 요술지팡이다. 바퀴벌레가 체내 세균을 통해 노폐물을 자체 처리하는 시스템이 그 예이다.[327]

바이오미미크리

생물체의 구조나 원리를 본따 형태 기능 시스템 등의 측면에서 산업에 적용하는 것. 그리스어 생명(bios)과 흉내(mimesis)에서 유래했다. 연잎의 자정 및 방수 기능을 모방한 페인트, 인체의 피가 가느다란 혈관을 흐르며 온도를 유지하는 시스템에서 착안된 온수 샤워기 등이 있다.

완벽한 재활용 순환구조를 만드는 일은 결코 쉽지 않다. 예를 들어 쉽게 썩어서 토양을 비옥하게 해주는 신발 개발에 성공하더라도 자재나 신발을 생산하고 운송하는 과정이나 근로자가 출퇴근하는 과정에서 오염물질이 발생하면 그 의미가 퇴색할 수밖에 없다. 자본주의 시스템의 근본적인 개선이 없이는 엔트로피 법칙을 피하기 어렵다.

하지만 완벽하지는 않더라도 재활용 순환구조를 만드는 일은 해볼 만하다. 인류가 '쓰레기를 버리는 유일한 종'에서 '쓰레기를 줄이는 유일한 종'으로 변신할 수 있게 해준다. 이런 점에서 '요람에서 요람으로'는 차선 중 최선의 방법이다. 최선은 자연의 것으로 사는 것이다. 지금과 같은 고무와 천과 합성물질로 만들어진 운동화와 예전의 짚신을 비교하면 금세 이해가 간다. 그러나 문명의 시계를 거꾸로 돌리긴 어려울 것이다. '요람에서 요람으로'에 더 관심이 가는 이유다.

쓰레기 줄기와 빅 싱킹

인류만이 쓰레기를 버린다. 도시에 사는 주민 한 사람이 버리는 쓰레기를 처리하는 데 1년에 10만 원 가까이 든다. 몇십만이 살면 몇백 억이 든다. 더 우울한 사실은 1인당 쓰레기 발생량이 해마다 늘고 있다는 점이다. 쓰레기통을 치우고 종량제 봉투를 도입하고 가구별로 음식물 배출량을 인식하는 기계장치를 써도 소용이 없다. 테이크아웃 커피잔과 택배 포장이 주범으로 꼽히기도 한다.

지금 같은 상태로는 '노답'이다. 거대담론만 정치인 줄 아는 사람들은 쓰레기 문제를 사소한 것으로 여긴다. 그러나 그건 착각이다. 쓰레기 줄이는 일은 매우 큰일이다. 소각장이나 쓰레기 매립장이나 재활용품 선별장에 가보라. 하다 못해 동네 상가 골목에라도 가보라. 사람들의 추한 욕망의 민낯을 보는 것처럼 비참하다. 테이크아웃 커피잔에 담배꽁초를 잔뜩 쑤셔 넣고 그 위에 가래를 뱉어놓은 것은 그래도 낫다. 벽에서부터 바닥으로 흘러내린 토사물, 자국과 함께 고약한 냄새를 풍기는 소변의 흔적은 단순히 쓰레기라는 생각을 넘어선다.

제법 고상하고 질서 있는 것처럼 보이는 우리 삶의 방식은 얼마나 끔찍하고 일방적인가? 깔끔한 커피숍에서 얼마나 많은 1회용 플라스틱 잔이 배출되는지. 삼겹살집에서 얼마나 많은 잔반과 기름찌꺼기가 나오는지. 올림픽이나 월드컵 같은 국제적 이벤트 때마다 국민 의식 개선을 부르짖어도 그때뿐 늘 원래대로 돌아간다. 대단한 복원력이다. 이것이야말로 올림픽 금메달감이다. 심지어 쓰레기를 계속 만들고 버리는 게 일자리 창출에 효과가 있다는 억지를 부리는 이도 있다.

우주적 존재라는 인식이 없고는 아무리 어깨띠를 두르고 캠페인을 벌여도, 더 효율적인 쓰레기 저감 장치를 개발해도, 눈코 뜰 새 없이 재활용품을 골라내도 기약이 없다. 우주적 인식만이 내 행동 하나하나가 갖는 의미와 다른 존재들과 나와의 그 절절한 관계 파악을 가능하게 한다. 그래서 쓰레기를 줄이려면 봉투를 나눠주기보다는 고개를 들어 별을 보도록 권하는 일이 차라리 낫다.

위대한 일을 하는 데는 대단한 노고가 드는 것은 아니다. 테이크아웃 커피잔 대신 텀블러를 갖고 다니거나, 일반쓰레기와 재활용품을 구분해 버리기만 해도 된다. 작지만 빅 싱킹 다운 위대함이 그 안에 존재한다. 빅 싱킹은 이렇듯 거대하기만 한 것은 아니다. 삶 속에서 놓치기 쉬운 작은 것들 속에도 있다.

어디 쓰레기만 그런가? 빅 싱킹은 문화를 바꾸고 버릇을 고친다. 인류가 우주의 호의 덕에 세상에 났다는 생각에 미치게 되면 옆 사람에게 '어깨빵'을 선사하거나, 외국인 근로자를 벌레 보듯 하거나, 담장의 높이가 부의 크기인 양 담장 올리기에 집착하거나, 막 바뀐 신호 앞에서 꾸물거린다고 자동차 경적을 미친 듯이 울려대거나, 부인이나 자녀를 자신의 소유물인 양 울타리를 치려고 하거나, 정치인들이 세상을 자신들이 끌고 가는 것처럼 오버하거나 하는 일들이 줄어들 것이다. 이와 같이 어이없거나 막돼먹은 것들이 참을 만한 수준으로 줄어든다면 세상은 달라질 것이다.

5. 문명의 숙제

(1) 우주적 과업 – 자연 해방

시간은 가고 복잡성은 는다. 일단 상황이나 문제가 복잡해지면 이를 해결하기가 힘들기 때문에 사람들은 본질적인 대책을 회피한 채 일시적 완화책에 의존하게 됨으로써 복잡성은 끊임없이 증가하는 경향이 있다. 우리는 시간을 뒤돌리거나 엔트로피 과정을 역행시킬 수는 없다. 그러나 우리는 엔트로피의 진행 속도를 우리의 자유의지에 따라 조절할 수 있다.[328]

고엔트로피 세계는 사회에서 신을 쫓아내버리고 그 자리에 지상천국을 건설하고자 한다. 그 과정에서 우리는 자신을 우주의 중심에 놓았고 모든 가능한 물질적 욕구를 충족하는 데 목표를 둔다. 이에 비해 저엔트로피 세계는 에너지의 흐름을 최소화한다. 인류를 자연의 일부로 생각하며 이 둘을 결코 분리하지 않는다. 세계의 위대한 종교가 모두 동감하는 것처럼 인류의 궁극적 목표는 물질적 욕구의 충족이 아니라 우주와 하나가 될 때 느끼는 해방감에 있다.[329]

통찰은 복잡성에 대한 비밀병기다. 두뇌의 신체적 진화와 점증하는 복잡성 사이의 간극을 메워준다. 통찰은 전방상측두회(aSTG)라는 뇌의 특이한 영역이 활성화는 생물학적 현상으로 탁월하고 압도적인 확신으로 갑작스럽게 찾아오는 해법이다. 큰 에너지를 요하는 인식 과정으로 고도의 복잡한 문제에 효과적이며 슈퍼밈으로부터 자유롭다.

와그너 닷지 대장은 1949년 몬태나 협곡의 화재 현장에서 몸을 피하는 대신 맞불을 놓아 안전지대를 만드는 생각을 갑작스럽게 떠올려 목숨을 구한다. 그 후 그의 행동은 세계 소방관들의 표준 훈련 과정으로 채택되었다. 이처럼 통찰은 탁월하면서도 모든 사람에게서 관찰되는 능력이다.[330]

블링크(Blink)는 무의식에서 일어나는 순간적 판단이다. 신속한 결정이 신중한 결정만큼 좋을 수 있다는 예다. 몸속의 강력한 컴퓨터로 언제 경계하고 언제 귀 기울여야 하는지 터득이 가능하며, 교육하고 관리할 수 있는 능력이다. 기원전 6세기 대리석상인 쿠로스 상의 진위를 둘러싸고 논란이 벌어졌다. 큐레이터 등 몇몇 사람은 처음 보는 순간 뭔가 잘못되었다는 것을 감지했다. 이미 박물관 조사팀이 전자현미경과 전자마이크로 분석기, 질량분석계, X-레이 형광 등 최첨단 기기를 동원해 14개월 동안 파헤친 끝에 진품 판정을 내린 석상이었지만, 수년 뒤 결국 모조품임이 밝혀졌다. '블링크'는 14개월의 조사보다 조각상의 본질에 대해 더 정확하게 파악했다.[331]

문명의 복잡성을 어떻게 받아들일 것인가. 루소의 자연으로 돌아가자는 주장이 현실적이지 못한 것처럼 복잡성을 대책 없이 늘려가는 입장도 이상적이지 못하다. 우리는 비록 기존의 문명을 그대로 인정할 수 없다 하더라도 송두리째 부정할 필요는 없다. 오히려 문명 안에서 힌트를 찾아야 한다. 그동안 인류의 역사는 신이나 권력 등으로부터 인류 자신을 해방하기 위한 것이었다. 인류는 억압을 못견뎌한다. 끊임없이 이에 저항한 덕분에 지금과 같은 자유를 얻었다.

산업화를 막아서 얻을 수 있는 것은 없다. 하지만 우리 문제와 관련된 신뢰할 수 있는 생물학적 지식과 일반적인 수준을 넘는 시민 의식 그리고 중용을 갖춘 지도력이 가장 필요하다.[332] 앞서 말한 적정기술, 요람에서 요람으로, 바이오미미크리, 저엔트로피 세계, 통찰, 블링크 등에는 공통점이 있다. 바로 자연에 대한 존중이다.

앞으로 인류가 갈 길은 다른 존재들을 억압에서 해방시키는 길이다. 우리에게는 이를 감당할 만한 경험과 지혜가 있다. 이는 인류가 처음

"인류는 억압을 못견뎌한다.
끊임없이 이에 저항한 덕분에 지금과 같은 자유를 얻었다."

으로 남에게 호의를 베푸는 일이다. 우리가 빛나는 역사로 기록한 노예 해방이 기껏해야 인류 내에서의 호의라면 자연 해방이야말로 인류의 울타리를 벗어나는 통 큰 호의다. 만일 백이와 숙제가 위대하다면 권력을 포기해서가 아니라 자연을 사랑해서 시골로 갔기 때문이다. 권력을 내려놓는 일은 '집안일'일 뿐이지만 다른 존재에 대한 사랑은 인류의 울타리를 뛰어넘는 '우주적 과업'이다.

> **백이와 숙제**
> 중국 주나라 초기의 두 성인. 원래는 군주의 아들들이었으나 왕위 계승 문제가 불거지자 형제간의 의리를 지키기 위해 함께 도망쳤다. 후에 주나라에 의해 은나라가 망하자 인의를 어긴 주나라의 곡식을 먹기를 거부하며 권력을 포기하고 산에 은거해 나물을 먹고 살다가 죽었다.

우리는 다른 사람을 존중한다. 그가 내게 베풀지 않아도 사람이라는 이유만으로도 존중한다. 그런데 인류가 자신의 삶이 가능하도록 모든 것을 베푸는 다른 존재를 존중하지 않는다면 배은망덕하다. 자연이 저항하지 않고 늘 고분고분하다고 마구 대한다면 인류는 깡패와 다름없다. 그것도 혼자서 노는 양아치보다 무리를 이루는 조폭에 가깝다.

(2) 우스꽝스러운 맹목 떨치기

인류는 두 갈래의 길 앞에 서 있다. 하나는 오만과 편견의 길이며 다른 하나는 겸손과 이해의 길이다. 전자는 우주는 물론 다른 존재와의 관계를 생각하지 못한 채 자신만의 이득을 추구하는 스몰 싱킹의 길이며, 후자는 우주와의 관계를 이해하며 다른 존재들과 조화를 이루는 빅싱킹의 길이다. 전자는 난쟁이의 길이라면 후자는 거인의 길이다.

과거에도 두 길이 있었지만 지금처럼 또렷이 보이지는 않았다. 지구상의 많은 것들이 훼손되었지만 지금이라도 회복 가능하다는 의미에서 인류가 이미 어느 하나의 길로 접어들었다고 해도 다시 되돌아올 시간은 있다. 그러나 이제 길을 택한다면 되돌아올 시간이 남아있을 것 같지 않다.

그동안 인류의 미래를 놓고 비관주의와 낙관주의가 대립해왔다. 비관주의는 물, 지하자원, 화석연료 등 자원의 고갈, 다른 종의 급격한 멸종, 핵무기나 생화학무기의 위협, 해양의 산성화, 온실기체의 급격한 증가 등 인류가 심각한 위기를 맞고 있다고 본다. 이전의 역사에서도 위기가 많았지만 이번 위기는 두 가지 점에서 다르다. 주로 인류의 무분별한 활동 탓으로 벌어지고 있다는 점과 전 지구적인 양상을 띤다는 점이다.

낙관주의는 인류는 그동안 해온 것처럼 학습능력, 통찰, 교환이나 아이디어들 간의 섹스, 수확체증의 법칙 등에 힘입어 어려움을 극복하고 더 나은 미래를 만들어갈 것이라고 믿는다. 설사 위기를 맞게 되어도 충분히 이를 해결할 의지와 능력을 갖추고 있다. 낙관주의에 의하면 "비관주의는 언제나 흥행실적이 좋았다." 1960년대 인구 폭발과 기근, 1970년대 자원고갈, 1980년대 산성비, 1990년대 유행병, 2000년대 지구온난화 등 비관해야 할 이유는 시대에 따라 달라졌다.[333] 1960년대의 자원과 기술로는 지금의 70억 명이 넘는 인구를 부양할 수 없었겠지만 자원이 새롭게 확보되고 기술이 지속적으로 개선되었기에 그 이상의 인구도 부양할 수 있다.

미래학자 레이 커즈와일은 수확체증의 법칙(Law of Accelerating Returns)
이라는 개념을 제시했다. 기술은 다른 수단에 의한 지속적인 진화이
며, 그 자체가 진화 과정으로 시간이 흐르면서 기하급수적으로 수확이
증가한다는 것이다.[334] 그에 따르면 인류의 기술은 지금 수직 상승 중
이며 2045년경에는 인류가 영생할 수 있을 전망이다.

낙관주의는 교역 또는 교환을 핵심 가치 중 하나로 본다. 인류의 아
이디어들이 만나 서로 짝을 짓고 섹스하기 시작함으로써 인류가 진보
하게 되었다고 주장한다. 현대인은 한 끼 식사에 498명을 동원한 태양
왕 루이 14세만큼 풍족하게 산다고 본다.[335]

이에 대해 이윤은 오로지 노동에만 존재하고, 교환은 새로 만들어
진 것도 없고 생산된 것도 없기에 이익은 있어도 이윤은 없으며, 교환
학은 암흑의 학문에 불과하다는 주장이 있다.[336] 또한 교환은 순수해야
한다. 강압이나 사기에 의해 이익을 취하는 교환은 교환의 이로움을
창출하지 못한다. 예수는 성전에서 사고파는 사람들을 쫓아내고 환전
상들의 탁자와 비둘기 장수의 의자를 엎었다. 유월절에 바치는 성전세
와 제물을 놓고 제사장이 환전상과 결탁하고 비둘기 장수가 공급을 조
절해 과도한 이득을 취하는 것에 크게 화를 낸 것이다. 가난한 사람을
등쳐 먹는 모리배를 준엄하게 나무란다.[337]

낙관주의자의 말처럼 비관주의의 예상이 번번이 빗나갔더라도 인

류 문명의 어두운 면 자체가 사라지는 것은 아니다. 인류 역사상 지금처럼 인류에 의해 환경오염과 자원고갈이 전 지구에 걸쳐 벌어진 적은 없다. 또한 생활여건이 과거의 추세에 근거하여 미래에도 개선될 것이라고 보는 것도 경제에 치우친 단선적 시각이다. 석유 부존량, 식량생산능력, 생물권의 재생능력은 인간과 자연 사이의 상호 작용에 의해 형성되는 동적인 변수라는 주장에 동의하더라도, 매년 2만 7천종이 멸종해봤자 100년 동안 멸종하는 생물은 전체 종의 2.7%에 불과하다는 주장[338]은 지나치게 인류 중심적이다.

영국의 천문학자인 마틴 리스(Martin Rees)는 우리 후손들이 이 모든 위험요인을 극복하고 살아남을 확률은 50%라고 전망했다. 그의 말은 결국 인류의 미래는 인류 자신에게 달렸다는 뜻이다. 인류는 낙원의 길도 멸망의 길도 아닌 또 다른 길을 갈 가능성이 높다. 인류가 갑자기 큰 용기를 내 위대한 길을 갈 것이라는 전망은 그동안에 걸어왔던 길을 그대로 갈 것이라는 단정만큼이나 고루하다. 그런 측면에서 지나친 낙관주의나 비관주의는 현실적이지 못하다.

우리는 아주 우스꽝스러운 길을 단지 다른 사람들이 간다는 이유만으로 이해할 수 없을 정도로 쉽게 따라간다. 나치 치하의 독일, 마오쩌둥이 주도한 문화혁명의 중국, 메카시즘, 비틀즈 광신, 나팔청바지 등이 그 예이다.[339] 특히 한국 사회에서 그 현상은 더하다. 천만 관객 영화, 배기량이 큰 차량, 아웃도어 스포츠웨어, 스마트폰 등이 이를 잘 보여준다. 여기에서 이것에서 저것으로 정신없이 몰려다니는 우리의

'따라쟁이' 속성을 활용하면 어떨까? 눈앞의 것들에만 매달리는 사람들이 큰 것을 생각하기 어렵지만 따를 만한 자가 나선다면 그가 한다는 이유만으로 따라할 가능성이 높다. 그 모습은 기이하더라도 결과는 아름다울 것이 틀림없다.

(3) 뉴턴 어깨 위로 올라서기

사람들은 나누고 또 나눈다. 생물학자들은 엄격한 이성으로 종, 속, 과, 목과 같은 분류의 벽 안에 모든 지상의 생명을 분류하고 가둔다. 그래서 그들 사이에는 감옥 같은 두꺼운 의식의 벽이 생긴다.[340] 인류의 이러한 벽 쌓기는 생물 세계에서만 벌어지는 일이 아니다. 국가, 지역, 종교, 집단, 조직, 학문 등에서도 마찬가지다. 인류는 진보라는 깃발을 들어 올린 채 이성을 전가의 보도처럼 부여잡고 끊임없이 나누고 계속해서 벽을 쌓는다.

만유인력은 온 우주에 질서를 준다. 만유인력처럼 인류의 마음을 끌어당기는 정념의 인력으로 인류 사회에 질서를 부여하는 것이 있다. 바로 사랑이다. 사과에서 만유인력을 발견한 뉴턴보다 사람들 사이에서 인력을 발견한 푸리에가 더 위대할 수 있다.[341] 사랑은 뉴턴의 중력 원리처럼 크면 클수록 더 많은 사람들을 끌어당기며, 그 사랑이 절대적 수준에 도달하면 아인슈타인이 주장한 것처럼 시간을 초월하여 영원히 사람들을 끌어당긴다. 엄격한 이성이 상대를 밀어내는 척력이라면 사랑은 모든 것들을 끌어당기는 중력이다.

그런데 푸리에가 몰랐던 인력이 하나 더 있다. 바로 사람과 다른 존재들 간의 인력이다. 우리는 뉴턴보다, 푸리에보다 더 위대해질 수 있다.[341] 제인 구달이 탄자니아에서 침팬지와 눈이 맞았듯이, 고흐가 아를에서 별과 눈이 맞았듯이, 니체가 주인의 명령을 거부한 채 토리노 광장 한 구석에 그대로 멈춰버린 말과 하나가 되었듯이 우리는 우리 이외의 존재들과 통할 수 있다. 인류에게는 다른 생명을 사랑하는 '생명 사랑' 본능이 있다.[342] 엄격한 이성 탓으로 멀리 밀려난 그들은 우리가 팔을 벌리기만 하면 우리 품에 덥석 안길 것이다.

우리 조상들은 집 주위에 탱자나무를 심어 울타리로 삼았다. 탱자나무는 거친 가시가 있어 도둑을 물리치는 한편 높이가 알맞아 까치발을 하면 이웃에 말을 건넬 수 있게 해준다. 지킴과 소통이 절묘하게 어우러진다. 탱자나무는 다른 울타리와는 달리 이웃 간에 벽 쌓기를 하지 않으며 언제든지 마음만 먹으면 다가갈 수 있는 중력의 울타리다. 인류에게 필요한 것은 다른 존재들과 단절시키는 울타리가 아닌 나누더라도 언제든 통할 수 있는 울타리다.

사람들은 다닥다닥 붙어있던 감들을 다 따버리지 않고 까치를 위해서 몇 개는 남겨둔다. 자연이 만들어준 감을 까치와 함께 나눠먹어야 한다고 생각한다. 또 우리 조상들은 벌레들이 알을 까고 나오는 봄에는 짚신을 느슨하게 삼았다. 보통은 십합혜로 촘촘하게 삼던 신발을 오합혜(五合鞋)로 삼음으로써 벌레들이 밟혀 죽지 않도록 배려한다.[343]

현대판 오합혜 신발을 만들면 어떨까? 지금의 기술이라면 충분히 할 수 있다. 사람들이 좋아하는 탄력을 유지하면서도 땅바닥을 기어 다니는 생명의 희생을 최소화할 수 있는 최첨단의 신발을 개발할 수 있다. 더 노력하면 개미가 밟혀도 죽지 않는 신발을 만들 수 있을지도 모른다. 어디 신발뿐이겠는가. 사람들이 타고 다니는 자동차, 오토바이시클, 자전거, 카트, 보드 등의 각종 바퀴를 오합혜 정신으로 만든다면 그 많은 로드 킬은 물론 눈에 잘 안 띄지만 그것보다 더 많은 작은 생물들의 비명횡사를 줄일 수 있다. 사람들은 끔찍이 좋아하지만, 생명들에게는 죽음과 이별의 갈림길이 된 도로가 생명 배려의 길로 거듭날 수 있다.

30세에 대령이었지만 35세에 사병으로 군대에 복귀한 아라비아 로렌스[344]는 오토바이를 좋아했다. 자동차는 남을 죽이지만 오토바이는 자신을 죽이기 때문이라고 생각했다. 하지만 오토바이도 남을 죽인다. '남'에는 사람만 있는 것은 아니기 때문이다. 도로는 본래 개구리, 두꺼비, 아르마딜로, 뱀, 다람쥐, 고라니, 고양이, 노루, 사슴, 코끼리는 물론 각종 곤충과 새 등 무수한 생명들의 길이었다. 이방인인 인류가 그들의 입장을 고려하는 것은 당연하다. 도로를 건너는 그들에게 바퀴가 두 개이거나 네 개이거나 시속 100킬로미터로 가깝게 달리는 금속 물체는 끔찍한 죽음의 사자이긴 마찬가지다.

인도 라다크에서는 여름에 있는 야르나스(yarnas) 기간 동안에는 승려들이 벌레를 밟아 죽이는 일을 방지하기 위해 한 달 정도 바깥출입을 삼간다. 또 파종 단계에서 사람들은 땅과 물의 영혼들을 달랜다. 흙속의 벌레들, 개천의 물고기들 그리고 땅의 영혼은 쉽게 노여움을 타는 존재들로 본다. 삽질을 하거나 돌을 깨거나 혹은 그냥 걷는 것만으로도 그들의 평화를 깨뜨릴 수 있다고 보고 파종 전에 제사를 지낸다. 이날은 고기를 먹거나 술을 마시는 일이 금지된다.[345]

뉴턴은 자신이 과거의 과학자들보다 멀리 내다볼 수 있었던 것은 그들의 어깨 위에 올라서 있었기 때문이라고 말한다. 이번에는 우리가 뉴턴의 어깨 위에 올라서면 어떨까. 그래서 단지 물질의 세계에만 머물러 있는 그의 중력이론을 사람에게도 적용하는 것이다. 또한 푸리에보다 한 발 더 나아가 사람 사이의 인력을 다른 생명은 물론 생명이 없는 존재들에게까지 넓히는 것이다. 이렇게 될 때 사람과 존재들이 천체들처럼 이웃같이 지낼 수 있지 않을까.

(4) 맨 처음의 빅맨으로 살기

인류는 요람에서 무덤까지 호의를 받고 산다. 우리는 태어나면서부터 수많은 원소들을 별이나 다른 존재들로부터 받는다. 사는 동안에도 호의를 받는다. 태양, 대기, 물, 땅, 박테리아는 물론 오래 전에 살았던 생명의 잔해로부터도 호의를 받는다. 이처럼 우리가 받는 호의는 놀랍도록 지속적이고 전면적이다.

그런데 우리는 호의를 당연한 것으로 여긴다. 상하좌우를 보지 않고 오로지 앞만 보고 달려가는 습성 때문에 받는 일에 감사하는 마음이 적다. 우리는 사는 동안 다른 존재들에게 호의를 베푸는 일은 거의 없다. 아마 배설이 유일할 것이다. 우리가 하등 가치 없게 여기는 일이 오히려 생태계 순환에 유익하다. 반면 우리가 높은 가치를 부여하는 소비, 운전, 식사, 생산, 건설 등은 십중팔구 다른 존재들에게 해를 끼친다.

죽음은 인류를 위로하고 살아가게 만드는 것이나 저녁까지 행군할 용기를 주는 유일한 희망[346]이 아닐지라도 지구에 유익한 것임에는 확실하다.[347] 다행스럽게도 우리가 죽으면 우리를 이루던 원소들을 다른 존재들에게 줄 수 있다. 우리가 비록 죽음에 이르러서야 호의를 베풀지만 온몸을 온전히 내준다는 점에서 욕심이 없고 통이 크다. 빅맨의 면모가 엿보인다. 죽음은 본래 무였던 존재가 다시 무로 돌아가는 원상회귀이면서도 존재들의 순환을 돕는 전면적인 호의다. 우리는 속임수를 쓰지 않고도 번번이 돈을 따는 탐욕스러운 노름꾼인 시간 덕분에[348] 최소 한 번쯤은 빅맨이 되는 셈이다. 만일 우주의 질서를 주관하는 자가 있다면 인류에게 죽음으로써 속죄할 기회를 준 것이 아닐까.

네팔의 장례의식으로 천장(天葬)이 있다. 사람이 죽으면 독수리가 먹을 수 있도록 마을 멀리 한적한 곳에 갖다 놓는다. 이윽고 독수리가 몰려들면 망자의 영혼은 육체로부터 벗어나 다른 생명으로 태어난다. 생전에 공덕을 많이 쌓은 망자는 더 훌륭한 생명으로 태어난다. 이처럼 생명은 윤회한다. 천장의식을 지켜본 라마교 동자승은 죽음은 슬프지

"다행스럽게도 우리가 죽으면 우리를 이루던 원소들을 다른 존재들에게 줄 수 있다.
우리가 비록 죽음에 이르러서야 호의를 베풀지만
온몸을 온전히 내준다는 점에서 욕심이 없고 통이 크다."

만 더 이상 두렵지 않다고 말한다. 이처럼 사람은 죽어 없어지는 것이 아니라 다른 존재로 다시 태어난다면 다음 생을 생각하면서 살 것이다. 또 주위의 존재들과의 유대감을 느끼게 될 것이다.

우리는 최후의 순간 누구나 빅맨이 된다. 이왕이면 사는 동안 빅맨이 될 수 없을까? 그것이야말로 진정한 빅맨이 아닐까? 진정한 빅맨이 되려면 역설적이게도 사람은 누구나 빅맨으로 생을 마친다는 사실부터 깨달아야 하지 않을까. 아무리 가져봐야 내 것이 될 수 없으며 결국은 내 것을 모두 내놓아야 한다는 것을 아는 것이 중요하다. 그렇다면 좀 일찍 내놓은들 아깝지 않을 것이다.

인류가 다른 존재들에게 호의를 베풀지 않은 것은 아니다. 받은 호의에 비하면 작지만 인류는 사는 동안 누구나 이러저러한 호의를 베푼다. 설사 본인이 의도하지 않았더라도 말이다. 숲속을 거닐다가 몰래 보는 소변이 비를 기다리는 나무나 풀에게는 아주 짧으나마 단비가 될 수 있다. 빵을 먹다가 떨어뜨린 작은 부스러기가 먹이를 찾는 개미에게는 큰 선물이 될 수 있다. 수확하다가 흘린 벼 이삭이나 고구마가 주변의 생명들에게 뜻밖의 횡재가 될 수도 있다.

이제 우리는 이런 소소하거나 관습적인 호의에서 큰 호의로 건너 뛰어야한다. 인류뿐만 아니라 다른 존재들과 우주에게까지 베푸는 큰 호의 말이다. 그것을 '퀀텀 점프'라 하든, '진화론적 루비콘강'이라 하든, '패러다임의 변화'라 하든, '거대한 도전'이라고 하든 말이다. 우리는

빅 싱킹

사소한 손해에도 못 견뎌할 만큼 옹졸하지만 몇백 년, 몇천 년 이어진 원망이나 상처도 대번에 덮을 수 있을 만큼 통이 크다. 약간만 무시당해도 도통 참지 못하지만 동시에 누대에 걸쳐 존재들을 무시하거나 수탈해온 깡패 같은 짓을 거짓말처럼 그만둘 수 있는 가능성의 존재이기도 하다.

인류에게 다른 존재들은 우주적 관점에서 보면 모두 별에서 온 우주의 사자이며, 지구적 관점에서 보면 한 배를 탄 공동운명체이며, 생물학적으로 같은 조상의 후손이며, 유전학적으로 매우 닮은 유사체이며, 불교적 관점에서 보면 하나하나가 대우주를 닮은 소우주이다. 진화의 과정에서 서로 다른 점이 생겼다고 해서 존재들 사이의 관계에 변화가 생기는 것은 아니다. 그런 그들을 껴안지 않는다면 우리가 껴안을 자는 아무도 없다.

일반상대성이론을 완성한 후 아인슈타인은 이렇게 말했다. "몇 년 동안 밤길을 헤매는 불안한 심정으로, 그러나 무엇인가를 반드시 찾고야 말겠다는 바위 같은 신념으로 연구에 몰두하였다. 그동안 내 마음속에는 자신감과 좌절감이 수도 없이 교차되었으며, 결국 어느 날 모든 것이 그 모습을 드러냈다."[349] 그런데 빅맨이 되려면 아인슈타인 같은 천재일 필요는 없다.

누구나 빅맨이 될 수 있다. 제 몫 챙기기의 달인보다는 손해 보며 사는 숙맥이, 분석적이고 차가운 이성의 소유자보다는 통 크게 생각하는

"인류에게 다른 존재들은 우주적 관점에서 보면 모두 별에서 온 우주의 사자이며,
지구적 관점에서 보면 한 배를 탄 공동운명체이며,
생물학적으로 같은 조상의 후손이며,
유전학적으로 매우 닮은 유사체이며,
불교적 관점에서 보면 하나하나가 대우주를 닮은 소우주이다."

빅싱킹

따뜻한 사람이 빅맨에 가깝다. 하지만 자신의 이득만을 챙기거나 이성에만 의지하는 사람에게도 빅맨의 길은 닫혀있지 않다. 우리 속에 잠자고 있을 순수한 마음을 펼치기만 하면 된다. 우리는 빅맨을 기다려 볼 만하다.

(5) 초슈퍼밈 만들기

인류의 유전자는 느려터지다. 몇백만 년 동안 이어졌던 수렵·채취 시절에 형성된 것으로 지금까지 큰 변화 없이 유지되고 있다. 유전자의 더딘 진화 탓에 정보 사회를 사는 우리는 종종 당혹감을 느낀다. 아무리 스마트 기기로 무장을 하고 십 년 넘게 공부를 해도 아찔한 본능 앞에 무장해제 되기 일쑤다. 남자들이 이종격투기든, 축구든, 골프든 경기 자체를 즐기기 보다는 승부에만 집착하거나 마치 사냥하듯 상대 운전자를 몰아세우거나 사소한 일로 아찔한 추격전을 벌이거나 하는 것들이 그 예이다.

문화의 진화 속도가 유전자의 그것보다 빠르다는 사실은 위험이 늘어가는 이 세계에 희망을 부여한다.[350] 유전자가 그토록 더디다면 우리가 어떻게 해봐야하는 쪽은 밈(Meme)이다. 그것도 덩치 큰 밈, 슈퍼밈(Super Meme)말이다.

사람들이 좋아하는 음식은 자주 바뀐다. 한국 사회에서 삼계탕이나 백숙처럼 보양식으로 먹던 닭 요리는 대중화가 시작된 1970년대부터 끊임없이 변해왔다. 조각내지 않은 닭을 그대로 가마솥의 끓인 기름에 튀긴 통닭, 여러 토막을 내 튀김옷과 매콤한 양념을 한 양념치킨에 이어, 마늘치킨, 카레치킨, 간장치킨, 불닭, 파닭, 구운닭, 치즈크림이 들어간 까르보나라치킨이 등장했다. 닭을 요리하는 방법이 숨 가쁘게 변해온 것이다. 정보 기술의 급속한 발달로 정보를 습득하는 습관도 자주 바뀐다. 책이나 신문에서 텔레비전으로, 또 데스크탑 컴퓨터로, 여기서 다시 스마트폰으로 바뀌고 있다. 이처럼 사람들의 새로운 선호나 기술의 진전이 밈의 변화를 촉진한다.

사람들은 밈을 만들어 고집불통의 유전자를 극복하고자 한다. 그런데 이기적인 유전자에 저항해야 할 밈이 거꾸로 사람들의 앞길을 가로막는 일이 생긴다. 합리적인 근거도 없이 잘 고쳐지지 않거나 끈질기게 생명력을 유지하는 생각이나 문화가 존재한다. 이른바 슈퍼밈이다. 이것의 출현은 몰락의 징조로 여겨진다. 사람들은 현실의 가혹함 또는 복잡함으로부터 도피해 이것의 달콤함에 빠지곤 한다. 몰락의 징조까지는 아니더라도 우리 주위에 슈퍼밈은 많다. 자기중심주의, 이방인 혐오증, 습관적 낙관주의, 육식에의 집착 등은 그 일부에 불과하다.

오로지 나만 옳다는 자세는 대표적인 슈퍼밈이다. 일신교는 국가주의, 민족주의와 더불어 기생충 같은 존재다.[351] 우리의 종교만 구원이 가능하고, 우리의 국가만 정의롭고, 우리의 혈통만 우월하다는 믿음은 어이없다. 그것은 위계적이고 분열적인 사고로 저만치 차가운 이성에 뿌리를 내리고 있다. 이방인 혐오증은 이것의 결과다. 이것에 빠지면 당연히 우리 것을 늘리는 일에 골몰하게 됨으로써 세상은 갈등과 투쟁의 무대가 된다.

인류는 어떤 위험이나 어려움도 극복할 것이라는 습관적 낙관주의도 또 하나의 슈퍼밈이다. 근거나 노력도 없이 낙관주의를 믿는다는 점에서 비판적 낙관주의와 거리가 있다. 이것은 지구는 인류를 위해 존재한다는 슈퍼밈과 짝이 되어 위력을 발휘한다. 습관적 낙관주의는 비관주의를 부질없는 걱정으로 돌리고 다른 존재들에 대한 수탈을 권리로 여긴다. 기후변화는 누적적인 특성 탓으로 일단 시작되면 몇 년 안에 되돌릴 수 없는데도 때가 되면 다 해결될 것이라고 방치한다. 습관적 낙관주의자는 생명과 인류의 미래를 염려하는 건전한 비관주의마저 사람들을 현혹시키는 신흥 종교쯤으로 간주한다.

고기를 먹어야 한다는 생각은 뿌리 깊다. 인류는 수렵·채취 시절부터 고기에 집착해왔다. 육식 선호는 가축 문명의 뿌리와 맞닿아있다. 15세기 초 페스트로 인구가 급감하면서 노동력이 부족해지자 임금이 가파르게 상승하기 시작하였는데 이 때 육류소비가 급증하였다. 이후 대부분 나라에서 쇠고기는 부와 지위를 상징하는 특권의 한 형태가 되었다.[352] 이런 탓에 사람들은 필요 이상으로 고기를 탐한다. 필요 이상의 큰 차를 타고 다니는 경우와 같다. 사실 단백질이나 철분은 육식 이외에도 섭취가 가능하다.

인류는 현재와 같은 안정적 상태가 지속될 것이라고 믿는다. 현재

위주로 생각하는 습성 탓에 과거를 망각하고 미래에 무관심하다. 설마 하고 방심하다가 일이 벌어지고 나서야 뒤늦게 호들갑을 떤다. 그러고는 또 쉽게 망각한다. 마치 망각이 행복을 가져다 주는 지혜인 양한다. 그러나 아주 작은 변화만 있어도 세상은 격변할 수 있다. 기적의 세팅에 의해 생명이 태동했다는 사실은 어느 것 하나만이라도 변하면 전체가 흔들릴 수 있다는 의미다.

이와 같이 완고한 현상유지 성향에 대해 가능한 최고의 디폴트 옵션 (default option:지정하지 않고 자동으로 선택되는 옵션)을 설정하는 일이 중요하다. 이것이 부드러우나 강력한 넛지(nudge) 전략[353]이다. 특히 비용은 즉각 발생하나 이익은 나중에 발생하는 경우, 난이도가 높은 경우, 발생 빈도가 드문 경우, 피드백이 어려운 경우에 그렇다.[354]

> **넛지**
> 금지나 명령이 아닌 부드러운 권유나 주위 환기로 선택에 개입하는 것. 원래 '슬쩍 찌르다'라는 뜻의 넛지(nudge)는 『넛지』에서 '타인의 선택을 유도하는 부드러운 개입'이라는 의미로 확대되었다.

변화를 싫어하는 인류는 사실을 밀어내고 슈퍼밈에 의존하는 경향이 있다. 슈퍼밈은 도피나 회피다. 슈퍼밈은 그 사회의 병리현상을 그대로 드러내는 거울이다. 물론 슈퍼밈이 없는 사회는 상상하기 어렵다. 기존의 슈퍼밈을 해결해도 또 다른 슈퍼밈이 등장할 것이다. 중요한 것은 이를 피하지 않고 치명적인 것부터 해결하는 일이다. 비싼 음식이 몸에 더 좋다는 것보다 인류가 세상의 중심이라는 것부터 고치는 일이 시급하다.

하지만 점진적인 접근으로는 한계가 있다. 기존의 슈퍼밈들을 하나씩 제거하기보다는 그것들보다 더 큰 슈퍼밈을 새롭게 만들어 일거에 그것들의 힘을 빼버리면 어떨까? 이것이 빅 싱킹의 방식이다.

인류는 우주적 존재라는 초슈퍼밈을 만들고 이를 바탕으로 삼은 채, 인류와 다른 존재들은 본질적으로 다르지 않다는 슈퍼밈, 인류만의 이익보다 존재들과의 조화가 더 중요하다는 슈퍼밈, 국가나 종교나 이념보다 인류와 존재들의 평화가 더 중요하다는 슈퍼밈, 이성만으로는 한계가 있으며 아량이나 통치기가 필요하다는 슈퍼밈, 친족은 따로 없으며 누구든 이방인일 수밖에 없다는 슈퍼밈, 툭하면 국익을 내세워 외국을 몰아 부치는 정치보다는 바보같이 기다려주고 내주는 정치가 결국은 낫다는 슈퍼밈, 진정한 영웅은 인류의 울타리를 벗어나 모든 존재들을 사랑하는 자라는 슈퍼밈을 만들면 어떨까?

한국 사회와 슈퍼밈

한국 사회야말로 슈퍼밈의 집적지다. '슈퍼밈의 사회'라고해도 과언이 아니다. 남들이 하면 나도 해야 한다거나, 저녁을 같이 해야 진정한 친구가 된다거나, 나이가 자기보다 적은 사람을 아랫사람으로 취급해도 좋다거나, 연줄을 통하면 안 되는 일이 없다거나, 여자는 예쁘고 근육이 없어야 한다거나, 대한민국은 단일민족으로 이뤄져있다거나, 좋은 대학을 나온 사람이 일을 잘한다거나 하는 것들은 몇 가지 예에 불과하다. 하나같이 근거가 없다.

한국은 동질적인 고밀집 사회로 이웃과의 비교가 삶의 주된 행동방식이다. 이웃을 의식하지 않고는 한시도 못 살게 만든다. 남들이 하면 나도 해야 위신을 세울 수 있다. 남들은 하는데 나는 못하면 패자가 된다. 이런 이웃효과[355]는 거품을 만들며 균형을 무너뜨리고 쏠림현상으로 이어진다. 대학진학률이 지나치게 높고 고가의 의류가 불티나게 팔리며 천만 관객이 드는 영화가 심심찮게 나오는 이유이다. 어떤 이는 이를 두고 '들쥐떼 습성'이라고 비아냥거린다.

저녁을 같이해야 진정한 친구가 된다는 믿음도 뿌리 깊다. 여기서 저녁이 의미하는 것은 술자리를 매개로 한 정서적 관계로의 진입이다. 고의적인 음주로 겉치레를 벗고 진정한 마음으로 교감하자는 것으로, 음주는 늘 과격하고도 과도하다. 왜 꼭 술의 힘을 빌려야 되는 것인지, 술을 못 마시는 사람은 어떻게 해야 하는지 안내도 배려도 없다. 그리고 여차하면 또 다른 술자리로 이어지는데 이렇게 되면 교감의 동지가 아니라 일탈의 동업자가 된다.

단일민족이라는 믿음은 사실이 아닐뿐더러 전혀 바람직스럽지 않다. 국가는 순수 단일민족이라는 환상을 국민에게 주입시켜 개발시대의 주된 동력으로 삼았다. 5,000년 유구한 역사를 가진 저력 있는 민족임을 강조했다. 그러나 우리 민족은 순수 혈통이 아니다. 이미 오래전부터 이민족과 섞여왔다. 외국인 유입은 1990년대에 본격적으로 시작되었지만 그 이전에도 적지 않았다. 여진, 돌궐, 거란, 몽고, 위구르 같은 북방민족은 물론 중국, 베트남 같은 남방민족과 이슬람, 인도 출신의 중동 또는 서남아시아 민족도 유입되었다.

하늘에서 내려온 황금 알에서 탄생한 가야의 시조 수로왕은 허황옥이라는 열여섯의 아유타국(인도)의 공주를 그의 부인으로 받아들였다. 또 불교가 한국(동방)으로 퍼진 것을 두고, "중국과 동방이 아득히 떨어져서/ 부처님 계신 곳을 이천 년 간 몰랐네/ 동방으로 전파되니 참으로 기쁘구나/ 동방과 인도가 한 하늘 밑이네"라는 시구가 전해온다.[356]

덕수 장씨 시조 장순룡은 위구르계 사람으로 고려 충렬왕 때 원나라 제국공주의 시종무관으로 들어와 고려 여인과 결혼한다. 베트남에서 유래한 화산(花山)이씨는 베트남 리 왕조의 후손으로 알려져 있다. 페르시아의 서사시인 「쿠쉬나메」에는 아브틴 페르시아 왕자와 파라랑 신라 공주의 결혼 이야기 등 신라에 대한 내용이 절반이나 된다. 845년 편찬된 『아랍 지리서 왕국과 도로 총람』에 따르면 아랍인들은 자연환경이 뛰어나고 금이 많이 나는 신라를 동경해 많은 이들이 한반도로 건너와 정착했다. 9~15세기 사이에 이슬람 학자들이 쓴 책에서 아랍인과 신라인 사이에 빈번한 접촉이 있었음을 보여준다.[357]

이런 사실에도 불구하고 순혈주의에의 집착은 쉽게 사라지지 않는다. 멀지 않아 인구가 줄어들 것이 확실한데도 우리는 내국인의 출산율 올리기에만 골몰하고 있다. 외국인에 대한 과감한 문호 개방이라는 유력한 대안에는 관심이 없다. 뿌리 깊은 순혈주의가 생각의 확장을 막고 있는 것이다.

"아름답기 위해 필요한 것은
포획이 아니라 포옹이다."

도전 인류

1. 협력해야 할 의무

(1) 이제 일방적 승리는 없다

인류가 가장 즐겨하는 게임은 제로섬이다. 인류는 이길 확률이 50%밖에 안 되는 게임에 목숨을 건다. 상처뿐인 승리를 거둘지라도 싸움을 마다하지 않는다. 상대가 가진 것을 빼앗거나 상대를 무릎 꿇게 만들어야 만족한다. 협력하면 서로 이득을 볼 수 있다는 것을 알 만한데도 일방적인 승리를 원한다.

그러나 이제 수많은 전쟁의 경험과 다양한 전략전술의 보급, 약자를 지원하는 반대세력의 존재, 광범위하고 신속하게 형성되는 국제 사회의 여론 등으로 강자라고 하더라도 일방적 승리를 거두기 어렵다. 전쟁은 모호한 휴전 또는 어중간한 승리로 끝나거나 지리멸렬한 소모전으로 이어지기 십상이다. 최강대국 미국조차 제2차 세계대전 이후 수차례의 전쟁에서 뚜렷한 승리를 거둔 적이 없다.

이 점을 차치하고라도 인류가 싸우기보다는 힘을 모아야 하는 이유가 점점 늘고 있다. 한 국가의 힘만으로는 우주 탐험이 불가하다. 제아무리 국력이 강한 국가라도 우주를 탐험하는 데에는 한계가 있다. 사실 지구의 국가들이 모두 힘을 합쳐도 결코 쉽지 않다.

우주 탐험을 위해서 국제적 기금을 조성할 필요가 있다. 가장 먼저할 일은 국방비 절감이다. 영국 국제전략문제연구소에 의하면 2014년세계 국방비는 1조 7,000억 달러에 이른다. 그중 절반을 우주프로젝트 기금으로 조성한다면 인류는 더 빨리 우주에서 길을 찾을 수 있을것이다. 우주 공간에서 지구를 본 우주비행사들이 대기의 귀중함을 알아채듯 다른 행성을 여행할 수 있다면 우주와 존재의 의미를 더 잘 이해할 수 있을 것이다.

크게 보면 잘 보인다. 최근으로 올수록 기후변화, 자원고갈, 생명 다양성 감소가 전 지구적 규모로 벌어지고 있다. 인류가 크게 보고 힘을합쳐야 이러한 사태에 제대로 대응할 수 있다. 러시아 우주비행사 알렉산드르 세레브로프는 아프리카 사하라 사막의 대기권 상공에서 발생한 강력한 모래폭풍이 3일 후에 미국에 도달해 차츰 거대한 뭉게구름이 되고 일주일 후 천둥번개를 동반한 회오리바람이 되어 북대서양에서 발생하는 것을 목격하였다.[358] 한 곳에서 일어난 자연현상이 몇천 킬로미터나 떨어진 곳에 영향을 준다.

우주에는 인류의 복지를 획기적으로 높여줄 자원이나 생명체가 존재할 가능성이 높다. 난치병, 전염병, 자원 부족 등을 해결할 수 있는 자원은 물론 우주의 존재들과 평화롭게 어울려 사는 지혜까지 배울 수 있을지도 모른다. 지구상의 자원을 고갈시키고 다른 행성으로 옮겨 타자는 말이 아니다. 우주를 이해하고 공존의 지혜를 얻자는 것이다. 또 인류는 지금도 팽창 중인 우주가 팽창을 멈추지 않아 다른 우주로 옮겨가야 하는 상황에 직면할 수도 있다.

인류는 온갖 호의를 받으며 뒤늦게 출현한 하나의 생명으로서 어떻게든 생명을 이어갈 의무를 갖고 있다. 설사 이어질 생명이 인류가 아니어도 그러하다. 그것은 지금의 단계에서 생각해볼 수 있는 인류의 유일한 존재 의미일 것이다.

(2) 제로섬 게임의 종식

우주 탐험, 전 지구적 문제의 해결, 인류 복지의 증진 외에 인류가 협력해야 할 또 다른 이유가 있다. 후손을 많이 남기기 위해 자원을 놓고 투쟁해야 하는 이유가 크게 줄었다는 것이다. 진화론에 따르면 생명체는 후손의 생존가능성을 높이기 위해 경쟁하고 전쟁까지 서슴지 않는다. 경쟁이나 전쟁을 통해 더 많은 자원을 가질수록 후손의 생존

"인류는 온갖 호의를 받으며 뒤늦게 출현한 하나의 생명으로서
어떻게든 생명을 이어갈 의무를 갖고 있다."

가능성을 높일 수 있었다. 자원은 부와 권력, 명예를 의미한다. 자원
을 많이 가진 남성일수록 더 많은 섹스 파트너를 가지기 때문이다.

13세기 혜성처럼 등장해 유라시아 대륙의 절반을 정벌한 칭기즈칸
은 약 500명에 달하는 여자를 두었으며 중앙아시아 남성의 8%가 그
와 같은 Y염색체를 지니고 있다. 그의 출생 이후 불과 1세기만에 후

손이 2만 명에 이르며, 현재 이 지구상의 남자 중에서 0.5%가 그의 후손이라고 본다. 이집트 파라오, 아즈텍 황제, 터키 술탄, 아프리카 왕, 중국 황제의 경우도 마찬가지다. 잉카는 권력의 크기에 따라 남성에게 성적인 기회를 차등적으로 분배했다. 귀족에게는 50명, 10만 명의 남성을 거느린 제후에게는 20명, 10명의 남성을 통솔하는 우두머리에게는 3명의 여성을 각각 허용했다.[359]

이제는 상황이 바뀌었다. 엄청난 자원을 소유한 중국의 실력자나 미국의 갑부도 고작해야 수 명의 후손을 남길 뿐이다. 평등권과 가족제도의 일반화로 평범한 남자들도 어렵지 않게 후손을 남길 수 있다. 후손을 남기는 데에 있어서 자원의 확보보다는 전염병, 테러, 기후변화 같은 전 지구적인 문제가 더 큰 위협이 되고 있다. 그런데 이런 문제는 전쟁이 아닌 협력으로 해결이 가능하다.

인류가 그동안 지구상의 유한한 자원을 놓고 서로 싸워왔다면 이제부터는 우주의 무한한 자원을 두고 협력할 수밖에 없다. 지긋지긋한 제로섬 게임에 종지부를 찍을 때가 다가온 것이다. 집단학습의 힘으로 과학기술을 빠르게 발전시켜온 인류지만 지금과 같은 수준으로는 우주를 탐험하기에 턱없이 부족하다. 초등학교 학생이 대학생에게나 주어질 법한 숙제를 붙들고 있는 모습이다. 국가들이 힘을 합쳐 더 많은 자원을 투자해야 우주로의 길은 열릴 것이다.

2. 끝없는 도전의 역사

그리스 로마 신화에 등장하는 오디세우스는 진정한 개척자다. 트로이 목마의 주인공인 그는 참을 수 없는 호기심의 소유자이기도 하다. 그는 가족에 대한 마음에도 불구하고 세상을 이해하고 인류의 악과 가치를 알고자 하는 격정을 억누를 수 없는 인물이다.[360] 그는 세이렌 (Seiren)이 사는 섬을 지나가기로 결심한다. 지금은 세이렌이 도시로 진출해 커피로 사람들을 유혹하고 있지만[361] 당시에는 매혹적인 노랫소리로 뱃사람을 홀려 배를 침몰시켰다. 오디세우스는 섬 가까이 지나면서 부하들은 노랫소리를 듣지 못하도록 밀랍으로 된 귀마개로 귀를 틀어막게 하고, 본인은 돛대에 묶어놓고 무슨 일이 있어도 풀어주지 말라고 부하들에게 당부한다. 세이렌의 유혹을 떨쳐버린 그는 위험을 무릅쓰고 미지의 바다를 항해한다.

생명의 역사에서 세 번의 담대한 도전이 있었다. 바다에서 육지로 상륙한 것과 이족보행을 시도한 것 그리고 아프리카에서 다른 대륙으로 이주한 것이다. 셋 다 기존의 이익을 포기하고 더 큰 가능성을 찾기 위해 스스로 위험을 자초한 경우다. 작은 것을 버리고 큰 것을 취한 것이다. 생명체는 이 세 번의 도전을 통해 생존능력을 획기적으로 향상시켰다. 그런데 이 세 번의 도전보다 더 혁명적인 것이 있다. 바로 우주에 대한 도전이다. 우주적 존재인 인류에게 우주에 대한 도전은 어찌 보면 당연한 일이다. 사실은 진즉에 했어야 할 일이다.

과학기술이 발달하면서 또 다른 새로운 세계가 눈앞에 펼쳐지고 있다. 지구와는 비교할 수도 없을 정도로 거대한 존재, 바로 우주다. 단순히 크기가 문제가 아니라 그 안에 존재할 무수한 가능성과 존재들이 핵심이다. 그동안 세 번의 도전이 지구 안에서 이뤄졌다면 이번은 지구를 벗어나는 도전이다. 인류에게는 밖의 시각으로 자신을 볼 수 있으며 다른 생명을 만날 수도 있기에 자기중심주의에서 벗어날 수 있는 절호의 기회다. 인류가 눈앞에 다가온 새 도전을 감당한다면 난쟁이로서의 모순을 극복하고 거인의 풍모를 되찾을 수 있을 것이다.

여기서 짚고 넘어가야 할 것이 하나 있다. 인류가 화성이나 달을 식민지로 삼겠다는 최근의 주장에 관한 것이다. 이는 지구의 쓰레기도 처리하지 않은 채 다른 행성에 또 쓰레기를 만들겠다는 말과 다를 것이 없다. 우주 속의 하나의 작디작은 행성인 지구에 사는 사람만 귀하

빅 싱킹

고 다른 행성과 거기에 살지도 모를 생명은 귀하지 않다는 말인가? 인류가 지구를 버리겠다는 것은 권한 밖의 일로서 또 다른 수탈의 시작을 알리는 나팔소리다. 가축 문명적 사고의 연장이며 도구적 이성의 재활용이다. 일론 머스크(Elon Musk)의 구상은 제법 크지만 아름답지 못하다. 아름답기 위해 필요한 것은 포획이 아니라 포용이다.

"인류가 눈앞에 다가온 새 도전을 감당한다면
난쟁이로서의 모순을 극복하고 거인의 풍모를 되찾을 수 있을 것이다."

3. 공존을 위한 퉁치기[362]

(1) 모든 모순의 해결책

"네가 준 것이 내가 준 것보다 작지만 이렇게 마음이 통하니 이 기회에 퉁치자! 어때?"

퉁치기는 사람들이 기분이 고조되었을 때 대중없이 벌이는 일 같지만 거기에는 우리도 모르는 엄청난 의미가 들어있다. 차가운 이성은 교환대상의 가치부터 따지지만, 퉁치기는 마음의 벽부터 허문다. 전자의 입장에서 보면 후자는 참으로 우매하다. 퉁치기는 그것을 알면서도 기꺼이 받아들이는 큰마음이다. 이렇게 되면 종전에는 가치의 불균형

빅싱킹

으로 교환이 불가능하여 꽉 막혀있던 상황이 한꺼번에 뻥하고 뚫린다.

통치기는 교환 가치의 차이에도 불구하고 통[363] 큰 교환에 의해 궁극적인 해결을 꾀한다. 통 큰 교환에 초점을 두면서도 교환 전 소통과 이해, 교환 후 호의와 보답의 과정을 수반하는 동적인 개념이다. 또한 단지 경제적 교환[364]에 그치는 것이 아니라 물질적, 정신적, 역사적 측면을 모두 아우르는 포괄적 개념이다. 시장의 거래는 동시적인 상호 교환에 의하거나 추후 채무의 상환에 구속되지만 통치기는 반드시 동시의 교환을 전제로 하지 않으며 나중에라도 상환의무에 구속되지도 않는다.

통치기는 자기중심에 빠지지 않고 다른 존재들을 고려한다는 점에서 공존 지향적이며, 과거나 현재에 집착하지 않고 미래를 중시한다는 점에서 미래 지향적이며, 세밀하게 분리하여 따지기보다는 크게 묶어서 생각한다는 점에서 통합 지향적이다. 통치기야말로 인류의 치명적세 가지 모순이라고 할 수 있는 인류중심, 현재 집착, 분리 지향을 극복할 수 있는 대안이다.

지나치리만큼 세세하게 분석해놓고 조금의 손해도 보지 않거나 심지어 적정 이상의 이득을 보려는 국가, 기관, 단체나 개인에게 통치기는 낯설기만 하다. 그러나 나중에 되돌려 받겠다는 말도 없이 무작정 퍼주는 우주와 자연을 통해 우리는 이미 통치기의 최대 수혜자다. 인류가 베푼 것이 1이라면 받은 것은 무한대(∞)에 가깝다.

하나의 퉁치기는 또 다른 퉁치기를 불러올 가능성이 높다. 인류의 학습효과는 정평이 나있다. 사람들은 남들이 하는 것을 금세 따라 배운다. 처음이 어려울 뿐이지 그 다음부터는 도미노처럼 이어질 수 있다. 퉁치기야말로 인류 사회 최고의 슈퍼밈이다.

(2) 모든 것의 대교환

다윈이 인류를 생존기계로 보고, 제프리 밀러가 인간을 연애기계로 본 것처럼[365], 매트 리들리는 교환(경제)기계로 여긴다. 그에 의하면 호혜주의는 서로 다른 시기에 동일한 것을 상대방에게 준다는 뜻인 데 반해 교환은 같은 시기에 다른 것을 서로에게 준다. 10만 년 전 이전부터 등장한 교환은 수확체증의 성격을 띠며, 불공평한 거래조차도 쌍방에게 모두 이득을 준다. 인류의 아이디어들이 서로 짝을 짓고 섹스를 하기 시작한 덕분으로 오늘날 사람들 절대 다수는 식사와 주거, 여가와 질병 예방, 기대수명 등 모든 면에서 과거 어느 시대의 조상들보다도 훨씬 더 낫다. 1800년에는 한 시간 일하면 10분의 인공조명을 얻었지만 오늘날은 300일 치를 얻는다. 화석연료 덕분에 모든 사람이 루이 14세 못지않은 생활을 즐긴다. 평균에너지 소비 2,500와트는 노예 150명의 몫이다.[366]

원시사회에서 고기를 나눠 먹는 호혜주의는 오늘 행운을 얻은 사람이 내일의 불운에 대비해 보험을 드는 것으로 총 공급량을 줄이지 않으면서도 위험을 낮추는 데 매우 효과적인 방법이다.[367] 남는 고기를

빅싱킹

이웃과 나누는 일은 동물을 더 사냥하지 않게 해 자연을 보호할 수 있고 미래에 사냥에 실패했을 때 갈등을 예방해주는 효과가 있다. 그런데 퉁치기는 호혜주의와 교환을 합한 것보다 더 크다. 퉁치기는 서로 다른 시기에 다른 것을 주고받기도 하고, 심지어 주기만 하고 받지 않거나 받더라도 그 시기를 정하지 않는 수도 있다.

그런데 퉁치기는 다른 존재들에게도 적용할 수 있다. 호혜주의나 교환은 사람들 사이에서만 성립되지만 퉁치기는 사람과 다른 존재들 사이에도 가능하다. 굳이 가치형량이나 시기의 설정이 필요 없기 때문이다. 자신들만의 방식으로 사는 존재들에게 사람의 방식을 고집하는 것은 잔인하다. 퉁치기 정신에는 벽이 없다. 가치가 달라도 시기가 달라도 종이 달라도 주고받음이 가능하다.

> 퉁치기 = 호혜주의 + 교환 + 모든 비등가적인 주고받음
> + 일방적인 줌이나 받음 + 다른 존재들과의 주고받음

경제적 교환만 인류에게 이득과 전진을 가져오는 것은 아니다. 우리는 일상생활에서 여러 가지 주고받기를 시도해왔다. 소출이 예년만 못해 소작료를 내면 남는 것이 없어서 가족 전체가 굶을 처지에 몰린 소작인에게 지주가 그해의 소작료를 탕감해준다. 집주인이 졸업한 지 1년이 넘도록 취업을 못하고 있는 취업준비생에게 그동안 밀린 하숙비를 나중에 취업하거든 천천히 갚으라고 말한다. 겉으로는 엄격하지만 속은 따뜻한 초등학교 선생님을 기억해두었다가 성인이 되어 찾아뵙고 감사의 절을 올린다.

"호혜주의나 교환은 사람들 사이에서만 성립되지만
통치기는 사람과 다른 존재들 사이에도 가능하다."

빅 싱킹

그런데 시간이 흐를수록 경제적 거래는 비약적으로 증가하는 데 반해 정신적, 사회적, 역사적 주고받음은 정체하거나 감소하고 있다. 모두가 경제적 이득에만 집착하는 탓이다. 경제적 거래는 편익을 증진시키지만 갈등을 해소시키지는 못한다. 이를 위해서는 정신적, 사회적, 역사적 접근이 필요하다. 예를 들어 국가 사이의 갈등은 역사적 거래를 통해, 국가 내의 인종 갈등이나 지역 갈등은 사회적 거래를 통해 해결이 가능하다.

우리는 1/100도 양보하지 못하는 극단의 경제적 시스템 속에서 살고 있지만 어떤 순간에는 100배의 차이에도 불구하고 퉁칠 수 있는 존재이다. 계산하기 시작하면 갈등과 대립의 끝이 없지만 퉁치기 시작하면 양보와 용서의 끝이 없다. 생물이 1/1,000,000,000의 확률로 돌연변이를 일으켜 새로운 형질로 진화를 이루는 데에는 헤아릴 수 없을 만큼 긴 시간이 필요하다. 그러나 인류는 마음먹기에 따라서는 한순간에 통 크게 해결할 수가 있다. 인류가 위대하다면 그 점이 위대하다.

(3) 장기적 협력의 씨앗

퉁치기는 대담해도 따뜻하다. 교환이 상대방의 아픈 곳을 건드린다면 퉁치기는 오히려 이를 감싸준다. 이성이 모순을 콕 집어내 제거한다면 퉁치기는 모순조차 담는다. 시장이 당장의 경제적 이득에 집착한다면 퉁치기는 먼 미래까지의 협력적 관계를 헤아린다. 퉁치기는 탁월하고 압도적인 확신인 통찰과 이웃하며 호의, 아량, 관용, 어리석음,

순진무구함과 친구로 지내면서 교환, 이성, 시장까지 내치지 않는다.

퉁치기는 다름 아닌 빅 싱킹이다. 우리는 일반적으로 다른 시기에 주고받는 것을 며칠에서 몇십 년 정도로 보지만, 이는 지구나 생명의 역사를 감안할 때 동시에 주고받는 것으로 간주할 수 있다. 현생인류가 인종, 문화, 언어 등에서 매우 다르게 보이지만 유전자의 99.9%가 같다. 30만 년이라는 역사는 종의 다양성을 갖기에 너무 짧은 시간이었기 때문이다. 우리가 하등하게 여기는 물고기도 그들의 관점에서 보면 통증을 느끼고 인지 지도를 만들며 역선택을 한다.[368] 빅 싱킹 앞에서는 시간적 차이, 문화적 차이, 생물학적 차이, 부의 차이는 물론 이성의 차이조차도 단박에 무너진다. 존재들을 이해할수록 차이들은 희미해지고 상호 연관성이 도드라진다.

한·일 관계와 관련해 일본이 독도 영유권 주장을 포기하고 일본군 위안부 피해자 할머니에 대해 사과하고 보상하면, 한국은 더 이상 과거사에 대해 일본의 사죄를 요구하지 않는 식의 해법이 거론된다.[369] 또는 중국도 끌어들여 한·중·일 삼자 간의 원 샷의 대타협도 생각해볼 만하다. 그러나 아예 이러한 주고받음 없이 어느 한쪽이 일방적으로 호의를 베풀 수도 있다. 예를 들어 한국이 먼저 일본의 사죄를 더 이상 요구하지 않겠다고 선언하든가 일본이 일방적으로 독도 영유권 주장을 그치겠다고 공표할 수 있다.

한 국가의 일방적 호의는 당시에는 국내에서 격렬한 반대에 직면할 수 있지만 길게는 상대로부터 그에 상응하는 호의를 받을 가능성을 높인다. 궁극적인 평화의 길로 접어들 수 있다. 설사 상대방이 아무런 보답을 하지 않는다 해도 아량을 베푼 쪽은 국제 사회로부터 '통 큰 결단'이라는 찬사를 받을 것이다. 무엇보다 스스로 만족할 수 있고 그런 사례를 빛나는 인류적 자산으로 삼을 수 있다. 차가운 이성으로 아무리 분석하고 대안을 짜본들 지루하고 소모적인 갈등을 끝낼 수 없다. 갈등이 해결되지 않을 것을 알면서 같은 주장을 반복하는 것은 분파주의나 정치적 수사에 불과하다. 기득권을 잃지 않으려 하는 정치인, 사회 지도층, 경제주체에게나 이득을 줄 뿐이다.

(4) 진정 용기 있는 지혜

일방적 호의나 양보를 상대방에 대한 굴복으로 여기는 것은 용기 없는 자들의 낙인찍기다. 진정으로 용기 있는 자는 코앞의 분란을 훌쩍 넘어 크게 볼 줄 아는 자다. 국내의 단시안적인 반대를 극복하기 위해서는 인류의 역사를 통찰하는 흔들리지 않는 리더십, 이성에의 지나친 의존에서 탈피한 크고 넉넉한 마음, 단기적 이득보다는 장기적 안목을 중시하는 밈 등이 필요하다. 난쟁이로 사는 인류에게 하나같이 어려운 과제지만 우주의 의미를 깨우치고 존재들의 호의를 깨우치기 시작하면 거짓말처럼 쉬워질 수 있다.

이슬람 문명과 기독교 문명 간의 충돌에 통치기가 절실하다. 서구 사회는 이슬람에 대한 뿌리 깊은 편견에서 벗어나고 이슬람 사회는 분노와 좌절에서 벗어나 새로운 발전과 변화를 수용하는 조화와 절충의 묘를 찾아야 한다.[370] 기독교 문명은 세계대전 때 무슬림과 유대인에 대한 이율배반적 약속과 전후의 친유대인 정책 그리고 이라크 전쟁 등에 대해 사과해야 하며, 이슬람 문명은 비록 일부에 의한 것이라고 하더라도 더 이상 과격하고 비인간적인 행동을 하지 않겠다고 약속해야 한다.

또는 어느 한쪽이 일방적으로 무기를 거두고 평화의 손을 상대방에게 내밀면 된다. 상대방은 이를 거부하더라도 마음속에서부터 뿌리째 흔들릴 것이다. 미사일은 상대방의 물건을 타격하지만 일방적 호의는 상대방의 마음을 건드린다. 미사일은 당장 상대방을 제압하지만 나중에는 오히려 더욱 강력한 적을 만든다. 충돌을 이어간다면 두 문명 모두 자원 배분의 왜곡과 사상의 졸렬함으로 쇠락의 길을 걷게 될 것이다. 그런 문명이 오래간 적이 없다. 두 문명은 지금 자기중심이라는 함정에 빠져있으며 아량이나 관용은 치욕일 뿐이라는 작은 생각에 사로잡혀있다. 그러나 퉁치기 정신을 생각해내지 못할 만큼 지혜가 부족하지 않다.

침팬지는 오래전에 만났던 사람을 기억해서 배설물을 선물처럼 챙겨준다.[371] 한 번 받은 호의를 잊지 않는 것이다. 인류는 물론 배설물보다 더 좋은 것을 줄 수 있다. 그의 이름을 기억해 불러주거나 그에게 받은 것보다 훨씬 가치 있는 것을 내놓을 수 있다. 그런데 그보다 한 발 더 나아갈 수 있다. 호의를 받지 않았어도 먼저 베푸는 일이다.

빅 싱킹

원숭이의 경우 상급자는 하급자가 자신의 몫에 손대는 것을 용납하지 않지만, 침팬지는 하급자가 상급자에게 적극적으로 음식을 요구한다. 그러나 상급자가 자발적으로 권하는 경우는 없다. 하지만 인류는 오래 전에 호혜성의 '진화론적 루비콘강'을 건넜다.[372] 원숭이에게 없는 소극적 호혜주의가 침팬지에게 있고, 침팬지에게 없는 적극적 호혜주의가 인류에게 있다.

이렇게 보면 호혜주의는 진화의 역사와 맥을 같이한다. 만일 인류가 호혜주의보다 대범한 통치기를 끌어들인다면 생명의 역사에 또 한 차례의 결정적인 진화를 가져올 수 있다. 생명이 바다에서 육지로 진출하고 네 발에서 두 발로 걷게 된 것이 커다란 도전이었듯 통치기 또한 인류의 거대한 도전이다.

특히 통치기는 인류 사회에는 물론 다른 존재들에게도 적용할 수 있다는 점에서 '난쟁이 인류'에서 '우주적 인류'로 건너뛸 수 있는 징검다리다.

"어느 길로 갈 것인지는 인류가 하기에 달렸다."

빅 싱킹

인류의 어느 날
친구를 소개합니다

인류의 어느 날

어느 날 말로만 듣던 외계 생명체가 지구에 출현한다. 영화 얘기가 아니다. 그날도 서로 싸우는 데 골몰해있던 인류는 충격에 휩싸인다. 하던 일을 내려놓고 어찌할 바를 모른다. 미리 예상할 수 있었는데도 눈앞의 것들에만 빠져 준비를 전혀 못했던 탓이다.

그들이 믿는 신, 그들이 자랑스러워하는 국가, 그들이 의지하는 이성은 한 순간에 초라한 존재로 전락한다. 우주의 질서를 관장하고 인류를 구원하는 줄 알았던 신에 대한 인류의 믿음은 외계 생명체의 등장으로 뿌리째 흔들린다. 오히려 외계 생명체가 신이 아닐까 하는 생각마저 든다. 한 국가의 국민인 것을 당연시해왔던 사람들은 국가란 얼마나 왜소하고 덧없는 것인가를 알아차린다. 인류 사회 전체가 자칫 무정부 상태에 빠질 기미조차 보인다. 문명의 달콤함을 등진 채 자연에 묻혀 소소하게 살던 몇 안 되는 사람들만이 마음의 안정을 이어가고 있을 뿐이다.

어느 별에서 왔는지 짐작하기도 어려운 외계 생명체에게 태양계조차 벗어나지 못하는 수준의 과학을 가진 인류는 미개인과 별반 다를 게 없다. 유일한 이성의 소유자라고 우쭐하던 인류는 열등감에 사로잡힌다. 인류는 어쩌면 그들이 자신들이 다른 생명을 다뤘던 방식으로 자신들을 다룰지도 모른다는 두려움에 떤다. 다른 생명들에게 저지른 악행을 뒤늦게 후회한다.

사람들은 허둥지둥 댄다. 어떤 이들은 충격을 감당하지 못해 이상행동을 보인다. 어떤 이들은 외계 생명을 진정한 신으로 받들려고 한다. 또 다른 이들은 무엇 때문에 그렇게 싸웠는지 때 늦은 후회를 한다. 또 다른 이들은 무슨 상관이냐며 우물 안에서 나오려 하지 않는다. 그러나 충격이 어느 정도 가라앉으면서 사람들은 그동안 살아왔던 방식으로는 더 이상 살 수 없다는 것을 인정할 수밖에 없게 된다.

그런데 우주적 인식이 있는 자는 다를 것이다. 이미 과학자들은 생명이 있을법한 별의 존재 가능성을 높게 점쳐왔다. 인류는 외계 생명체를 오히려 새로운 친구로 반갑게 맞아들일 수 있다. 설사 그 외계 생명체가 인류에게 겁을 주어도 그것만이 다가 아니라는 것을 헤아릴 수 있다. 그들과 손잡고 광대한 우주를 탐험할 날이 온 것에 축포를 쏘아올 수도 있다. 인류가 주동이 된 지구의 시대는 막을 내리고 인류는 그저 하나의 참여자일 뿐인 우주의 시대가 시작될 것이다.

외계 생명체가 지구로 오든 인류가 다른 별에서 그들을 찾아내든 중요한 것은 마음의 준비가 되어있느냐이다. 다시 말하면 우주적 존재라는 사실을 인식하고 있느냐 하는 문제다. 이는 특정 국가의 국민이라는 인식, 어느 종교의 신자라는 인식, 어떤 이념의 지지자라는 인식을 넘어설 뿐만 아니라 인류만이 우월한 종이라는 자만을 가뿐히 넘어선다.

어느 길로 갈 것인지는 인류의 손에 달렸다. 영화에서 인류는 외계 생명체와 싸운다. 그러나 반드시 그럴 것이라는 근거는 없다. 영화를 그렇게 만드는 것은 인류가 버리지 못하는 이방인 혐오증 때문이다. 그런데 앞서 살펴봤듯 인류야말로 이방인이다. 이방인이면서 토착민인 척하는 가소로운 자다. 우주적 인식이 있다면 이방인임을 자백할 수 있다. 결국 '이방인 혐오증이 남느냐, 우주적 존재로서의 내가 남느냐'의 문제가 된다.

인류는 우주 앞에서 난쟁이다.
몸만 작은 것이 아니라 마음까지도 작다.

친구를 소개합니다

나는 허전함을 달고 살았다. 내 안의 무언가가 채워지지 않는다는 느낌에 시달렸다. 내가 입에 달고 사는 커피조차도 사실은 허전함의 다른 말이다. 비겁하게도 현실에 발을 들여놓지 않은 채 먼발치에서 고상한 척 해왔다. 내 자신을 주변인이나 아웃사이더라는 말로 포장하는 것을 은근히 즐겼다. 그러다 보니 나는 더 큰 허전함에 처하게 되었다.

그런 내게 친구가 생겼다. 좀 느닷없는 일이다. 그런 친구가 생길 것이라고는 상상하지 못했다. 채워지지 않는 허전함에 입을 닫고 살던 나는 뜻밖의 친구 덕분에 말수가 늘었다. 그를 알게 되면서 그는 어쩌

빅 싱킹

면 죽을 때까지 사귈 수 있고 죽은 후에도 내 곁에 있어줄 만한 친구라
는 생각이 든다. 속을 짐작하기 어려울 정도로 통이 큰 친구다. 그러니
내가 대중없이 빠져든 것은 어쩌면 당연하다.

이 친구를 알게 되었을 때의 기분은 사랑하는 사람을 만났을 때의
그것과 달랐다. 그 때에는 시시때때로 걷잡을 수 없는 감정에 사로잡
혔다. 그런 출렁거리는 감정에 나는 혹사당하기도 충만해지기도 하며
시소를 탔다. 그러나 이 친구를 만날 때에는 가슴 속에서 미묘한 기운
이 올라와 동심원처럼 주변으로 퍼져나간다. 그는 늘 팔을 벌리고 반
갑게 맞아준다. 커다란 호의를 베풀어주고 한 마디 내색도 하지 않는
다. 거대한 신비를 간직하고 있으면서도 자랑하지 않는다. 아무리 내
가 불만을 토해내도 내 옆을 떠나는 법이 없다.

시간이 흐르면서 그와 나는 나와 너로 구분되기 보다는 내 속의 너,
네 속의 나처럼 서로 구분하기 힘든 관계가 되어갔다. 내 안에 여기 저
기 숨어있던 허전함은 마침내 조금씩 채워지기 시작했다. 하여 허전함
을 느끼는 이는 물론 친구의 존재에 대해 조금이라도 궁금해하는 이에
게 이 친구를 나는 추천하고 싶다.

인류만이 쓰레기를 버린다.

우리의 상식과는 달리 지구 차원의 네트워크를
처음으로 만든 것은 인류가 아니라 고래였다.

주

1 코스모스를 정관하노라면 등골이 오싹해지고 목소리가 가늘게 떨리며 아득히 높은 데서 어렴풋한 기억의 심연으로 떨어지는 듯한, 아주 미묘한 느낌에 사로잡히고는 한다.

2 빌 브라이슨, 『거의 모든 것의 역사』, 까치글방, 2003, p.148, 212. 우리의 몸속에 있는 원자들은 이미 몇 개의 별을 거쳐서 왔을 것이고, 수백만에 이르는 생물들의 일부였을 것이며, 상당수의 원자들은 셰익스피어, 부처, 칭기즈칸, 그리고 베토벤 등으로부터 물려받은 것일 수 있다.

3 아우렐리우스 마르쿠스, 『명상록』, 홍신문화사, 1995, p.36, 193.

4 "8월 해방은 금지된 한글의 해방…… 남북이 증오의 언어부터 버려야"(고은), 〈조선일보〉, 2015년 8월 15일. "인간이라는 것, 나라는 것, 그것이 연계소문이건 황진이건 이 세상의 한 티끌이라는 엄연한 우주적인 자기 인식 없이는 얼마나 미숙한가."

5 아르놀트 하우저, 『문학과 예술의 사회사 1』, 창작과비평사, 2015, pp.96~98.

6 칼 세이건, 『코스모스』, 사이언스북스, 2006, p.37.

7 이케다 다이사쿠·알렉산드르 세레브로프, 『우주와 지구와 인간』, 조선뉴스프레스, 2010, pp.259~260. 최근 생명 탄생의 조건인 물과 암석행성 등을 충족시키는 별들이 잇달아 관측되고 있다.

8 인류는 하나의 종으로서 갖는 역사성에 초점을 두는 반면 인간은 존재로서 갖는 사회적 특징에 중점을 둔다.

9 아리스토텔레스, 『정치학』, 숲, 2014, p.404. 아리스토텔레스는 다른 동물들은 대개 본성대로 살고, 그 가운데 소수는 습관에 따라서 살지만 사람은 이성에 의해서 살아가며 사람만이 이성을 갖고 있다고 말한다.

10 에리히 프롬, 『소유냐 삶이냐』, 두풍, 1991, pp.190~191.

11 〈왕의 남자〉, 〈괴물〉, 〈실미도〉, 〈해운대〉, 〈변호인〉, 〈부산행〉, 〈태극기 휘날리며〉, 〈광해〉, 〈왕이 된 남자〉, 〈암살〉, 〈7번방의 선물〉, 〈도둑들〉, 〈베테랑〉, 〈국제시장〉, 〈명량〉.

12 쇼펜하우어, 『쇼펜하우어의 행복론과 인생론』, 을유문화사, 2014, pp.354~364. 특히 브라만교와 불교에서는 동물적인 자연과 인류가 대단히 유사하다는 사실을 단호히 인정하였다. 이에 반해 유대교나 기독교에서는 인류는 동물계로부터 떼어내고 동물을 사물로 간주했다.

13 말콤 포츠·토머스 헤이든, 『전쟁유전자』, 개마고원, 2011, 2011, p.461.

14 로버트 프랭크·필립 쿡, 『승자독식사회』, 웅진지식하우스, 2008, p.18.

15 아룬다티 로이, 『작은 것들의 신』, 문학동네, 2016, p.461.

16 레베카 코스타, 『지금 경계선에서』, 쌤앤파커스, 2011, p.60.

17 카렌 암스트롱, 『이슬람』, 을유문화사, 2002, pp.208~217.

18 토머스 프리드먼, 『코드 그린(뜨겁고 평평하고 붐비는 세계)』, 21세기북스, 2008, pp.32~36.

19 외국인 정책은 일반적으로 차별배제주의, 동화주의, 다문화주의로 나뉜다. 동화정책의 대표적인 나라는 프랑스이고, 다문화주의는 캐나다, 스웨덴 등이 채택하고 있다. 한국의 외국인 정책은 문화적 개방성 보다는 사회적, 경제적 필요성에 입각하는 경향이 강하다.

20 하퍼 리, 『앵무새 죽이기』, 열린책들, 2016, p.148, 아빠는 우리에게 말한다.

21 호메로스, 『오뒷세이아』, 숲, 2007, pp.266~267.

22 레베카 코스타, 『지금 경계선에서』, 쌤앤파커스, 2011, pp.114~115.

23 마스타니 후미오, 『불교개론』, 현암사, 2012, p.47.

24 영어에는 빅 픽처(big picture)라는 말이 있으나 인류의 차원을 벗어나 우주적

차원에서 모든 존재들을 아우르는 궁극의 사고나 태도를 의미한다는 점에서 큰 생각 또는 빅 싱킹으로 부를 만하다.

25 데이비드 크리스천 · 밥 베인, 『빅 히스토리』, 해나무, 2013, pp.423~424.

26 이어령, 『생명이 자본이다』, 마로니에북스, 2014, p.73.

27 미치오 카쿠, 『평행우주』, 김영사, 2009, pp.377~384 지구는 태양과의 거리(금 성이나 화성과의 차이), 달의 크기(지구의 자전), 목성의 크기(소행성 처리), 지구 의 크기(대기권의 변동), 은하수 중심에서 태양계의 거리 등 많은 요인들이 가장 적절하게 맞춰져 있는 행운의 행성이다.

28 데이비드 크리스천 · 밥 베인, 『빅 히스토리』, 해나무, 2013, pp.270~299.

29 빌 브라이슨, 『모든 것의 역사』, 까치글방, 2003, pp.359~360.

30 프리드리히 니체, 『짜라투스트라는 이렇게 말했다』, 책세상, 2015, p.131.

31 데이비드 크리스천, 『시간의 지도』, 심산, 2013, pp.401~402.

32 리처드 도킨스, 『이기적 유전자』, 을유문화사, 1993, pp.308, 321~322. 그에 의 하면 밈(meme)은 인류의 문화라는 수프로 모방이라는 과정을 매개로 하여 뇌 에서 뇌로 건너다니는 것이다. 곡조나 사상, 의복, 손기술 등이 그 예다. 인류가 사후에 남길 수 있는 것은 유전자와 밈인데, 이 지구에서는 인류만이 유일하게 이기적인 자기 복제자들의 전제에 저항할 수 있다.

33 데이비드 크리스천 · 밥 베인, 『빅 히스토리』, 해나무, 2013, pp.150~155.

34 리처드 도킨스, 『이기적 유전자』, 을유문화사, 1993, p.41.

35 데이비드 크리스천 · 밥 베인, 『빅 히스토리』, 해나무, 2013, pp.222~229.

36 빌 브라이슨, 『거의 모든 것의 역사』, 까치글방, 2003, pp.355~357.

37 폴 칼라니티, 『숨결이 바람 될 때』, 흐름출판, 2016, p.133.

38 데이비드 크리스천 · 밥 베인, 『빅 히스토리』, 해나무, 2013, pp.99~117.

39 찰스 다윈, 『종의 기원』, 동서문화사, 2013, pp.96~99.

40 빌 브라이슨, 『거의 모든 것의 역사』, 까치글방, 2003, pp.281, 302~304.

41 리처드 도킨스, 『이기적 유전자』, 을유문화사, 1993, pp.43~44.

42 빌 브라이슨, 『거의 모든 것의 역사』, 까치글방, 2003, p.484.

43 빌 브라이슨, 『거의 모든 것의 역사』, 까치글방, 2003, pp.418, 318~22, 328.

44 영국 동화 『골드락스와 곰 세 마리』에 등장하는 금발머리 소녀다.

45 스티븐 호킹 · 레오나르드 믈로디노프, 『위대한 설계』, 까치글방, 2010, pp.187~210.

46 미치오 카쿠, 『평행우주』, 김영사, 2006, pp.377~384.

47 빌 브라이슨, 『거의 모든 것의 역사』, 까치글방, 2003, pp.244~246.

48 빌 브라이슨, 『거의 모든 것의 역사』, 까치글방, 2003, p.236.

49 빌 브라이슨, 『거의 모든 것의 역사』, 까치글방, 2003, p.210.

50 칼 세이건, 『코스모스』, 사이언스북스, 2006, pp.538~542.

51 에이미 추아, 『제국의 미래』, 비아북, 2008, pp.155~166. 몽골 제국은 기술자를 우대하고 신앙의 자유를 보장했다. 그들이 지니지 못한 기술과 지식을 가진 사람을 우대했다. 무기제작자, 유리제조공, 요리사, 보석 세공사, 종이 제조공, 염색공, 도공, 약사, 통역사, 의사, 낙타몰이꾼, 점성가, 대장장이 등이 그들이다. 자신들은 자연의 정령들을 숭상했지만 불교, 기독교, 이슬람교를 가리지 않고 모든 사람에게 종교의 절대적 자유를 보장했다.

52 이시 히로유키 · 야스다 요시노리 · 유아사 다케오, 『환경은 세계사를 어떻게 바꾸었는가』, 경당, 2003, pp.188~196.

53 가와기타 미노루, 『설탕의 세계사』, 좋은책만들기, 2003, pp.60, 82~85, 182.

54 데이비드 크리스천·밥 베인, 『빅 히스토리』, 해나무, 2013, pp.370~379.

55 토머스 프리드먼, 『코드 그린(뜨겁고 평평하고 붐비는 세계)』, 21세기북스, 2008, pp.53~56.

56 헬레나 노르베리, 『오래된 미래』, 중앙북스, 2015, pp.242~243.

57 게리 스나이더, 『지구, 우주의 한 마을』, 창비, 2005, p.73.

58 장강명, 『댓글부대』, 은행나무, 2015, pp.56~57.

59 구로이 센지, 『에곤 실레, 벌거벗은 영혼』, 다빈치, 2003.

60 빌 브라이슨, 『거의 모든 것의 역사』, 까치글방, 2003, pp.447~450.

61 스터블바인 장군은 원자는 대부분 비어 있다는 사실을 믿고 사무실 벽을 통과하려고 시도했다.

62 미치오 카쿠, 『평행우주』, 김영사, 2009, pp.281~287.

63 미치오 카쿠, 『마음의 미래』, 김영사, 2015, pp.64~65.

64 브라이언 그린, 『우주의 구조』, 승산, 2004, pp.156~161.

65 미치오 카쿠, 『마음의 미래』, 김영사, 2015, pp.66~70.

66 미치오 카쿠, 『마음의 미래』, 김영사, 2015, pp.377~379.

67 미치오 카쿠, 『마음의 미래』, 김영사, 2015, pp.432~434

68 에드워드 윌슨, 『바이오필리아』, 사이언스북스, 2010, pp.33~38.

69 데이비드 조지 해스컬, 『숲속에서 우주를 보다』, 에이도스, 2014, pp.43~44.

70 와타나베 이타루, 『시골빵집에서 자본론을 굽다』, 더숲, 2014, pp.143, pp.143, 203~204, 231.

71 박영숙 · 제롬 글렌 · 테드 고든, 『유엔미래보고서 2045』, 교보문고, 2015, p.326.

72 위베르 리브, 『할아버지가 들려주는 우주이야기』, 열림원, 2011, pp.152~158.

73 올더스 헉슬리, 『영원의 철학』, 김영사, 2014, p.336.

74 빌 브라이슨, 『거의 모든 것의 역사』, 까치글방, 2003, pp.313~317, 271.

75 이케다 다이사쿠 · 알렉산드르 세레브로프, 『우주와 지구와 인간』, 조선뉴스프레스, 2010, p.151.

76 애슐리 반스, 『일론 머스크』, 김영사, 2015, p.87, 159, 215, 513, 일론 머스크는 자신이 좋아하는 컴퓨터 게임보다는 화성 탐험, 솔라 시티, 순수 전기 자동차 같은 인류를 위한 원대한 계획을 만들고자 한다.

77 미치오 카쿠, 『마음의 미래』, 김영사, 2015, pp.258~263.

78 노자, 『도덕경』, 현암사, 2010, p.327.

79 이케다 다이사쿠 · 알렉산드르 세레브로프, 『우주와 지구와 인간』, 조선뉴스프레스, 2010, p.114, 123, 126.

80 위베르 리브, 『할아버지가 들려주는 우주이야기』, 열림원, 2011, p.128.

81 리처드 바크, 『갈매기의 꿈(Jonathan Livingston Seagull)』, 현문미디어, 2015, p.14, 54.

82 샤를 보들레르, 『악의 꽃』, 아티초크, 2015, pp.30~31.

83 최민자, 『인식과 존재의 변증법』, 모시는사람들, 2011, p.70.

84 빌 브라이슨, 『거의 모든 것의 역사』, 까치글방, 2003, p.212.

85 빌 브라이슨, 『거의 모든 것의 역사』, 까치글방, 2003, p.212, 393.

86 리처드 도킨스, 『만들어진 신』, 김영사, 2007, p.570.

87 일연, 『사진과 함께 읽는 삼국유사』, 까치, 2011, p.369, 377.

88 이케다 다이사쿠 · 알렉산드르 세레브로프, 『우주와 지구와 인간』, 조선뉴스프레
    스, 2010, p.40.

89 단테, 『신곡』, 동서문화사, 2015, p.304.

90 이희수 · 이원삼 외, 『이슬람』, 청아출판사, 2001, pp.141~145.

91 "우주를 사랑한 화가 화폭에 별을 수놓다", 〈조선일보〉, 2015년 6월 12일.

92 이케다 다이사쿠 · 알렉산드르 세레브로프, 『우주와 지구와 인간』, 조선뉴스프레
    스, 2010, pp.22~23.

93 플루타르코스, 『플루타르코스영웅전』, 숲, 2010, p.262.

94 장 자크 루소, 『인간불평등기원론』, 동서문화사, 2015, pp.40~41, 58~61.

95 노자, 『도덕경』, 현암사, 2010, p.314.

96 데이비드 크리스천, 『시간의 지도』, 심산, 2013, p.316, 268.

97 제레드 다이아몬드, 『총균쇠』, 문학사상사, 2005, pp.292~299, 307~309.

98 이시 히로유키 · 야스다 요시노리 · 유아사 다케오, 『환경은 세계사를 어떻게 바
    꾸었는가』, 경당, 2003, p.47.

99 동물 문명과 식물 문명, 에고의 문명과 자족의 문명, 정복의 문명과 공존의 문
    명, 생물권 문화와 생태계 문화 등 다른 명칭으로 구분하더라도 그 의미는 비슷
    하다.

100 이시 히로유키 · 야스다 요시노리 · 유아사 다케오, 『환경은 세계사를 어떻게 바

꾸었는가』, 경당, 2003, pp.162~175.

101 이시 히로유키·야스다 요시노리·유아사 다케오, 『환경은 세계사를 어떻게 바꾸었는가』, 경당, 2003, p.185, 200.

102 찰스 패터슨, 『동물 홀로코스트』, 휴, 2014, pp.25, 37, 40~50.

103 조너선 밸컴, 『물고기는 알고 있다』, 에이도스, 2016, p.307.

104 매트 리들리, 『이타적 유전자』, 사이언스북스, 2001, pp.128~131.

105 제레미 리프킨, 『육식의 종말』, 시공사, 1993, pp.188, 122, 158~159, 185.

106 제레미 리프킨, 『육식의 종말』, 시공사, 1993, pp.287~288.

107 게리 스나이더, 『지구, 우주의 한 마을』, 창비, 2005, p.76.

108 에릭 슈미트·제러드 코언, 『새로운 디지털 시대』, 알키, 2013, pp.422~423.

109 박명숙·제롬 글렌·테드 고든, 『유엔미래보고서 2045』, 교보문고, 2015, p.116.
배양육의 개발이 육식의 대안으로 떠오르고 있는 가운데 NASA가 2020년 배양육을 공개할 예정이다. 2036년에는 배양육이 보편화될 것으로 전망한다.

110 찰스 다윈, 『찰스 다윈의 비글호 항해기』, 샘터, 2006, pp.522~523.

111 아르놀트 하우저, 『문학과 예술의 사회사 1』, 창작과비평사, 2015, pp.14~16, 22~25.

112 레베카 코스타, 『지금 경계선에서』, 쌤앤파커스, 2011, p.60.

113 데이비드 크리스천·밥 베인, 『빅 히스토리』, 해나무, 2013, p.398.

114 미치오 카쿠, 『마음의 미래』, 김영사, 2015, pp.504~508.

115 리처드 도킨스, 『이기적 유전자』, 을유문화사, 1993, pp.69~70.

116 미치오 카쿠, 『평행우주』, 김영사, 2009, pp.521~528.

117 미치오 카쿠, 『마음의 미래』, 김영사, 2015, p.469.

118 한스 요아힘 슈퇴리히, 『세계철학사』, 이룸, 2008, pp.250~255, 267.

119 마스타니 후미오, 『불교개론』, 현암사, 2012, p.199. 인류는 그때부터 비로서 전통
의 구속에서 벗어나 이성에 따라 살게 된다.

120 노자, 『도덕경』, 현암사, 2010, p.52.

121 버트란드 러셀, 『서양철학사』, 을유문화사, 2009, pp.79~91.

122 한스 요아힘 슈퇴리히, 『세계철학사』, 이룸, 2008, pp.807~809.

123 토마스 쿤은 『과학혁명의 구조』에서 이러한 패러다임의 변화 과정을 결코 체계
적이지 않으며 혼란스럽고 우연적 요소가 개입되는 동적인 것으로 이해한다.

124 살바도리 달리의 〈기억의 영속성〉에 나오는 흘러내리는 시계는 마치 아인슈타
인의 휘어진 시공간을 나타내는 것처럼 보인다.

125 리처드 도킨스, 『만들어진 신』, 김영사, 2007, p.29.

126 리처드 도킨스, 『만들어진 신』, 김영사, 2007, pp.174~187.

127 베르너 하이젠베르크, 『부분과 전체』, 지식산업사, 2014, pp.128~129. 그에 의하
면 아인슈타인은 현상의 완전한 결정을 위해 필요한 모든 결정요소들을 아는
것은 불가능하다는 점을 인정하려 들지 않았다.

128 브라이언 그린, 『우주의 구조』, 승산, 2004., pp.32~40.

129 브라이언 그린, 『우주의 구조』, 승산, 2004, pp.461~462.

130 빌 브라이슨, 『거의 모든 것의 역사』, 까치글방, 2003, pp.160~161.

131 미치오 카쿠, 『평행우주』, 김영사, 2009, pp.314~317.

132 브라이언 그린, 『우주의 구조』, 승산, 2004., pp.470~479.

133 미치오 카쿠, 『평행우주』, 김영사, 2009, pp.44~47.

134 데카르트, 『방법서설』, 박영사, 1996, pp.63~64. "필연적으로 나보다 더욱 완전한 나 이외의 어떤 존재자가 있어야만 하며, 나는 그에 의존하며, 내가 가진 모든 것을 오로지 그에게서 얻은 것임에 틀림없다."

135 리처드 도킨스, 『만들어진 신』, 김영사, 2007, p.33.

136 아르놀트 하우저, 『문학과 예술의 사회사 1』, 창작과비평사, 2015, pp.22~25. "신석기시대에 들어서 개방적인 자연주의적 경향이 물러나고 모든 것을 철저히 추상화하는 예술양식이 시작되었는데 이는 인류역사에서 가장 깊은 단절을 뜻한다."

137 길희성, 『보살예수』, 현암사, 2004, p.280.

138 에리히 프롬, 『소유냐 삶이냐』, 두풍, 1991, p.54.

139 최민자, 『인식과 존재의 변증법』, 모시는사람들, 2011, pp.157~158.

140 샘 해리스, 『자유의지는 없다』, 시공사, 2013, pp.16~17.

141 국가에 대해 마키아벨리나 홉스 정도를 빼놓고는 선한 존재로 보는 사람은 드물며 사람들로부터 지속적이고 적절한 통제를 받지 않으면 악한 존재로 바뀔 수 있다고 보는 사람이 대부분이다.

142 파멜라 카일 크로슬리, 『글로벌 히스토리란 무엇인가』, 휴머니스트, 2010, pp.19~21, 27.

143 데이비드 크리스천 · 밥 베인, 『빅 히스토리』, 해나무, 2013, pp.15, pp.423~424.

144 이케다 다이사쿠 · 알렉산드르 세레브로프, 『우주와 지구와 인간』, 조선뉴스프레스, 2010, p.82, 154.

145 이케다 다이사쿠 · 알렉산드르 세레브로프, 『우주와 지구와 인간』, 조선뉴스프레스, 2010, p.20, 207.

146 호메로스, 『오뒷세이아』, 숲, 2007, p.24.

147 한병철, 『피로사회』, 문학과지성사, 2012, pp.23, 66~9, 82.

148 다마키 고시로, 『화엄경』, 현암사, 2008, pp.20~3, 49.

149 지그문트 프로이트, 『꿈의 해석』, 홍신문화사, 2005, p.126, 153.

150 아르놀트 하우저, 『문학과 예술의 사회사 1』, 창작과비평사1 2015, pp.127, 131~132, 159.

151 단테, 『신곡』, 동서문화사, 2015, p.423.

152 『신곡』 지옥 제6곡, 제27곡, 연옥 제20곡, 천국 제30곡 등에서 보니파시오 8세는 '지금 수면 밑에서 잠자고 있는 인물', '새로운 바리새인 두목', '알라냐 출신의 그놈' 등으로 묘사된다.

153 미치오 카쿠, 『마음의 미래』, 김영사, 2015, pp.474~475.

154 에드워드 윌슨, 『바이오필리아』, 사이언스북스, 2010, pp.57~59.

155 조너선 밸컴, 『물고기는 알고 있다』, 에이도스, 2016, pp.147~149.

156 에리히 프롬, 『소유냐 삶이냐』, 두풍, 1991, p.27, 29, 52.

157 알랭 드 보통, 『사피엔스의 미래』, 모던 아카이브, 2016, p.156.

158 존 러스킨, 『나중에 온 이 사람에게도』, 느린걸음, 2008, p.184.

159 박명숙 · 제롬 글렌 · 테드 고든, 『유엔미래보고서 2045』, 교보문고, 2015, pp.285~287.

160 사뮈엘 베게트, 『고도를 기다리며』, 민음사, 2015, p.51.

빅싱킹

161 파멜라 카일 크로슬리, 『글로벌 히스토리란 무엇인가』, 휴머니스트, 2010, pp.84~85.

162 리처드 도킨스, 『만들어진 신』, 김영사, 2007, p.40, 470.

163 장자, 『장자』, 현암사, 2014, pp.218~219.

164 올더스 헉슬리, 『영원의 철학』, 김영사, 2014, p.51.

165 최민자, 『인식과 존재의 변증법』, 모시는사람들, 2011, p.30.

166 레베카 코스타, 『지금 경계선에서』, 쌤앤파커스, 2011, pp.208, 220~223.

167 매트 리들리, 『이타적 유전자』, 사이언스북스, 2001, p.18.

168 송호근 교수는 「한국의 평등주의, 그 마음의 습관」(삼성경제연구소, 2006)에서 한국인은 평등을 지향하는 심성이 유별나게 강하다고 한다.

169 매트 리들리, 『이타적 유전자』, 사이언스북스, 2001, p.234.

170 자크 데리다, 『환대에 대하여』, 동문선 현대신서, 1997, pp.177, 65~67.

171 "니체를 나로부터 떠나보내는 씻김굿 여행", 〈중앙일보〉, 2015년 7월 31일, 제28면. 군함도의 생존자 이인우(92세)는 "바다 건너 육지가 보여. 닿을 것 같아. 그럼 어딘가 내 고향이 있겠구나 싶고. 별은 어디서나 똑같으니까 밤에 별을 보면 고향 생각, 부모님 생각!"("해저 1,000m 갱도, 구타는 일상이었다 92세 군함도 생존자", 〈중앙일보〉, 2017년 8월 11일, 종합12면.) 라고 한다. 우리 모두에게는 같은 태양이 비춘다는 단테나 별은 어디서나 같다는 이인우나 크게 보면 다 같다는 말을 하고 있다.

172 단테, 『신곡』, 동서문화사, 2015, p.712.

173 레베카 코스타, 『지금 경계선에서』, 쌤앤파커스, 2011, pp.30~36, 97, 114~115. 슈퍼밈은 사회에 확고하게 뿌리를 내리고 널리 만연하여 다른 모든 믿음과 행동에 영향을 미치거나 억압을 가하는 모든 종류의 믿음, 생각, 행동을 말한다.

174 제레미 리프킨, 『엔트로피』, 세종연구원, 2000, pp.77, 111~112.

175 데이비드 크리스천 · 밥 베인, 『빅 히스토리』, 해나무, 2013, p.379.

176 제레미 리프킨, 『엔트로피』, 세종연구원, 2000, p.258.

177 매트 리들리, 『이성적 낙관주의자』, 김영사, 2010, p.369.

178 장 자크 루소, 『에밀』, 책세상, 2015, p.23.

179 리처드 뮬러, 『대통령을 위한 물리학』, 살림출판사, 2011, p.310. IPCC(International Panel on Climate Change)는 기후변화에 관한 정부 간 패널이다.

180 알랭 드 보통, 『사피엔스의 미래』, 모던 아카이브, 2016, pp.113~114.

181 단테, 『신곡』, 동서문화사, 2015, p.727. 천국 제19곡.

182 길희성, 『보살예수』, 현암사, 2004, pp.41~44.

183 존 스튜어트 밀, 『자유론』, 책세상, 2015, pp.96~98.

184 길희성, 『보살예수』, 현암사, 2004, p.176, 268.

185 매트 리들리, 『이타적 유전자』, 사이언스북스, 2001, pp.266~268.

186 아르놀트 하우저, 『문학과 예술의 사회사 1』, 창작과비평사1 2015, pp.61~62.

187 장 자크 루소, 『사회계약론』, 동서문화사, 2016, pp.246~248.

188 리처드 도킨스, 『만들어진 신』, 김영사, 2007, p.29.

189 프리드리히 니체, 『짜라투스트라는 이렇게 말했다』, 책세상, 2015, p.223.

190 올더스 헉슬리, 『멋진 신세계』, 문예출판사, 2016, p.302.

191 올더스 헉슬리, 『멋진 신세계』, 문예출판사, 2016, p.305.

빅 싱킹

192 레베카 코스타, 『지금 경계선에서』, 쌤앤파커스, 2011, pp.262~270.

193 카렌 암스트롱, 『이슬람』, 을유문화사, 2002, pp.208~217.

194 이희수 · 이원삼 외, 『이슬람』, 청아출판사, 2001, pp.221~224.

195 에드워드 사이드, 『도전받는 오리엔탈리즘』, 김영사, 2001, pp.22~29.

196 말콤 포츠 · 토머스 헤이든, 『전쟁유전자』, 개마고원, 2011, pp.463~464, 467~468.

197 토마스 홉스, 『리바이어던』, 동서문화사, 2014, p.131.

198 클로드 레비스트로스, 『슬픈 열대』, 한길사, 1998, pp.545~547, 564~565.

199 매트 리들리, 『이성적 낙관주의자』, 김영사, 2010, pp.75~79.

200 데이비드 크리스천, 『시간의 지도』, 심산, 2013, pp.296~297, 373, 407.

201 니콜로 마키아벨리, 『군주론』, 까치글방, 2015, p.87.

202 토마스 홉스, 『리바이어던』, 동서문화사, 2014, p.642.

203 리링, 『집 잃은 개』, 글항아리, 2012, pp.91~94. 곽가는 결코 예의바른 사람이 아
니었다. 조조와 천하를 논할 때 탁자 위에 발을 올리거나 조조의 말을 중간에
가로채기도 하고 대신들에게 반말과 삿대질을 했다. 그러나 조조가 적벽대전에
서 대패한 후 "봉효(곽가의 자)만 살아 있었다면 오늘 내가 이런 꼴을 당지 않았
을 텐데" 하며 탄식할 만큼 아끼는 인물이었다.

204 데이비드 크리스천, 『시간의 지도』, 심산, 2013, pp.374~376.

205 클로드 레비스트로스, 『슬픈 열대』, 한길사, 1998, pp.545~547.

206 프리드리히 니체, 『짜라투스트라는 이렇게 말했다』, 책세상, 2015, p.79, 223.

207 매트 리들리, 『이성적 낙관주의자』, 김영사, 2010, pp.276~278.

208 에릭 슈미트 · 제러드 코언, 『새로운 디지털 시대』, 알키, 2013, pp.372~374.

209 토머스 프리드먼, 『코드 그린(뜨겁고 평평하고 붐비는 세계)』, 21세기북스, 2008, pp.24~27.

210 클로드 레비스트로스, 『슬픈 열대』, 한길사, 1998, p.560.

211 이시 히로유키 · 야스다 요시노리 · 유아사 다케오, 『환경은 세계사를 어떻게 바꾸었는가』, 경당, 2003, p.185.

212 올더스 헉슬리, 『영원의 철학』, 김영사, 2014, pp.147~148.

213 레오나르도 마우게리, 『당신이 몰랐으면 하는 석유의 진실』, 가람기획, 2008, pp.274~280.

214 리처드 뮬러, 『대통령을 위한 물리학』, 살림출판사, 2011, pp.100~108.

215 매트 리들리, 『이성적 낙관주의자』, 김영사, 2010, pp.359~361, 451.

216 박명숙 · 제롬 글렌 · 테드 고든, 『유엔미래보고서 2045』, 교보문고, 2015, pp.271~274.

217 제레미 리프킨, 『육식의 종말』, 시공사, 1993, p.263.

218 이시 히로유키 · 야스다 요시노리 · 유아사 다케오, 『환경은 세계사를 어떻게 바꾸었는가』, 경당, 2003, p.220.

219 토머스 프리드먼, 『코드 그린(뜨겁고 평평하고 붐비는 세계)』, 21세기북스, 2008, pp.120~121.

220 토머스 프리드먼, 『코드 그린(뜨겁고 평평하고 붐비는 세계)』, 21세기북스, 2008, p.231, 566, 570.

221 이시 히로유키 · 야스다 요시노리 · 유아사 다케오, 『환경은 세계사를 어떻게 바꾸었는가』, 경당, 2003, pp.255~257.

222 최재천, 『통섭의 식탁』, 명진출판, 2012, pp.304~305.

223 최재천, 『생명이 있는 것은 다 아름답다』, 효형출판, 2001, pp.76~77.

224 칼 세이건, 『코스모스』, 사이언스북스, 2006, p.541.

225 찰스 패터슨, 『동물 홀로코스트』, 휴, 2014, pp.90~101. 이 공장에는 미국의 첫 대량생산 산업의 속도와 효율을 높여줄 컨베이어벨트가 도입되었다. 자동차 제조업자 헨리 포드는 젊은 시절 시카고의 도살장을 보고 일관식 조립공장에 대한 영감을 받았다. 그리고 독일의 나치는 이를 배워 유대인 학살에 적용했다.

226 헬레나 노르베리, 『오래된 미래』, 중앙북스, 2015, p.215.

227 와타나베 이타루, 『시골빵집에서 자본론을 굽다』, 더숲, 2014, pp.132, 135~137.

228 장자, 『장자』, 현암사, 2014, pp.205~206.

229 에드워드 윌슨, 『바이오필리아』, 사이언스북스, 2010, 필리아, pp.183~185.

230 파멜라 카일 크로슬리, 『글로벌 히스토리란 무엇인가』, 휴머니스트, 2010, pp.195~197.

231 레베카 코스타, 『지금 경계선에서』, 쌤앤파커스, 2011, pp.247, 235~258.

232 아르놀트 하우저, 『문학과 예술의 사회사 4』, 창작과비평사, 2016, p.29.

233 존 러스킨, 『나중에 온 이 사람에게도』, 느린걸음, 2008, pp.53, 90~91, 103.

234 노명우, 『세상물정의 사회학』, 사계절, 2013, pp.106~107.

235 리링, 『집 잃은 개』, 글항아리, 2012, p.399.

236 매트 리들리, 『이성적 낙관주의자』, 김영사, 2010, pp.95~96.

237 로버트 프랭크가 말한 "뒤늦게 경주에 나선 사람들"은 존 러스킨이 말한 "나중에 온 이 사람에게도"와 비슷한 의미를 담고 있다.

238 로버트 프랭크 · 필립 쿡, 『승자독식사회』, 웅진지식하우스, 2008, pp.18~21, 41.

239 플루타르코스, 『플루타르코스영웅전』, 숲, 2010, p.77.

240 김명호, 『중국인 이야기 1』, 한길사, 2012, pp.80~83.

241 아르놀트 하우저, 『문학과 예술의 사회사 1』, 창작과비평사, 2015, pp.131~132.

242 버트란드 러셀, 『서양철학사』, 을유문화사, 2009, p.125.

243 플루타르코스, 『플루타르코스영웅전』, 숲, 2010, p.184.

244 아르놀트 하우저, 『문학과 예술의 사회사 1』, 창작과비평사, 2015, pp.177~178. 중세를 하나의 통일적 역사적 시대로 보는 사고방식은 일종의 허구에 가깝지만, 그럼에도 불구하고 중세의 근본적 특색으로 시종일관했던 것은 형이상학적 세계관으로 각종 이단과 분파의 발생에도 불구하고 성직자 집단이 정신계를 독점 지배했다.

245 데카르트, 『방법서설』, 박영사, 1996, p.21.

246 토마스 홉스, 『리바이어던』, 동서문화사, 2014, pp.21~38.

247 한스 요아힘 슈퇴리히, 『세계철학사』, 이룸, 2008, p.277.

248 아우렐리우스 마르쿠스, 『명상록』, 홍신문화사, 1995, p.50, 61, 93, 111, 42.

249 퉁치기는 우리 조상, 관용은 볼테르, 숙맥은 매트 리들리, 우신은 에라스무스, 막연한 호의는 미리엘 신부, 손해 보는 장사는 존 러스킨을 떠올린다.

250 제리 스터닌 · 모니크 스터닌 · 리처드 파스칼, 『긍정적 이탈』, RHK, 2012, pp.81~114.

251 위베르 리브, 『할아버지가 들려주는 우주이야기』, 열림원, 2011, p.68, 75, 85.

252 존 스튜어트 밀, 『자유론』, 책세상, 2015, pp.52~58.

253 데이비드 크리스천·밥 베인, 『빅 히스토리』, 해나무, 2013, pp.54~68.

254 미셸 푸코, 『광기의 역사』, 인간사랑, 1999, pp.13~14, 72, 51, 55~56, 278~282.

255 콜린 윌슨, 『아웃사이더』, 범우사, 1997, pp.143~178.

256 장자, 『장자』, 현암사, 2014, p.305.

257 볼테르, 『관용론』, 한길사, 2001, pp.39, 43, 65, 75~76.

258 헬레나 노르베리, 『오래된 미래』, 중앙북스, 2015, pp.110~113, 118.

259 매트 리들리, 『이성적 낙관주의자』, 김영사, 2010, pp.260~261.

260 존 러스킨, 『나중에 온 이 사람에게도』, 느린걸음, 2008, pp.75, 87~88.

261 대런 애쓰모글루·제임스 A. 로빈슨, 『국가는 왜 실패하는가』, 시공사, 2012, pp.566~567.

262 매트 리들리, 『이타적 유전자』, 사이언스북스, 2001, p.94, 111~115.

263 야니스 콩스탕티니데스, 『유럽의 붓다, 니체』, 열린책들, pp.13~14.

264 아우렐리우스 마르쿠스, 『명상록』, 홍신문화사, 1995, p. 193. 절대 권력자이면서도 정의의 표상이라는 평가를 받을 만큼 흠 없는 삶을 산 마르쿠스 아우렐리우스황제가 예수의 가르침이 자신의 글과 매우 흡사했는데도 그리스도교를 박해한 것은 인류 역사상 가장 비극적인 사건 가운데 하나라고 본다(『자유론』 pp.60~61).

265 에라스무스, 『우신예찬』, 열린책들, 2011, pp.86~88, 114.

266 일연, 『사진과 함께 읽는 삼국유사』, 까치, 2011, pp.179~181.

267 루쉰, 『아Q정전』, 푸른숲주니어, 2013, pp. 82~83.

268 아룬다티 로이, 『작은 것들의 신』, 문학동네, 2016, pp.355~356.]

269 장자, 『장자』, 현암사, 2014, p.236.

270 존 러스킨, 『나중에 온 이 사람에게도』, 느린걸음, 2008, p.161.

271 노자, 『도덕경』, 현암사, 2010, p.86.

272 리처드 도킨스, 『만들어진 신』, 김영사, 2007, pp.25~33.

273 올더스 헉슬리, 『영원의 철학』, 김영사, 2014, p.14, 327.

274 마스타니 후미오, 『불교개론』, 현암사, 2012, pp.219~220, 255~258.

275 장자, 『장자』, 현암사, 2014, p.32.

276 위베르 리브, 『할아버지가 들려주는 우주이야기』, 열림원, 2011, p.116.

277 아우렐리우스 마르쿠스, 『명상록』, 홍신문화사, 1995, p.79. 어떤 사람은 다른 사
람을 묻어주고 죽었다. 그도 역시 남의 손에 의해 묻히고, 그는 또 다른 사람에
의해 묻힌다.

278 에드워드 사이드, 『도전받는 오리엔탈리즘』, 김영사, 2001, pp.38~44.

279 "구석기 시대시작 '기원전 100만 년 전·70만 년 전·30만 년 전' 제각각", 〈조
선일보〉, 2015년 8월 19일, A4면

280 장자, 『장자』, 현암사, 2014, pp.62~63.

281 에라스무스, 『우신예찬』, 열린책들, 2011, p.114.

282 리처드 바크, 『갈매기의 꿈(Jonathan Livingston Seagull)』, 현문미디어, 2015,
pp.36~37.

283 리처드 바크, 『갈매기의 꿈(Jonathan Livingston Seagull)』, 현문미디어, 2015,
p.92, 99.

284 소포클레스, 『안티고네』, 민음사, 2015, pp.146~147.

285 볼테르, 『관용론』, 한길사, 2001, pp.75~76.

286 호메로스, 『오뒷세이아』, 숲, 2007, p.144.

287 리링, 『집 잃은 개』, 글항아리, 2012, pp.586~587, 45~46.

288 아우렐리우스 마르쿠스, 『명상록』, 홍신문화사, 1995, p.70.

289 윌리엄 맥도너 · 미하엘 브라운가르트, 『요람에서 요람으로』, 에코리브르, 2003, p.123.

290 이어령, 『디지로그』, 생각의 나무, 2006, p.127.

291 클로드 레비스트로스, 『슬픈 열대』, 한길사, 1998, p.510.

292 최민자, 『인식과 존재의 변증법』, 모시는사람들, 2011, p.804.

293 게리 스나이더, 『지구, 우주의 한 마을』, 창비, 2005, p.292.

294 이어령, 『생명이 자본이다』, 마로니에북스, 2014, pp.293~299.

295 제프리 밀러, 『연애』, 동녘사이언스, 2012, pp.62, 30~31. 다윈의 성선택론은 마른하늘에 날벼락인데 하물며 암컷선택론은 그야말로 충격으로 당시 빅토리아 시대의 세계관에 대한 정면도전을 의미한다.

296 단테, 『신곡』, 동서문화사, 2015, p.111.

297 이윤기, 『그리스로마신화 4』, 웅진지식하우스, 2007, p.174~186. 케이론은 사람은 물론 신들로부터도 사랑을 받던 현자다. 사냥, 의술, 음악, 예언술에 도통하다. 의술의 신이 된 아스클레피오스, 트로이의 전쟁 영웅이 된 아킬레우스, 아르고 원정대의 대장이 된 이아손, 제우스의 아들까지 가르친다. 제우스는 그 공을 인정해 케이론에게 영생불사의 은혜를 베푼다. 그러나 어이없게도 케이론은 헤라클레스가 쏜 독화살에 맞는다. 고통스러워하는 케이론을 위해 프로메테우스가 제우스에게 영생불사와 영원한 고통을 맡을 터이니 케이론을 죽을 수 있게 해달라고 요구하며 제우스는 그것을 받아들인다.

298 헬레나 노르베리,『오래된 미래』, 중앙북스, 2015, pp.61~62.

299 "사랑? 휴대폰 안 터지니 2주 만에 끝나더라", 〈조선일보〉, 2015년 10월 6일, 제23면.

300 아르놀트 하우저,『문학과 예술의 사회사 4』, 창작과비평사, 2016, pp.239~240.

301 질 들뢰즈,『천개의 고원』, 2001, p.42.

302 볼테르,『관용론』, 한길사, 2001, pp.59~63.

303 이희수 · 이원삼 외,『이슬람』, 청아출판사, 2001, pp.201~202.

304 카렌 암스트롱,『이슬람』, 을유문화사, 2002, pp.208~217.

305 올더스 헉슬리,『영원의 철학』, 김영사, 2014, p.327.

306 다마키 고시로,『화엄경』, 현암사, 2008, pp.20~3, 49, pp.153, 202~3.

307 대런 애쓰모글루 · 제임스.A.로빈슨,『국가는 왜 실패하는가』, 시공사, 2012, pp.566~567.

308 매트 리들리,『이타적 유전자』, 사이언스북스, 2001, pp.365~366.

309 영국은 2016년 6월 국민투표로 유럽연합 탈퇴를 결정했다.

310 사뮈엘 베게트,『고도를 기다리며』, 민음사, 2015, p.158.

311 윌리엄 맥도너 · 미하엘 브라운가르트,『요람에서 요람으로』, 에코리브르, 2003, p.50.

312 억지이론(Deterrence Theory)은 핵무기의 사용과 관련 냉전 기간에 하나의 유력한 군사전략으로 거론되었다. 상대가 아직 시작하지 않은 행동을 취하는 것을 그만두게 하거나 그들이 다른 국가가 바라는 것을 하지 못하게 막는 전략이다.

313 에드워드 윌슨,『바이오필리아』, 사이언스북스, 2010, 필리아, pp.204~207.

314 에리히 프롬, 『소유냐 삶이냐』, 두풍, 1991, pp.45, 55~57.

315 공유 경제(Sharing Economy)는 하버드대 로렌스 레식 교수에 의해 처음 주장된
것으로 대량생산과 대량소비가 특징인 20세기 자본주의 경제에 대한 대안으로
생겨났다. 자동차, 빈방, 책 등 활용도가 떨어지는 물건이나 부동산은 물론 지식
이나 정보 같은 서비스 등도 다른 사람들과 함께 나눠 쓰거나 공유함으로써 자
원의 활용을 높이고자하는 경제프레임이다.

316 개럿 하딘(G.J. Hardin)의 주장으로 지하자원, 초원, 공기와 같은 공동체의 자원
이 개인들에 의해 남용됨으로써 자원 자체가 고갈될 수 있다는 것이다.

317 매트 리들리, 『이타적 유전자』, 사이언스북스, 2001, 유전자, pp.327~330.

318 박명숙 · 제롬 글렌 · 테드 고든, 『유엔미래보고서 2045』, 교보문고, 2015,
pp.202~229.

319 이케다 다이사쿠 · 알렉산드르 세레브로프, 『우주와 지구와 인간』, 조선뉴스프레
스, 2010, p.177, 219.

320 매트 리들리, 『이성적 낙관주의자』, 김영사, 2010, p.515.

321 토머스 프리드먼, 『코드 그린(뜨겁고 평평하고 붐비는 세계)』, 21세기북스, 2008,
pp.373~377.

322 리처드 뮬러, 『대통령을 위한 물리학』, 살림출판사, 2011, pp.410~411.

323 리처드 뮬러, 『대통령을 위한 물리학』, 살림출판사, 2011, pp.381~388.

324 박명숙 · 제롬 글렌 · 테드 고든, 『유엔미래보고서 2045』, 교보문고, 2015, p.123.

325 제레미 리프킨, 『엔트로피』, 세종연구원, 2000, p.283.

326 윌리엄 맥도너 · 미하엘 브라운가르트, 『요람에서 요람으로』, 에코리브르, 2003,
pp.43, 67, 88~89, 107.

327 윌리엄 맥도너 · 미하엘 브라운가르트, 『요람에서 요람으로』, 에코리브르, 2003,

pp.100~101, 145~159.

328 헬레나 노르베리,『오래된 미래』, 중앙북스, 2015, p.75.

329 토머스 프리드먼,『코드 그린(뜨겁고 평평하고 붐비는 세계)』, 21세기북스, 2008, pp.107~108.

330 생명을 뜻하는 바이오스(bios)와 모방을 의미하는 미메시스(mimesis)를 합성한 말이다.

331 이어령,『생명이 자본이다』, 마로니에북스, 2014, pp.336~343.

332 제레미 리프킨,『엔트로피』, 세종연구원, 2000, p.58. 77.

333 제레미 리프킨,『엔트로피』, 세종연구원, 2000, pp.265~267, 273.

334 레베카 코스타,『지금 경계선에서』, 쌤앤파커스, 2011, pp.342~347, 352, 63~67, 80.

335 말콤 글래드웰,『블링크(첫 2초의 힘)』, 21세기북스, 2005, pp.37~40, 25~31.

336 에드워드 윌슨,『바이오필리아』, 사이언스북스, 2010, 필리아, p.186.

337 매트 리들리,『이성적 낙관주의자』, 김영사, 2010, pp.420~421, 438.

338 에릭 슈미트 · 제러드 코언,『새로운 디지털 시대』, 알키, 2013, p.416.

339 매트 리들리,『이성적 낙관주의자』, 김영사, 2010, pp.65, 357~358.

340 존 러스킨,『나중에 온 이 사람에게도』, 느린걸음, 2008, p.172, 175.

341 김경집,『눈 먼 종교를 위한 인문학』, 시공사, 2013, pp.173~179.

342 매트 리들리,『이성적 낙관주의자』, 김영사, 2010, pp.451, 437~438.

343 매트 리들리,『이타적 유전자』, 사이언스북스, 2001, p.252.

344 이어령, 『생명이 자본이다』, 마로니에북스, 2014, p.73.

345 이어령, 『생명이 자본이다』, 마로니에북스, 2014, p.272.

346 에드워드 윌슨, 『바이오필리아』, 사이언스북스, 2010, 필리아, p.132.

347 이어령, 『생명이 자본이다』, 마로니에북스, 2014, pp.168~169.

348 영화 〈아라비아 로렌스〉(1962)의 등장인물. 실존인물로 본명은 토머스 에드워드 로렌스(1888~1935)이며 제1차 세계대전 당시 아랍전쟁의 승리에 기여해 아랍의 혁명을 이끈 조력자로 불린다.

349 헬레나 노르베리, 『오래된 미래』, 중앙북스, 2015, p.167, 66.

350 샤를 보들레르, 『악의 꽃』, 아티초크, 2015, p.278(가난한 자들의 죽음).

351 아우렐리우스 마르쿠스, 『명상록』, 홍신문화사, 1995, p.42.

352 샤를 보들레르, 『악의 꽃』, 아티초크, 2015, p.174.

353 브라이언 그린, 『엘러건트 유니버스』, 승산, 2002, p.544.

354 말콤 포츠 · 토머스 헤이든, 『전쟁유전자』, 개마고원, 2011, p.31.

355 매트 리들리, 『이성적 낙관주의자』, 김영사, 2010, pp.519~522.

356 제레미 리프킨, 『육식의 종말』, 시공사, 1993, pp.54~5, 188.

357 리처드 탈러 · 캐스 선스타인, 『넛지』, 리더스북, 2009, p.21. 넛지는 선택설계자가 취하는 하나의 방법으로, 사람들에게 어떤 선택을 금지하거나 그들의 경제적 인센티브를 크게 변화시키지 않고 예측 가능하게 그들의 행동을 변화시키는 것으로 쉽게 피할 수 있으며 비용도 덜 든다.

358 리처드 탈러 · 캐스 선스타인, 『넛지』, 리더스북, 2009, pp.24~25, 119~123.

359 강준만, 『특별한 나라 대한민국』, 인물과 사상사, 2011, pp.240~241.

360 일연, 『사진과 함께 읽는 삼국유사』, 까치, 2011, p.219, 224, 298.

361 이희수 · 이원삼 외, 『이슬람』, 청아출판사, 2001, p.352.

362 이케다 다이사쿠 · 알렉산드르 세레브로프, 『우주와 지구와 인간』, 조선뉴스프레스, 2010, p.174.

363 말콤 포츠 · 토머스 헤이든, 『전쟁유전자』, 개마고원, 2011, pp.23~26.

364 단테, 『신곡』, 동서문화사, 2015, p.304., p.226.

365 스타벅스는 세이렌을 회사의 상징으로 삼았다.

366 '퉁치다'는 주고받을 물건이나 일 따위를 비겨 없애다는 뜻으로 국어사전에는 없는 비표준어다. 이와 비슷한 뜻을 가진 순우리말로 '에끼다', '엇셈하다', '삭치다'가 있다.

367 '통'은 '사람의 도량이나 씀씀이'를 말한다. 도량은 '사물을 너그럽게 용납하여 처리할 수 있는 넓은 마음과 깊은 생각'을 말한다. 통 큰 기부, 통 큰 합의, 통 큰 사람 등으로 쓰인다.

368 매트 리들리, 『이성적 낙관주의자』, 김영사, 2010, pp.95~96.

369 제프리 밀러, 『연애』, 동녘사이언스, 2012, p.20. 저자는 짝 고르기에서 비롯되는 진화 압력은 자연선택보다 일관성 있고 정확하고 효율적이며 창의적이라고 한다.

370 매트 리들리, 『이성적 낙관주의자』, 김영사, 2010, pp. 96~101, 21, 31~34, 43, 357~358.

371 매트 리들리, 『이타적 유전자』, 사이언스북스, 2001, p.145.

372 조너선 밸컴, 『물고기는 알고 있다』, 에이도스, 2016, pp.104, 147, 262~3.

373 "지금 한일양국에 필요한 건, 그랜드바겐", 〈조선일보〉, 2015년 6월 8일, 제16면.

374 이희수 · 이원삼 외, 『이슬람』, 청아출판사, 2001, pp.400~401.

375 말콤 포츠 · 토머스 헤이든, 『전쟁유전자』, 개마고원, 2011, p.121.

376 매트 리들리, 『이타적 유전자』, 사이언스북스, 2001, pp.138~140.

인류의 거의 모든 것

빅 싱킹

초 판 1쇄   2017년 08월 25일

지은이 이진수
펴낸이 류종렬

펴낸곳 미다스북스
총 괄 명상완
마케팅 권순민
편 집 이다경
디자인 한소리

등록 2001년 3월 21일 제2001-000040호
주소 서울시 마포구 양화로 133 서교타워 711호
전화 02) 322-7802~3
팩스 02) 6007-1845
블로그 http://blog.naver.com/midasbooks
전자주소 midasbooks@hanmail.net

ⓒ 이진수, 미다스북스 2017, *Printed in Korea*.

ISBN 978-89-6637-540-0 03100
값 **15,000원**

「이 도서의 국립중앙도서관 출판예정도서목록(CIP)은 서지정보유통지원시스템 홈페이지(http://seoji.
nl.go.kr)와 국가자료공동목록시스템(http://www.nl.go.kr/kolisnet)에서 이용하실 수 있습니다.(CIP제
어번호: CIP2017020102)」

미다스북스는 다음세대에게 필요한 지혜와 교양을 생각합니다.